国家治理评估研究

理论、方法、经验及指标体系构建

燕继荣 主编

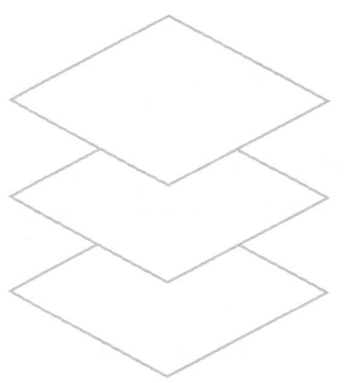

National Governance Evalutation

Theory, Method, Experience, and the Construction of an Evaluation Indices System

商务印书馆
The Commercial Press

图书在版编目（CIP）数据

国家治理评估研究：理论、方法、经验及指标体系构建 / 燕继荣主编．—北京：商务印书馆，2024
ISBN 978-7-100-23903-5

Ⅰ．①国⋯　Ⅱ．①燕⋯　Ⅲ．①国家—行政管理—评估　Ⅳ．① D035

中国国家版本馆 CIP 数据核字（2024）第 083687 号

权利保留，侵权必究。

本书受教育部人文社科重点研究基地（政治学）
重大项目（16JJD810001）资助。

国家治理评估研究
理论、方法、经验及指标体系构建
燕继荣　主编

商 务 印 书 馆 出 版
（北京王府井大街 36 号　邮政编码 100710）
商 务 印 书 馆 发 行
南京新世纪联盟印务有限公司印刷
ISBN 978-7-100-23903-5

2024 年 7 月第 1 版　　开本 890×1240　1/32
2024 年 7 月第 1 次印刷　　印张 11 3/8

定价：68.00 元

目 录

导论 国家治理原理及国家治理评估 ……………………………… 1

第一章 民主篇 ……………………………………………………… 31
 第一节 国家治理与民主 ………………………………………… 31
 第二节 民主治理的理论构建 …………………………………… 41
 第三节 民主治理的评估体系 …………………………………… 50
 第四节 民主治理的实践与经验 ………………………………… 84

第二章 法治篇 ……………………………………………………… 95
 第一节 国家治理与法治 ………………………………………… 95
 第二节 作为概念的"法治" ……………………………………… 98
 第三节 法治指数的建立 ………………………………………… 104
 第四节 法治治理的实践与经验 ………………………………… 122

第三章 廉政篇 ……………………………………………………… 141
 第一节 国家治理与腐败 ………………………………………… 141
 第二节 腐败治理的理论内涵 …………………………………… 146
 第三节 腐败治理的评估体系 …………………………………… 155
 第四节 腐败治理的实践与经验 ………………………………… 167

第四章　福利篇 ……………………………………………… 185
第一节　国家治理与社会福利 …………………………… 185
第二节　社会福利治理的内涵 …………………………… 189
第三节　社会福利治理的评估体系 ……………………… 194
第四节　社会福利治理的实践与经验 …………………… 213

第五章　安全篇 ……………………………………………… 226
第一节　以人为中心的安全观 …………………………… 226
第二节　人的安全与国家治理 …………………………… 235
第三节　人的安全的评估体系 …………………………… 240
第四节　人的安全的评估实测 …………………………… 258
第五节　建设以人民为中心的安全中国 ………………… 271

第六章　环境篇 ……………………………………………… 275
第一节　环境治理是重要的公共议题 …………………… 275
第二节　环境治理的内涵 ………………………………… 279
第三节　环境治理的评估体系 …………………………… 284
第四节　环境治理的实践提升 …………………………… 299

第七章　创新篇 ……………………………………………… 310
第一节　创新治理是当前形势的迫切要求 ……………… 310
第二节　国家治理与创新 ………………………………… 312
第三节　创新治理的评估体系 …………………………… 327
第四节　多国推动创新治理的经验比较 ………………… 341

导 论
国家治理原理及国家治理评估

在全球化普遍推进的今天,人们热衷于讨论"全球治理"的议题。然而,一个简单的道理是,如果"国家治理"好了,"全球治理"也就不太可能出大问题。"国家治理"是2000年代中国政治学界面对中国历史与现实,基于中国的问题意识与话语体系,吸收国际学术界的前沿思想(即"governance"理论)而形成的一个创新概念。2013年,党的十八届三中全会报告《中共中央关于全面深化改革若干重大问题的决定》明确提出"全面深化改革的总目标是完善和发展中国特色社会主义制度,推进国家治理体系和治理能力现代化",使这一概念得到更为广泛的使用。今天,这个概念不仅为比较政治提供了新维度,而且为理解"中国式现代化"和评估政府政策提供了新的分析工具和方法。

北京大学国家治理研究院是最早提出和开展"国家治理"研究的学术机构之一。2017年,研究院发布教育部政治学研究基地重大项目"国家治理现代化研究"。作为较早开展"国家治理"研究的成员,本书作者组成科研团队,成功申报课题立项。经过连续五年的研究投入,形成研究成果《国家治理评估研究——理论、方法、经验及指标体系构建》一书。为了系统展示团队研究成果,我们先就国家治理及其评估的研究背景、问题意识、理论基础、研究设计等相关问题做出解释和说明。

一、中国研究的问题意识

在政治学的话语体系中,国家是人类历史发展过程中依据地域、人口、语言、文化而形成并为世界所公认地享有主权和治权的社会政治单位。不管是基于单一人种而形成的"民族国家",还是基于不同人种联合而形成的"民族复合国家",或者是基于移民人口而形成的"民族融合国家",对于国家共同体的认同都是国家存在的基本前提。今天,地球被190多个国家分而治之,而这190多个国家大体可以分为政党主政的世俗国家、王室主政的皇权国家、军人当政的军事国家、宗教主导的神权国家等等。每一种国家类型内部的统治方式又有差异,而且许多国家兼具不同类型国家的性质和特色,这就使得世界各国的治理形形色色、千差万别。应当承认,每个国家都会在世界综合实力竞争中力争上游,期待有良善治理的综合绩效。但从实际效果来看,在这190多个国家中,有的国家治理得好,被誉为"成功国家";有的国家治理得一般,但不失为"常态国家";还有的国家治理得不好甚至很差,被一些研究机构定义为"失败国家"(failed state)。

国家作为一个古老的存在,经历了漫长的变迁过程。从最早的部落,到地域辽阔的帝国统治,再到帝国分裂,形成诸多地域分割、经常互相征战的"诸侯"列国,最后到相互确认各自疆界、承认各自享有主权的独立平等的"国家"(nation-state)。在这个过程中,为应对工业化生产方式带来的社会生活方式以及组织管理需求的客观变化,各国开始了所谓的现代转型。历史表明,传统国家要完成现代转型,需要解决三大问题,即国家构建、国家发展、国家治理(见表0-1)。许多古老的国家实现国家现代化,都要经历从以种植业、游牧业为主要生产方式转变为以工业、制造业为主要生产方式的过程;谁能够顺利转型,谁就有新的发展动力和发展机会。然而,常见的情况是,各种各样的政治危机和社会动荡使一些国家丧失了发展机会,甚至出现政权变更、国家解体的重大变故;即便是已经走上现代化道路的国家,也可能因为没有避开"中等收入陷阱"(Middle Income Trap)或者"修昔底德陷阱"(the Thucydides Trap)而遭遇重大挫折。

表 0-1 国家现代转型的任务和标志

	现代化任务	现实问题	国家治理目标
现代化中的国家治理	1. 国家构建:形成基于国家认同的共同体构建	a. 地缘政治经济冲突 b. 民族、宗教差异性 c. 身份差异且不平等	(1) 疆域认同 (2) 政治认同(制度认同) (3) 身份认同:公民身份
	2. 国家发展:保持经济社会教育社会公共事业全面发展	a. 经济不发展 b. 公共事业不足 c. 国际竞争乏力	(1) 可持续协调发展 (2) 综合实力不断提升
	3. 国家治理:使国家之内的所有行为受到合理有效限制	a. 权力缺乏制度约束 b. 经济行为不受限制 c. 社会行为缺乏规范 d. 个人行为缺乏底线	(1) 权力有限制 (2) 资本有节制 (3) 社会有规制 (4) 民主有法治

"中等收入陷阱"被认为是现代国家发展中经常遇到的内部问题,而"修昔底德陷阱"则是现代国家发展中通常遭遇的外部困境。如何避开陷阱,步入顺利发展的轨道,这是国家转型的一道大坎。政治学关注现代国家构建和现代国家转型的问题,前者关涉国家政权建设议题,即如何构建以国家为单位的公共生活秩序:是基于大众理性认可的公平正义原则(以理服人),还是基于大众强制服从的武力管控原则(以力服人)?后者关涉国家治理议题,即能否通过现代制度和政策供给,将现代化引发的种种变化纳入可控制、可治理的范围之内,避免国家陷入上述困境和危机。今天,现代化的发展、信息化的普及、全球化的趋势,无时无刻不在考验国家治理的能力,基于以往的经验而形成国家治

理的评估和认知,对于改善国家治理绩效的意义毋庸置疑。

实现国家现代化是百年来中国人的梦想。假如把1840年鸦片战争算作起点,中国现代化历程走过了180多个年头。中国近代以来的许多仁人志士,为改良、革新、建立新中国而努力求索,先后出现了诸如洋务运动、戊戌变法、"清末新政"、辛亥革命、国共合作与分裂、抗日战争、解放战争、土地改革、社会主义改造与建设、改革开放等多个重大政治事件。今天回看历史可见,这些重大事件的背后,都隐含着中国人奋斗的主线——努力实现古老文明向现代文明转型,使中国成为一个现代化的强国。经过王朝统治、民主共和、社会主义制度变革之后,中国结束了战乱,实现了国家和平;之后,经历多种"经济计划"、政治运动、文化变革的尝试,结束了"以阶级斗争为纲"式的政策实践,开启了以经济建设为中心、改革开放、融入世界的现代化新阶段。2012年后,中国共产党提出"中华民族伟大复兴"的初步设想,①明确中国经历从"站起来"到"富起来"的过程,今后将完成"强起来"的目标,②努力在本世纪中叶实现国家现代化的强国梦。③ 为此,制定了推进国家治理体系

---

① 参见习近平:《在十八届中央政治局常委同中外记者见面时的讲话》(2012年11月15日),《人民日报》2012年11月16日。
② 2017年7月26日习近平总书记在省部级主要领导干部"学习习近平总书记重要讲话精神,迎接党的十九大"专题研讨班开班式上发表重要讲话,参见李君如:《民族复兴和中国共产党——从站起来、富起来到强起来》,中国方正出版社2018年版。
③ 2017年10月18日,习近平总书记在中国共产党第十九次全国代表大会上的报告《决胜全面建成小康社会 夺取新时代中国特色社会主义伟大胜利》中谈到"两个一百年"奋斗目标时说,改革开放之后,我们党对我国社会主义现代化建设作出战略安排,提出"三步走"战略目标。解决人民温饱问题、人民生活总体上达到小康水平这两个目标已提前实现。从2017年到2020年,是全面建成小康社会决胜期。从十九大到二十大,是"两个一百年"奋斗目标的历史交汇期。我们既要全面建成小康社会、实现第一个百年奋斗目标,又要乘势而上开启全面建设社会主义现代化国家新征程,向第二个百年奋斗目标进军。从2020年到本世纪中叶可以分两个阶段来安排:第一个阶段,从2020年到2035年,在全面建成小康社会的基础上,再奋斗十五年,基本实现社会主义现代化;第二个阶段,从2035年到本世纪中叶,在基本实现现代化的基础上,再奋斗十五年,把我国建成富强、民主、文明、和谐、美丽的社会主义现代化强国。

和治理能力现代化的革新计划,要求发挥制度优势,完善制度体系,通过继续全面深化改革,补短板强弱项,努力把制度优势全面转化为治理实效。①

自 2013 年党的十八届三中全会提出"推进国家治理体系与治理能力现代化"这一命题以来,"国家治理"一直是中国学术界的热门话题。2022 年,党的二十大报告又提出"中国式现代化"的概念,宣告中国在经历国际格局重大变化、新冠疫情全球传播、经济发展面临拐点等重大事件挑战之后,继续坚持改革开放,努力实现第二个百年奋斗目标,以中国式现代化全面推进中华民族伟大复兴,到本世纪中叶把中国建成富强、民主、文明、和谐、美丽的社会主义现代化强国。② 推进国家治理体系和治理能力现代化、实现中华民族伟大复兴的现实议题,也将国家、国家治理、国家治理评估的话题再次凸显出来:中国作为一个现代化的后发国家,离一个较为理想的国家治理状态还有哪些差距? 今后的国家治理如何定向? 如何评估现代国家治理绩效? 这些问题正是中国研究的问题意识。

二、国家及国家竞争

国家通常被认为是一种政治地理学的概念。从国家的发展史来看,它是指基于血缘联系、拥有共同语言、文化的族群(种族),占据比较固定的领土,建立政府或者统治权威机构的组织。从当今现实的角

---

① 参见习近平:《坚持和完善中国特色社会主义制度 推进国家治理体系和治理能力现代化》,《求是》2020 年第 1 期。
② 参见习近平:《高举中国特色社会主义伟大旗帜 为全面建设社会主义现代化国家而团结奋斗——在中国共产党第二十次全国代表大会上的报告》,人民出版社 2022 年版。

度来看，国家是一定范围内的人群基于较为长期的生活交往所形成并被国际社会所认可的享有共同实质性或形式上主权和治权的政治经济文化共同体。今天，世界以国家版图的形式呈现，其中国家与国家的关系构成世界的主体关系。

在政治学研究中，人们从不同角度给出了国家的定义。比如，把国家看作一片疆域（国土）；把国家视为一种组织（公民联合体）；把国家解释为一种权威（统治机关、暴力机器、强制力量和驯化力量）；把国家定义为一个场域（精英阶级和各种行为主体竞相活动的场域）。在众多关于国家的定义中，马克思主义理论揭示了国家的阶级统治本质，突出了国家的强制功能。人们经常引用德国学者马克斯·韦伯（Max Weber）的定义，认为国家是具有强制性的政治组织，[①]领土、主权、公民、公共官僚、垄断暴力是它的主要特征。综合各种定义来看，国家通常被理解为分布在世界不同地方的高度组织化的单位，构成这个单位的组织具有一定的人口，拥有一片领土，组建权威性的"政府"，建立军事暴力机关和其他管理机构，行使对疆域范围内的治权，并对外宣称享有独立的主权。第二次世界大战以来，主要以国家为主体，以《联合国宪章》、国际条约、国际组织为内容和机制，形成了国际秩序。在当今的国际秩序中，保持国家领土完整、主权独立，维护国际条约和国际法的有效性，成为国家在国际社会中的行为准则。

国家的存在可追溯到远古的时代。有人认为，最早的传统国家开始于公元前8000年到公元前6000年。把国家分为传统国家和现代国家，是国家历史研究中最为常见的工作。传统国家的形式多种多样，包括城邦、封建制国家、世袭帝国、游牧或征战帝国、中央集权的官僚帝国

[①] 关于国家的定义问题，可进一步参见〔英〕克里斯多夫·皮尔逊：《论现代国家》（第三版），刘国兵译，中国社会科学出版社2017年版，第9—10页。

等。不同的国家具有各自不同的国家体制和统治方式。有学者梳理了从传统国家到现代国家的历史过程,提出五种主要国家体制,即朝贡帝国、封建主义、等级主义、专制主义、现代国家。① 最早的具有完全意义的现代国家距今不超过 300 年,世所公认的发达国家大体上都是 20 世纪的产物,其中许多发达国家都是 1945 年后诞生的。②

政治学对国家的研究源远流长,形成了不同类型的理论成果。按照时间段落划分,这些理论成果大致可以分为古典理论、现代理论和当代理论,它们呈现出叠加式延续发展的关系。在不同时期,这些理论关注的对象和研究的问题会有所区别。例如,古典理论关注国家的形式,大量的思考和研究关注不同政体——民主政体、贵族政体和君主政体等——的演变及比较,形成了较为一致的观念,即好的国家治理需要好的政府形式来保障,这就是所谓的"良政善治"。现代理论关注国家建构,更多的学者去讨论国家主权的合法性问题,把国家理解为社会契约的结果,进而基于公民同意的逻辑,使人民主权的国家观念、代议制政府的政治观念得到了充分阐释。当代理论在前人思考的基础上进一步发展,针对不同国家所存在的统一性、均等化、均衡性、持续性发展等现实问题,更加关注国家治理的有效性。从最早关注国家统治形式,到关注国家政权合法性,再到关注国家治理的有效性,这大概反映了人类学术思想关于国家研究的演变历程。

国家竞争从表面看起来是名称、主义和道路之争,实则是治理能力的比拼。从古至今,国家与国家之间的竞争手段也在不断变化之中。常见的分类研究依据竞争的激烈程度,区分为"常规化竞争""冷战"

---

① See D. Held, "The Development of Modern State", in S. Hall and B. Gieben (eds), *Formation of Modernity*, Cambridge: Polity, 1992, p.78.
② 参见〔英〕克里斯多夫·皮尔逊:《论现代国家》(第三版),刘国兵译,中国社会科学出版社 2017 年版,第 46 页。

"热战"三个层次。

我们通过表0-2归纳呈现国家竞争的内容和手段。从历史变迁的角度看,传统国家之间最常见最激烈的竞争手段就是军事战争,即一国使用军事力量对别国实行武力征服和军事占领;后来竞争手段逐渐发展成为以贸易战争为主,即利用产品优势占领和扩大市场份额;再后来竞争手段又演变出金融战争、科技战争、能源战争和文化战争等多种形式。总之,这些"战争"都反映出国家竞争手段在不断变化,从原来单一的军事战争、物理征服转变为现在多元化的综合竞争手段。正如美国国际战略研究学者约瑟夫·奈(Joseph S. Nye)所指出的,权力资源不再像昔日那么强调军事力量和领土占领,因而从关注地理、人口和原材料等要素,逐渐转向关注技术、教育和经济发展等因素;今天,软性的同化权力与硬性的命令性权力同等重要;一个国家文化的影响力及其建立有利的规则和制度、控制国际行为领域的能力成为关键的权力来源,因而在当今世界竞争中变得越来越重要。①

表0-2 国家竞争的内容及手段

权力资源	核心竞争	极端手段
土地资源	武力征服	军事战争
市场份额	贸易主导	贸易战争
资本投资	资本输出	金融战争
科学技术	技术控制	科技战争
能源占有	能源依赖	能源战争
文化力量	文化霸权	文化战争

---

① 参见〔美〕约瑟夫·S.奈:《硬权力与软权力》,门洪华译,北京大学出版社2005年版,第115—118页。

国家竞争力的比较研究是一个复杂的课题,难以达成共识。在过去的研究中,人们经常采用类型学、二分法的方法来构建比较模式,①往往提取观念、制度、行为、政策等要素,从规模、人均等多个变量进行比较。值得注意的是,国家竞争力的比较研究最常见的是基于某种研究目的而建立的某一个或某一方面的指标比较模型,但事实上,国家竞争力比较是一个复杂、综合的体系。目前,常见的比较方式有经济发展比较、军事力量比较、科技实力比较等,并且形成不同的比较模式。犹如一场比赛可以制定不同的比赛规则,国家之间的比较也存在不同的比较方法,如比快模式(综合发展能力)、比稳模式(有序管理能力)、比慢模式(危机管控或抗打击能力)和比可持续模式(未来持久能力)。任何国家都希望自己的综合绩效能够力争上游。于是,一些研究以治理结果为导向,将国家分为不同类型,如领导型国家、成功型国家、常态化国家、失败国家(或脆弱国家)。对于大多数国家而言,即便不能取得领导型国家和成功型国家的业绩,也应该努力成为一个常态化国家。在一些国际组织和研究机构眼中,那些每年被评定为治理失败的国家,通常是战乱不断、民不聊生、国家能力极其脆弱、内部存在各种深层危机的国家。世界上没有人希望自己的国家成为"失败国家",但现实中总有一些国家被认定为"失败国家"。失败国家总有失败的条件和原因,因此,许多人专门研究"失败国家"为何失败的问题。

三、国家治理体系和能力

正如习近平总书记所指出的,"国家治理体系和治理能力是一个

---

① 参见〔法〕马太·杜甘:《国家的比较:为什么比较,如何比较,拿什么比较》,文强译,社会科学文献出版社2010年版。

国家的制度和制度执行能力的集中体现,两者相辅相成"①。一个国家的所有机构(包括政府的和非政府的机构)设置都有其目的和功用,它们依照某种制度性安排和要求,呈现一种系统化的存在方式,执行着规范性的功能。这种系统化安排所形成的执行规范职能的制度、机构和人员,统称为"国家治理体系"。构成"国家治理体系"的每一个系统和要素,承担自己的功能,履行自己的任务,形成自己的"能力"。良好的国家治理绩效,取决于良好的治理体系的设计以及构成治理体系的每一个机构、要素和人员的"治理能力"。

理解国家治理体系和治理能力的含义,首先需要对"治理"概念做出简要分析。之前有学者提出"从政府管理到公共治理"(from government to governance)的学术命题,这一表述似乎暗含了这样的意思:治理不但是优于管理的高级状态,而且是管理的替代升级版;我们应该自觉放弃管理思维,主动追求"治理"效应。英语世界的学者为了突出"governance"的重要性,强调社会和中介组织的作用,提出"governance without government"这样的口号,阐发出不依赖于政府的治理理念。尽管中文学者把英文的"governance"翻译成"治理",但今天中文语境中"治理"的含义与英文的"governance"还是有很大不同。

不去考究中文"治理"和英文"governance"的对应性,我们只讨论中文语境下的"国家治理"。应该说,"治理"和"管理"概念各有其使用语境,它们不完全是替代关系。管理是对一个事务的常规处置,而治理更多是针对麻烦和问题事务寻求解决方案;管理强调依照规则和程序按部就班、"循规蹈矩",治理需要思维突破和方式创新;管理要求照章办事、"没什么好商量",治理需要讨价还价、多方协商。相对于管理而

---

① 中共中央文献研究室编:《习近平关于全面深化改革论述摘编》,中央文献出版社2014年版,第27页。

言,治理是官方或者民间的公共管理组织在既定的制度框架下,通过政府、政党、企业和社会团体等多个相关方相互协商协同,解决公共生活中的难题,克服集体行动的困境。

在中文语境下,治理的"治"和"理"表达根治和理顺的含义。"治"的过程和结果应该是"制度化"——制定规则,设置规矩和约束条件,为相关行为设定自由的边界。日常管理过程中,总会产生各种问题;通过治理解决问题,进而把有效的解决办法制度化;一个问题的解决一旦制度化,便被纳入常规化管理的范畴。从这个意义上说,管理和治理不是两种版本替代的关系,而是两个环节互相补充、转化的关系。

近年来,人们将"治理"概念广泛应用于不同领域,形成了诸如国家治理、社会治理、环境治理、贫困治理、全球治理等系列表述。依照上述分析来讨论"国家治理"这一概念,可以得到如下引申含义:从广义上说,国家治理就是要使国家内政、外交的诸多事务得到合理、有序的处置;从狭义上说,国家治理可以有三个维度的理解:一是约束国家内部各种行为主体的行为,使得权力有限制、资本有节制、社会有规制、民主有法治,使国家之内的一切行为(诸如权力行为、资本行为、社会行为、个人行为等)都得到规范,受到限制;二是追求国家整体的可持续的良性发展效应,推进国家发展的一体化、均等化,克服国家发展不均衡,避免国家分化解体;三是促进国民和社会力量发展,提升国家法治化和社会自治化水平,实现国家"持久繁荣"(发展)和"长治久安"(治理)的双重目标。从政治学的角度看,无论如何,建章立制,规范行为,正是国家治理的首要任务。

一个国家,既要发展,也要治理。从制度化行为规范的角度理解国家治理,其内容和任务可以通俗简化为几个方面:一是把公共权力机构和公职人员作为治理对象,实现"有限政府"和"法治政府"的目标,通过有效的制度规范,约束与限制权力机关和执掌权力的官员行为,将其"关进制度的笼子里",防止其滥用权力;二是把平民百姓作为治理对象,通过国家法治、社会道德与规范、组织规则和纪律、家庭责任和伦理、个人和团体行为规范等多种制度化规范,让普通大众养成规则意识和公共意识,成为遵纪守法的现代公民;三是把各类社会组织和党派、团体作为治理对象,通过国家法律、组织纪律、社会规则等多种制度,约束各种社会组织行为,特别要将政党活动纳入国家政治生活和政治制度的规范之下;四是把企业及其经济活动作为治理对象,通过制度化激励和规范,一方面维护市场公平竞争秩序,保证企业经营自由,另一方面约束企业行为,禁止违法行为,限制不正当竞争和垄断行为,引导企业承担更多社会责任。

国家要实现上述可治理的目标和任务,以及提升国家综合实力,都需要相应的国家治理体系和治理能力来保障。历史上,诸多伟大的思想家如霍布斯、洛克、孟德斯鸠和密尔等都曾为现代国家的构成、制度的构建提供了基本论述。霍布斯论证了国家的性质和垄断暴力的必要,阐明了国家作为"利维坦"履行安全保卫、秩序维持等基本功能的重要意义;洛克凭借社会契约理论,论证了国家的公共机关——政府的权力来源、目的及构成,阐释了"有限政府"的基本原则;孟德斯鸠比较各种国家形态,概括不同政体的"精神"和原则,阐述了立法、司法、行政分离分立的重要原理;密尔运用"个人自由"与"社会干涉"的关系理论,阐述了"代议制政府"的原则和现代政府的"底线要求"。实际上从17世纪开始,国家的治理体系一直处于不断地拓展和完善当中。从国家发展历史角度看,从最早单纯实现安保职能的、以军队警察为核心的暴力体系,逐渐发展为实行科层制专业化管理的官僚体系(文官体系或公务员体系),再到形成比较完整的立法—司法—行政三种基本功能分化的专业体系,之后进一步衍生出社会监管体系和社会福利保障体系。直到今天,一个现代国家所具备的相对完整的治理体系大致如下(如图0-1所示)。

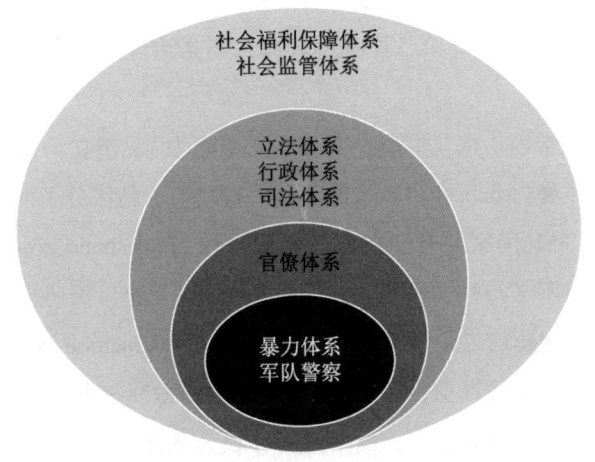

图0-1 国家治理体系的演变

国家能力是评价国家治理体系合理性、有效性的核心指标之一。如何解析国家能力?怎么界定国家治理能力?国家能力与国家治理能力是什么关系?这些是当下政治学关注的重要问题。"国家能力"是一个意涵丰富的概念,泛指国家将自己的意志、目标转化为现实的能力。有人把"国家能力"解析为渗透、提取、规制和分配四种能力。[①] 在新近的研究中,它大体上被应用在两个方面:一是指一国总体上(中央政府和地方政府)所具有的支撑经济发展、应对危机事件的公共设施(如交通、机场、水利、基础网络、公共医疗卫生、公共环境等基础设施)

---

① 参见[美]乔尔·S.米格代尔:《强社会与弱国家:第三世界的国家社会关系及国家能力》,张长东等译,江苏人民出版社2009年版,第8—9页。

的供给和保障能力以及战争状态下的战争能力,表现为财力、物力、人力等资源的使用能力;二是指"官僚机构独立自主地制定政策"以及"官僚体系的内部凝聚与外部联结能力",表现为政府的自主性和组织能力。① 透过这些研究可以发现,如果把国家能力分为"硬实力"(第一种应用)和"软实力"(第二种应用),那么国家治理能力属于"软实力"的范畴。

人们通常容易把"国家权力"和"国家能力"混淆在一起。英国学者迈克尔·曼(Michael Mann)的观点值得借鉴。他区分了两个层面的国家权力:一是国家的专制权力或强制性权力(despotic power),即国家精英可以不必与社会各集团进行例行化、制度化讨价还价而自主行动的范围(range);二是国家的基础性权力(infrastructural power),指的是国家事实上渗透社会,在其统治的领域内有效贯彻其政治决策的能力(capacity),即国家能力。根据这两种权力强弱的状况,迈克尔·曼对历史上以及现实中的国家做了分类,归纳出四种类型:(1)两种权力均弱型,如西欧中世纪的封建国家;(2)强专制权力弱基础性权力型,如古代帝制中国、罗马帝国等传统帝国;(3)弱专制权力强基础性权力型,如西方近代以来的官僚制国家;(4)两种权力均强型,如当代集权主义国家。根据他的理解,国家强制性权力(power)强,并不必然意味着国家能力(capacity)强;国家应该通过加强其基础性权力来提升国家能力,因为国家的基础性权力主要体现为物质性基础设施的供给能力和制度性基础设施的供给能力。② 应该承认,权力不等于能力。迈克尔·曼所谓的强制性权力更多体现为国家的强制力,基础性权力主要

---

① 参见耿曙、陈玮:《"发展型国家"模式与中国发展经验》,《华东师范大学学报》(哲学社会科学版)2017年第1期。
② 参见〔英〕迈克尔·曼:《社会权力的来源》(第二卷·上),陈海宏等译,上海人民出版社2007年版,第68—70页。

体现为国家领导力。没有强制性权力,国家领导力难以形成且难有保障;但如果只有强制性权力,或一味地只强调强制性权力,国家会因为持续不断且日益强化的"暴力"倾向而丧失凝聚力和持久的稳定性,最终反而伤害国家能力。

国家治理能力是运用国家制度管理社会各方面事务的能力,更多地体现为迈克尔·曼所谓的"基础性权力"所带来的国家能力。现代国家的治理能力可以分为基本能力和拓展能力两个部分。基本能力是指一个国家所应有的最起码的治理能力,如安全保卫能力、制度供给能力、危机应对能力和社会保障能力;拓展能力则是指在基本能力的基础上,不断发展衍生出来的新型能力,如组织生产能力、公共服务能力、政策创新能力、社会协调能力等。

四、大国治理经验

不同国家因自身特点差异会面临不同的治理难题。尤其是一些世界大国,因国情复杂,面临的治理困境往往更加多元复杂。其一,民族、宗教的多样性和差异化,容易造成国家整合方面的困境。其二,地区差异性和发展不均衡,容易造成地域差距、城乡差异,治理不好则容易引发地区冲突。其三,属地化管理和条块分割的管理体系容易造成地方主义和部门主义,影响国家的统一性,治理不好则容易引发中央和地方关系紧张。其四,在全球化的浪潮下,人口流动性容易造成移民(移入和移出)压力。历史已经证明,大国尽管可能会面临多种多样的、复杂的治理困境,但仍然可以崛起,成为世界性强国。从政治学角度来阐释,它依靠的就是良好的制度和政策供给。正如约瑟夫·奈在《硬权力与软权力》一书中所分析的,诸如19世纪的英国、20世纪的美国等大国的崛起,靠的不仅是权力资源的变化,事实上还有本国一整套制度和政策。①

从国家发展历程来看,传统国家通常持有"家天下"的理念,"打天下,坐天下",体现"朕即国家"的精神,在制度方面建立了由皇帝制度、官僚制度、郡县制度或封建制度和文书行政体制等构成的各种各样的配套制度,主要通过以皇帝发布诏令为核心的模式来进行国家治理。现代国家普遍坚持"公天下"的理念,强调人民主权、人民共和、代议政治。在制度设计方面,它建立了代议制度、分权制度、复合共和制度等一系列新制度,主要通过政党政治、立法会议、政治协商和大众监督等形式来实施国家治理。在一些古典政治学家看来,混合制式的共和体制,融合贵族制和君主制的特点,是一个国家的理想制度形式。例如,罗马史学家波里比阿把罗马帝国的兴起归功于具有混合体制性质的罗马共和制。② 直到今天,混合体制依然被认为是国家制度安排的理想形式。现代国家的制度安排深受传统思想的影响,普遍采用分流、分权、分治的原则,尽可能提供一种复合机制,开通不同的管道,来满足国家之内不同群体与阶层表达诉求、参与公共事务和实现利益的需要。③

分层的制度安排也要求现代国家建立一种合理的治理结构。现代国家治理体系首先呈现为一种完整的、系统的制度体系,其中有"软件"系统设计,也有"硬件"平台支持。从现代国家治理实践来看,一个国家的公共制度可以分为基础制度、基本制度和重要制度。基础制度

---

① 参见〔美〕约瑟夫・S. 奈:《硬权力与软权力》,门洪华译,北京大学出版社2005年版,第119页。
② 参见〔古希腊〕波里比阿:《罗马帝国的崛起》,翁嘉声译,社会科学文献出版社2013年版。
③ 关于现代复合共和制的论述可进一步参见〔美〕文森特・奥斯特罗姆:《复合共和制的政治理论》,毛寿龙译,上海三联书店1999年版。

类似于盖大楼打地基,追求耐久性,最好一劳永逸,永远不变;基本制度类似于大楼的框架结构,强调稳定性,可以几十年甚至上百年不变;重要制度犹如房间的功能性分隔和装修,追求适应性,根据需求变化,也许十年八年或三年五载甚至更短时间随时调整和改变。很显然,这三种制度在功能性和时效性上有所不同:基础制度属于国家立国之本,追求永久不变;基本制度确立国家生活的基本框架,最好长期稳定;重要制度规定国家事务管理的具体细则,要求适时改变,与时俱进(见表0-3)。同时,现代国家的制度安排实际上还要保持国家这台"机车"的"动力系统"和"制动系统"的适度平衡,即既要保证国家发展和进步具有持续的动力,又要保持"路基路况"良好,不至于脱轨翻车。从这个意义上看,构造两个有效的系统,并使之按照各自的工作原理实现系统有效协同运转,是提升国家治理水平的重要保障。

表0-3 现代国家的制度体系

	制度结构	制度要求	制度内容
制度体系	基础制度	耐久性	宪法及其保障制度(国家权力及其运行、公民权利及其保障、宪法至上的保障等) 国家司法制度
	基本制度	稳定性	基本政治制度(政府制度、政党制度、选举制度等) 基本经济制度(企业制度、财税制度、金融制度等) 基本社会制度(社会组织制度、社会保障制度等)
	重要制度	适应性	政策和规章

此外,现代国家在制度供给方面还需努力提供一种精英政治竞争与大众自主生活适度分离的机制,并对精英政治竞争予以限制,对大众社会生活予以保护,避免"城门失火,殃及池鱼"的危机发生。依据现代国家的经验,采用结构分化、权力分置的制度安排是基本思路。这样

的努力最终促成了国家上层制度和下层制度分开的治理现实。所谓"上层制度",主要指政治精英在国家上层结构中展开政治竞争、实施国家管理的规则,包括选举制度、立法制度、政党制度、行政制度等;所谓"下层制度",主要指普通百姓以国家为共同体过好自己日常生活的规则,其中包括国家结构制度,即关涉中央集权和地方自治关系的制度安排;国民权益制度,例如全国统一的国民身份制度、平等的社会福利制度、就业制度、住房制度、医疗制度、教育制度等;国家法治制度,即保证法律与司法的独立性和权威性以应对冲突和争议的司法制度;国家社会组织制度,即公民参与社会生活的社区、社团以及公共服务的社会化制度。上层制度治住官员(治官),下层制度管住百姓(治民)。以美国为例,在国家治理中,美国的三权分立、联邦主义和两党制度都属于上层制度,主要用来管理和规范国家权力和政治精英;下层百姓的社会生活,可能更多地依靠法治主义、社区主义、社群主义这样一些机制。[①] 政治学所倡导和形成的国家与社会、政府与公民二分的原则,实则是对现代国家治理实践经验的总结,这个经验的要点就是,使以竞争性活动为主的政治体系和以稳定性活动为主的社会体系适当分离:谋权的去政府,谋利的去市场。

五、现代国家治理评估

人们对于国家和国家生活状态的最好期待就是国家存在的目标,这些目标的实现和维持,可以说是国家之善。透过国家研究成果的种种阐释以及国家政策实践的种种努力可以看到,尽管人们对于国家善

[①] 关于美国国家治理模式专题研究可参见〔美〕希尔斯曼:《美国是如何治理的》,曹大鹏译,商务印书馆1986年版。

治有着不同的理解和表达,但守土有责、治理有方从来都是国家统治者或国家治理者的行动目标和评价标准。在这种标准下,国家的"善"通常被认为是国家达到或保持(a)统一(不分裂)、(b)强大(有实力)、(c)安定(既无内斗,也无外敌)、(d)均衡(差距不悬殊)、(e)舒适(环境友好)、(f)正义(公平分配、公正司法)的状态,而国家"善治"通常也被表述为国家的全面协调均衡发展。但十分遗憾,现实中很少有国家能够在所有这些指标上获得满分。这一客观事实表明了理想与现实的差距,也说明了国家治理从来就是一个动态的过程。如果能够在这些指标项上获得进步,那就是国家发展的重要成就了。

人民幸福,社会和谐,国家富强,这通常是国家治理的高标准(高线要求)。现实中,人们更期待保障国家治理的"低要求"(底线标准)——保证国家基本职能的正常运行。对于国家的起码要求是它能够履行其基本职能,尤其是它对公民的保护和保障职能。现代国家理论提供了国家正当性的解释——国家作为一个共同体,它的建立就是寻求以集体力量来为个人提供保护。所以,国家治理的目的,就是要让更多的人充分享受身在国家应该享受的保护和福利。一般来说,现代国家应该履行的基本职能大致如下:维护对外安全、保持公平正义、维持社会安宁、保障公民权利、推进社会福利、应对危机事变。可以说,一个国家如果能够履行这些基本职能,就满足了国家的最低要求。在国际体系中,国家之间的竞争是多方面的,其中最根本的竞争,还是国家基本职能的履行能力和履行程度的竞争。

社会科学提供了一种"双向运动理论解释模型"(见表0-4),在这种模型下,社会可以被解释为由动力系统和制动系统这两大系统所构成。动力系统输出发展动力,同时带来分化的力量;而制动系统提供一种控制力量和整合力量,确保发展和分化被限定在可控的范围之内。

一方面，社会要发展，其结果是不断变化和分化；另一方面，社会需要整合和控制，以保证稳定和均衡发展。进一步而言，一个国家要发展，其动力可能来自经济发展、技术进步、社会变迁、教育水平提高和其他外部因素的影响，这些动力系统的变化通常被学术化表述为市场化、民主化、社会化和自由化等概念。同时，国家又要保持制动有效，即维持它的整合力量。一个国家维持社会稳定的控制系统可能包括文化联系、血缘关系、宗教教化、意识形态、法律制度和国家强力机器。这些因素和力量的作用经常被概括为理性化、制度化、法治化等等。社会科学这一"双向运动理论解释模型"可以为我们理解国家治理行为与制度供给的关系提供说明，并为构建国家治理现代化理论奠定基础。

表0-4 双向运动理论解释模型

社会系统构成	
动力系统/分化力量	制动系统/整合力量
促进变化的因素： 1. 经济发展：生产力、生产方式、分配方式 2. 技术进步：改变生产方式和生活方式 3. 社会变迁：人口结构、流动性、城市化、社会组织方式等 4. 教育水平 5. 外部因素	维持稳定的因素： 1. 文化联系 2. 血缘关系 3. 宗教教化 4. 意识形态 5. 法律 6. 国家机器
市场化 民主化 社会化 自由化	理性化 制度化 法治化 治理/规制

基于此，国家运行的逻辑实际上表现为国家能力的两个维度：发展是硬道理，治理是软实力；国家既要发展，又要治理；一个良好运行的国家，不仅要有良好的发展绩效，还要有良好的治理效能。发展追求的是

经济发展、科技发展、社会发展、教育发展等目标,体现为人民生活不断改善;治理追求的是制度化、法治化、协调性和可持续等目标,体现为社会关系日益和谐,社会秩序趋于稳定。经验显示,发展一般是自然和自发的,是民间力量和社会力量共同作用的结果;治理是人为设定的,是国家和政府的力量推动的结果。

现代国家治理力求通过制度规范和政策调整,保证国家持久繁荣和长治久安。这一任务关涉政治学的两个宏大主题:国家怎样告别革命?国家如何避免解体(分裂)?抗争、起义、革命以及各种形式的内乱以至内战,是国家历史上常见的现象;分化、分离、分裂,也是国家历史上屡见不鲜的事情。因此,政治学从一开始就在讨论国家如何避免革命性激烈变动,并研究国家各种分化的可能性和国家凝聚力的构建,以实现国家长治久安。

从政治学学术史来看,从亚里士多德到马克思主义学派,诸多学者都曾研究过革命问题,如革命的性质、原因、后果等一系列问题。尽管政治革命通常被马克思主义者认为是解放生产力的正义行动,但从国家治理的角度看,没有人希望自己的国家经常发生革命,因为革命往往和暴力行为、内战等现象相联系,那意味着国家的动荡与危机。

那么,一个国家如何避免革命,实现长治久安?现代社会理论通常从社会心理学的角度解释革命问题,认为有两个要素值得关注:一是人民的生存危机感;二是制度安排的低回应性。也就是说,如果人民普遍具有强烈的生存危机感(社会不满),而制度的回应性又相对较低或比较迟钝(制度和政策僵硬),那么,社会就具备了不稳定乃至发生革命的条件。正面地说,消除发生政治革命的条件,就要一方面降低人民的生存危机感,另一方面提高制度和政策的合理性,克服制度与政策的低开放性和低回应性。事实上,在过去的政治实践中,一些发达国家在现代化建设初期也面临动荡不安的局面,但是通过不断调整制度供给,国家逐渐降低革命风险,走上平稳发展的道路。回顾历史可以看到,这些国家之所以能在现代化建设中降低政治风险,有三种制度和政策安排可能是至关重要的:其一,它们逐渐落实和保障社会自由,使得自由权利和自由流动得到了更大范围的实施;其二,它们提供了现代性的制度供给要素,包括开放性、竞争性和限任性;其三,它们建立了完整统一的社会福利和保障体系,大大降低了弱势群体的生存危机感,从而使国家从政治动荡转向相对平稳的发展。由此可见,现代国家治理实际上就是使国家完成转变,确立现代治理体系,全面提升国家协调、统合能力。

国家治理的现代化就是要促进国家的统一性和均等化。事实上,一个国家的长治久安除了要避免政治动荡外,还要能够始终保持国家的统一性,避免国家的分离主义倾向。当然,不同的国家也会表现出不一样的状况,但是提高国家的整合能力,进而提升它的整体性和凝聚力,已经成为促进国家统一性的重要途径。

从理论上讲,国家统一不应简单理解为主权、事权的强力统一,它应该具有三重标准:一是类似"车同轨,书同文"意义上的文化、习俗等方面的统一。就此而言,古代中国在很大程度上就已经实现了国家统一。二是主权统一、治权统一和民权统一,这意味着国家之内主权、治权和民权的统一性与一致性。三是国家之内司法、规则、标准和市场的统一。这三重标准在一定程度上呈现递进性,表明统一的制度和制度效用能够在国家的各个地区与各个领域实现全覆盖。

国家治理除了推动上述三重标准为内容的统一性之外,还要抑制国家的离心力量,强化国家之内的整合力量。这种离心力量一般产生于教派、族群、社群之中,而国家的整合力量不仅包括常见的军事力量,更体现为一些柔性的法治力量、行政力量、市场力量、意识形态力量和文化力量。此外,国家的均等化反映着国家的经济发展、公共设施和公共服务等要素在地域分布上的公平性和一致性,因此,国家治理的现代化也意味着要推进国家的均等化。促进国家的统一性和均等化,最重要的还是要提供统一的制度设计,特别是对于大国而言,提供更加包容性的制度是至关重要的。到目前为止,我们看到不同国家选择的统合性制度设计包括中央集权式的统一制度、联邦制式的统一制度、地方自治式的统一制度和邦联制式的统一制度等。

一个国家的治理效能如何,取决于制度和政策两个因素。其中,制度是"组织人类共同生活、规范和约束个体行为的一系列规则,因此,制度也可以说是一个社会的游戏规则,是决定人们的相互关系而人为设定的一些制约"[1]。从逻辑关系上说,制度和政策之间会有不同的匹配,而良好的治理效能最终取决于好制度和好政策的匹配。[2] 如果我们把"制度供给"理解为国家治理体系的设计和构建,而把"政策供给"理解为国家治理能力的体现,那么,国家治理绩效的评估或许就要考虑这两方面的因素。

当前,国家治理存在较多评估的体系。北京大学国际关系学院王缉思教授在他的著作《世界政治的终极目标:安全、财富、信仰、公正、自由》中归纳了人类历史上不同时代的政治主题,提出了五个跨越时空的政治终极目标,即安全、财富、信仰、公正、自由,对世界各国的多样性和同一性做出解读,并以此为根据,提出"成功国家"的考察标准。

---

[1] 〔美〕道格拉斯·C.诺斯:《制度、制度变迁与经济绩效》,刘守英译,上海三联书店1994年版,第3页。
[2] 参见燕继荣:《制度、政策与效能:国家治理探源——兼论中国制度优势及效能转化》,《政治学研究》2020年第2期。

这等于提供了一种国家治理评估的框架。①

我们之前依据国家治理目的论逻辑,曾以人民幸福、社会和谐和国家富强为发展目标,以公民权利实现程度、社会发展程度、国际竞争力或国家能力为评估内容,设计了相应的评估思路,提出了一个相对理想化的指标评估设想(见表0-5)。②

表0-5 国家治理指标评估设想

国家治理目标	一级指标设计	二级指标方向	三级评估内容
人民幸福	公民权利实现程度	自由权利	经济自由、言论自由、政治自由
		民主权利	民主选举、决策、管理、监督
		福利权利	公民社会福利保障
社会和谐	社会发展程度	社会均衡程度	区域发展均衡性
		社会发育程度	社会组织、社区建设、社会自治
		社会合作程度	社会冲突程度(社会稳定性)
国家富强	国际竞争力(国家能力)	创新性	知识创新、技术创新、管理创新
		成本性	系统成本、维护成本、运行成本
		阻力性	贫富差距、城乡差距、地区差距
		风险性	经济危机、政治危机、社会危机、国家认同危机

涉及国家评估的研究很多,人们会采用一些单独的指标衡量一个国家在某方面的情况,如用国内生产总值(GDP)和国民总收入(GNI)反映经济发展水平。但是,单独的指标有时难以全面和真实地反映情

---

① 参见王缉思:《世界政治的终极目标:安全、财富、信仰、公正、自由》,中信出版集团股份有限公司2018年版。
② 参见燕继荣等:《中国现代国家治理体系的构建》,社会科学文献出版社2018年版。

况,所以,我们需要综合性的、比较全面的体系以评估国家的表现。当前比较有影响力的国家评估体系,按反映领域的不同,可以分为经济社会发展、政治发展和治理三类。

经济社会发展评估主要有以下几种。(1)人类发展指数(Human Development Index, HDI),由联合国开发计划署提出和评估,以预期寿命、教育水平和生活质量三项为变量,通过计算得出一个综合指数,其取值范围为0—1,数值越高表示人类发展水平越高。(2)全球幸福指数(World Happiness),该指数得到联合国支持,由多所世界著名大学、研究机构和民意调查机构参与。该指数以幸福为对象,受到了不丹"国民幸福总值"(GNH)的影响。该指数根据人均GDP、社会救助、预期健康寿命、人生选择自由度、国民慷慨度和社会清廉度六方面的指标评估一个国家或地区人民的幸福度,并通过计算赋予每个国家或地区一个0—10之间的评分,评分越高表示人民幸福度越高。(3)世界发展指标(World Development Indicators, WDI),这是世界银行选定的反映一个国家或地区综合发展情况的一系列指标,而不是一个单独的指数。世界发展指标包括贫困与不平等、人口、环境、经济、政府与市场、全球联系六个方面。

政治发展评估主要有以下几种。(1)民主指数(Democracy Index),由《经济学人》杂志编制,评估世界上167个政权的民主程度的指数。该指数衡量了五个指标:选举程序与多样性、公民自由、政府运作、政治参与和政治文化。政权按得分分为"完全民主"(8.01分至10.00分)、"部分民主"(6.01分至8.00分)、"混合政权"(4.01分至6.00分)和"专制政权"(4.00分及以下)四类。(2)全球自由度(Freedom in the World),由美国非政府组织自由之家调查和发布报告,该报告赋予每个国家和地区一个评分,以反映其公民自由和政治权利实现程度。现行的全球自由度报告的评分包含10个政治权利指标(进一步分为选举程序、政府多样性与参与、政府运作、其他考量因素四方面)和15个公民自由指标(进一步分为言论与宗教学术信仰自由、集会结社权利、法治、个人自主权利四方面),一般每个指标得分为0—4分(但存在若干扣分项),满分为100分(最低为-4分)。得分按比例转为1至7的评等,但评等以1为最佳,7为最差。一般1—2被认为"自由",3—5被认为"部分自由",6—7被认为"不自由"。(3)腐败感知指数(Corruption Perceptions Index,亦译作清廉指数),由德国非政府组织透明国际(Transparency International, TI)发布,邀请专家学者和企业家等对各国的腐败(指滥用公共权力谋取私利,不包括非公共部门的腐败)状况进行评分。现行的清廉指数满分为100分,评分越高,意味着感知的腐败程度越低。

治理类评估主要有以下几种。(1)世界治理指标(Worldwide Governance Indicators, WGI),由世界银行于1996年提出,对世界上超过200个国家和地区的治理情况进行评估,是最早被广泛应用的治理评估体系。WGI有六个测量维度:话语权与问责(Voice and Accountability),包括公民在政府选举中的参与程度,以及言论自由、结社自由和新闻自由;政治稳定与非暴力(Political Stability and Absence of Violence),包括政治稳定、政治暴力和恐怖主义的程度;政府效率(Government Effectiveness),包括政府公共服务质量、政策制定和实施能力,以及兑现政策承诺的可信度;监管质量(Regulatory Quality),包括政府制定和实施许可、促进私人部门发展的政策法规的能力;法治(Rule of Law),包括行为者对社会规则的信心和遵守规则的程度,包括产权保护、司法和犯罪暴力等;控制腐败(Control of Corruption),即公权力谋取个人私利的程度,包括各种形式的腐败行为。WGI采用百分等级

（得分从 0 到 100 排列）表示该国治理要项的位次排名水平，数值越高，治理水平的排名越靠前。（2）民主治理测评（Measuring Democratic Governance），由联合国开发计划署制定，该测评特别强调反贫困和性别平等，围绕参与、代表、责任、透明、回应、效益、公正七个要素建立了一套关于民主治理的评估体系。除此之外，世界上有一定知名度的治理评估体系还有：Metagora 项目（经济合作发展组织）、世界治理评估（英国海外发展组织）、民主与治理评估框架（美国国际开发署）、国家治理评估（英国国际发展部）、治理与腐败战略评估（荷兰）。

中国学者也在国家治理评估体系建设方面做出了重要的贡献，提出了各种具有中国特色的方案，其中比较有影响力的有北京大学国家治理研究院提出的国家治理经验评估体系和华东政法大学政治学研究院发布的国家治理指数。北京大学国家治理经验评估体系通过构建"公民—社会—国家"三维度框架，建立国家治理经验评估的三级指标体系，评估国家治理经验的效果；华东政法大学国家治理指数包括"基础性""价值性"和"持续性"三个一级指标及九个二级指标，通过客观数据对 192 个国家的治理状况进行分析与评估。

本书在综合前人研究的基础上，提取国家治理普遍存在的七大要素——民主、法治、廉政、福利、安全、环境、创新，分别从理论阐释、文献梳理、评价方法和指标设计、评估操作应用四个方面展开叙述。我们的研究建立在这样的假设基础上：(1) 现代国家治理追求综合绩效，力争上游；(2) 现代国家的良善治理，首先应该满足民主、法治、廉政、福利、安全、环境、创新七个要求；(3) 现实中的国家在国家治理方面存在差异，这些差异可以通过民主、法治、廉政、福利、安全、环境、创新七个方面的指标进行衡量，尽管这种评估测量难以做到精准科学，但它亦助于推进国家治理的改善和进步。

六、中国治理现代化的意义

现代化被定义为相对于以游牧业和农耕业为主的传统社会,以工业制造业为主要生产方式而开始的社会新阶段。现代化的普遍性和逻辑结果包括以下几个方面。(1)工业化:生产方式从农牧业到制造业的转变。(2)城市化:农民到市民的转变。(3)市场化:自由市场竞争和契约精神取代权贵垄断和"霸王条款"。(4)民主化:从家天下到公天下;从宫廷政治到平民政治(公民参与);政党政治成为政治主要方式。(5)国家化:从自由放任到政府二次分配和保护弱者,社会福利国家化。(6)全球化:从国家主义到国际体系。人类历史长达250万年,但人类经济的快速增长只有250年历史。经济增长在今天被当作常态,但在250年前,经济不增长是常态。促成人类经济增长并且拉开距离的,主要开始于以工业化为核心的现代化。人类经历了蒸汽时代、电气时代、信息化时代及数字化时代,这被称为四次工业革命。今天,我们正处于数字化技术革命的浪潮当中,由云计算、大数据、移动互联网、物联网、5G等科技发展与应用所推动的智能化和自动化,改变了人们的生产和生活方式,也会极大地改变国家治理状况。

古老的传统国家实现现代转型,需要实现国家治理体系和治理能力现代化。政治学对现代国家构建和建设提供了两条不同但又互相交合的解释路径:一是依据"政体理论",更多基于国内政治视角,关注理想上国家应该"由谁统治"及"如何统治",因此强调政治合法性,形成了建立在自由民主议题基础上的政治发展理论;二是依据"国体理论",更多基于国际竞争视角,关注国家现实中会遭遇"什么问题"及"如何治理""如何发展",因此强调政治有效性,形成了建立在国家综合实力(国家能力)发展基础上的政治发展理论。这两条路径互相交织,构成当代国际社会国家发展的主题变奏曲。

国家现代化是中国百多年来的梦想。习近平总书记在党的二十大报告中提出"中国式现代化"概念,并对中国式现代化的性质和意义做了阐述。他说,"改革开放和社会主义现代化建设深入推进……实现中华民族伟大复兴进入了不可逆转的历史进程";"中国式现代化,是中国共产党领导的社会主义现代化,既有各国现代化的共同特征,更有基于自己国情的中国特色……中国式现代化是人口规模巨大的现代化……是全体人民共同富裕的现代化……是物质文明和精神文明相协调的现代化……是人与自然和谐共生的现代化……是走和平发展道路的现代化"。[①]

中国式现代化的意义值得阐释。中国的现代化经验显示,一个古老的国家,要实现现代转型,必须面对国家治理的几大关键性问题。(1)国家构建:与依靠战争和暴力征服所形成的国家不同,现代国家是不同地区、不同族群的人们愿意共同相处、平等相待的政治共同体,因此,需要以现代价值观念、宪法和法律、公平合理的制度、共享的发展利益来重建统一的国家认同;多民族国家尤其要促进国家认同,铸牢民族共同体,避免现代化过程中因民族、文化、宗教等方面的差异性带来分化。(2)经济发展:后发国家需要建立自己的产业体系(工业经济)和现代企业,实现经济起飞和持续增长,打破传统经济不发达循环困境,步入以工业制造业为基础的发展轨道。(3)政党政治:现代化容易造成社会和利益分化,促进利益团体及政党政治活跃,避免激烈的利益分化和无序的党争而引发的政治分化是国家治理的重大任务。(4)政府

---

① 习近平:《高举中国特色社会主义伟大旗帜 为全面建设社会主义现代化国家而团结奋斗——在中国共产党第二十次全国代表大会上的报告》,人民出版社2022年版,第15—16、22—23页。

政治:发展不均衡、不均等、不协调、不可持续是传统国家(尤其是传统大国)较为突出的问题,要消除或缓解这样的问题,就不能完全走发达国家当初"自由放任""消极政府"的老路,必须构建一种有为有效的政府,使其发挥积极引导和调节作用。(5)民主政治:现代化就是一个社会力量自然释放的过程,坚持公民开放,吸纳更多的人参与国家建设,破除机会和利益垄断,分享发展成果,是国家治理的核心议题。(6)开放政治:现代化是一个世界性、全球化的进程,避免主观、客观上的"闭关锁国",融入国际社会,是国家治理的重要议题。

1949年以后,经过社会主义改造和建设、改革开放两大时期的探索,中国建立了自己的治理体系:中国共产党执政、全面领导的政治体系;单一制国家结构下的中央统一领导的行政体系;主要生产资料国家所有、生产过程自由竞争的社会主义市场经济体系;政府主导和基层社会自治相结合的社会体系……在如今世界出现大变革、全球危机频发以及世界局部地区的"冷战"和"热战"不断发生的时代背景下,中国的国家治理还面临诸多挑战。党的二十大报告总结历史经验,阐明中国式现代化的本质特征:坚持中国共产党领导,坚持中国特色社会主义,实现高质量发展,发展全过程人民民主,丰富人民精神世界,实现全体人民共同富裕,促进人与自然和谐共生,推动构建人类命运共同体,创造人类文明新形态。应该说,"高质量发展"是现代化的更高追求。在可以预见的未来,新一轮现代化应该是"高质量发展"的现代化——不仅在自由、民主、法治、福利等方面实现高标准,而且在环境、安全、均衡等方面也有更高要求。这就要求在新能源—新产业、网络化—数字化、技术—管理等领域和方面实现全面创新。中国式现代化的有益实践经验和理论创新,将为解决人类面临的共同问题提供更多更好的中国智慧、中国方案、中国力量,会成为人类现代化历史的宝贵财富。

第一章
民主篇*

第一节 国家治理与民主

20世纪90年代不仅见证了治理研究在学界的勃兴,①同时也目睹了民主化浪潮在世界的拓展②。而作为新兴社会管理方式的治理,与代表人类社会发展趋势的民主所存在的交集还远远不止于此:一方面,从理念上看,治理的核心内涵——多主体参与、平等开放、合作协商、互动回应——与民主历来所强调的人民主权、自由平等、民意表达、参与妥协、尊重多元等要素往往暗相契合,且二者在增进公共福祉的终极目标上取向一致;另一方面,在现实实践中,治理与民主在很大程度上能

---

* 本章作者:孟天广,清华大学社会科学学院副院长、政治学系长聘教授、博士生导师,兼任中国政治学会青年工作专业委员会副会长、清华大学计算社会科学与国家治理实验室副主任等,入选国家级人才计划。研究领域包括中国政治、信息政治学、计算政治学等。吴培琳,清华大学政治学系博士候选人。主要研究方向为算法政治、计算社会科学。黄种滨,中国社会科学院社会学所助理研究员。主要研究方向为福利社会学、计算社会科学。

① 参见王绍光:《治理研究:正本清源》,《开放时代》2018年第2期。
② 参见〔美〕塞缪尔·亨廷顿:《第三波——20世纪后期民主化浪潮》,刘军宁译,上海三联书店1998年版,第25页。

够交融互嵌、相互促进，①实现在治理中发展民主、在民主中改善治理的良性循环，形成推动经济繁荣、政治发展与社会进步的民主治理之合力。

就治理本身而言，它具有不同的层次，如全球治理、国家治理、社区治理和公司治理等。② 其中，国家治理是以"国家—社会—市场各归其位"③为核心要义，涵盖一国经济、政治、文化、社会、环境等各个领域的治理。在中国，"国家治理"受到执政党的高度重视：2013 年，党的十八届三中全会将"完善和发展中国特色社会主义制度，推进国家治理体系和治理能力现代化"作为中国全面深化改革的总目标，从国家战略的高度突出了国家治理在现代国家转型过程中的关键作用。

国家治理的内涵可从多种角度共同界定。其中，民主是国家治理的题中应有之义，这是由民主兼具价值性与工具性的特质决定的：作为一种价值，民主为国家治理注入了人民主权、自由平等、公平正义和公民精神的价值追求，确立了国家治理的合法性；作为一种工具，民主在国家治理过程中起到了供给合法性、缓和社会冲突、降低决策风险、规范权力运作的重要作用，保障了国家治理的有效性。④ 而纵观历史发展、放眼经验世界，人们会发现不同时空之下的民主实践形式各异，其中又以精英民主、多元民主、参与民主、协商民主、社会主义民主为主要类型，为各国践行民主价值提供了各有侧重的理论指导，同时也深刻影响着一国国家治理的价值偏好、制度安排与策略选择。

---

① 民主与治理能够融合，但二者之间也存在一定的张力。参见曹海军、黄徐强：《民主治理的复合变奏》，《新视野》2016 年第 5 期。
② 参见王浦劬：《国家治理、政府治理和社会治理的含义及其相互关系》，《国家行政学院学报》2014 年第 3 期。
③ 任剑涛：《国家治理的简约主义》，《开放时代》2010 年第 7 期。
④ 参见吴培琳、孟天广：《民主与国家治理：价值与工具之辩》，《思想理论战线》2022 年第 3 期。

一、民主:国家治理的价值之维

从政治哲学的角度看,民主是可欲的,它本身便蕴含着多年以来人类孜孜以求的诸多理想价值。对国家治理而言,民主的这一价值内涵则主要通过下列四种方式得以彰显:以人民主权界定国家治理的性质、以自由平等规范国家治理的过程、以公平正义衡量国家治理的成效、以公民精神保持国家治理的活力。

第一,人民主权是现代国家治理的价值归宿。民主作为一种思想,其基本内涵即在于"人民主权"。在政治思想史的谱系中,这一思想的理论建构主要是由霍布斯、洛克和卢梭等人借助"自然状态"的思想实验,通过"社会契约论"的层层推导来完成的。[①] 人民主权理论的核心观点是国家的权力源于人民。这在国家治理之中则意味着人民不再是被统治、受管制的对象,而是以授权、参与和问责为主要方式来拥有和治理国家的主体,且各主体的利益在国家治理的实践之中都应当被考虑并获得保障,否则国家治理就欠缺必要的合法性。也正是在这一意义上,现代国家治理得以与传统国家治理相互区分,并获得自身存在的价值性因由:人民主权"为现代国家注入了崭新的灵魂"[②],而现代国家治理体系也由此诞生。

第二,自由平等为国家治理过程提供了互动规范。民主作为一种对社会共同体的构想,天然地包含着对自由与平等的追求。一般而言,"自由"可被理解为个体在不损害他人权益的前提下自己决定自己的

---

① 参见李良栋:《论民主的内涵与外延》,《政治学研究》2016年第6期。
② 刘建军:《和而不同:现代国家治理体系的三重属性》,《复旦学报》(社会科学版)2014年第3期。

权利,而"平等"则集中表现为"人们在构成他们生活和机会的政治框架中应该享有平等的权利和义务"①。由于现代国家治理是一个多主体共同参与的过程,因而自由平等的理念实际上为治理过程中的多主体互动提供了一种基本的规范:它意味着各治理主体在参与、讨论和决定公共事务的过程中始终居于平等的地位,各方均能够按照自己的意志做出选择,且任何一方都无权将自己的意志强加于人。

第三,公平正义是国家治理绩效评估的价值取向。民主"至少在理论上提供了一种以公平和正义的方式调解价值和价值争议的政治和生活的方式"②。从这个角度看,民主的价值与公平正义的原则密切相关。所谓"公平正义",按照罗尔斯的观点,应当包含公民政治权利和社会经济利益两个维度的内容,③而这一理解反映的是对社会基本结构或基本制度安排的公平正义追求。④ 这也意味着当民主的价值内嵌于国家治理之中,评价国家治理的诸多维度——不论是宏观的治理制度选择,还是中观的治理机制设计,抑或是微观的治理政策制定——都必将涉及公平正义的价值取向。

第四,公民精神是国家治理可持续发展的灵魂。民主的价值及其实现不仅需要一整套硬性的制度、规则和程序,同时也有赖于与之配套的软性因素——公民精神。公民作为主体所拥有的自主意识、在辩论之时所秉持的理性精神、在达成决定的过程中所具备的妥协能力、在面

---

① 〔英〕戴维·赫尔德:《民主的模式》,燕继荣等译,中央编译出版社1998年版,第381页。
② 〔英〕戴维·赫尔德:《民主的模式》,燕继荣等译,中央编译出版社1998年版,第376页。
③ 参见〔美〕约翰·罗尔斯:《正义论》,何怀宏等译,中国社会科学出版社1988年版,第56—61页。
④ 关于民主与正义之间的关系以及对于正义的其他理解,可参见〔美〕伊恩·夏皮罗、卡西亚诺·海克考登主编:《民主的价值》,刘厚金译,中央编译出版社2015年版,第67—80页。

对整个社会共同体时所怀有的规则意识与责任感等等，都是公民精神的具体表现。而对公民精神的涵养不仅是民主的内在要求，同时也是长期视角下国家治理实现可持续发展的一个隐性而强大的推动力；反之，公民精神的稀缺将从根本上制约国家治理体系的构建、落地与变革。

二、民主：国家治理的工具之辩

从工具主义的视角出发，民主同时也是一种实现其他社会目标的手段。换言之，当民主不仅被视为一种理念，而且也被具象为一套可操作的规则技术以服务于国家治理实践之时，它便被赋予了工具性的内涵。[1] 就其对国家治理的效用而言，供给合法性、缓和社会冲突、降低决策风险与规范权力运作是民主的四项主要功能。

第一，民主的选举和参与机制能够为国家治理供给合法性。一方面，国家治理离不开国家权力，或者说离不开执政党及其组建的政府。而民主在现代国家的一种典型表现形式——选举则能够赋予国家权力以民意的认可，从而在根本上回答国家治理的合法性问题。[2] 另一方面，当民主的参与机制被用于国家治理，那么至少在理论上社会各主体都能够自由平等地参与制度建设和政策制定，而这种开放的参与渠道、充分的讨论过程和多数的决策原则，本身就以其公开透明、公平公正的属性为国家治理过程供给了程序上的合法性。

---

[1] 参见吴培琳、孟天广：《民主与国家治理：价值与工具之辩》，《思想理论战线》2022年第3期。
[2] 但选举民主在合法性建构的过程中也存在局限性，参见张聪、蔡文成：《选举民主：政治合法性的建构及其困境》，《理论与改革》2014年第5期。

第二,民主的争端解决机制有助于缓和社会冲突。资源的稀缺导致社会冲突常在。而民主作为一种争端解决程序,能够在社会冲突发生之时以一套制度化、常态化、流程化的规则在和平与可控的范围内调和各方矛盾。由于民主社会的一个重要特征是公民对于制度与规则的信仰,因此尽管人们在民主的解决框架之内可能因直接公开的意见碰撞而看似把矛盾"激化"了,但这种矛盾的"进一步爆发"在一个健康的社会中通常是有限度的——它能够经由制度体系实现自我消化。此外,借助公开辩论、协商对话等一系列利益协调手段,各方的冲突也有望得到缓和。正是在这个意义上,将民主的机制引入国家治理的过程,将会对稳定社会秩序、促进表达沟通、培育社会信任和降低治理成本有所助益。①

第三,民主的决策机制对现代国家治理具有降低风险的功效。在现代社会,国家治理的内容愈益繁杂,牵涉的利益相关方也往往为数甚众,而这在很大程度上增加了决策的风险,例如因信息不完全而误判,因忽略特定群体的利益而引发政策执行危机与认同危机,由于未经充分评估因而公共政策效果不佳甚至适得其反,等等。现代国家治理在公共政策领域所表现出的高风险性需要依靠民主的决策机制来加以防范——尽管在具体的决策中,公民参与对公共政策的影响依情境而变,②但以民主的决策机制确保国家治理过程中公民参与渠道的始终开放与畅通,终归能够对降低公共决策的风险起到兜底的作用。

第四,民主以有限政府为核心的制度安排能够规范国家权力的运行。民主的诞生在一定程度上源于人们对国家权力的天然疑惧。为了

---

① 参见王浦劬:《以治理民主实现社会民生——我国行政信访制度政治属性解读》,《北京大学学报》(哲学社会科学版)2011年第6期。
② See Renée A. Irvin & John Stansbury, "Citizen Participation in Decision Making: Is It Worth the Effort?", *Public Administration Review*, Vol. 64, No. 1, 2004, pp. 61-63.

缓和这种对公共权力可能无限扩张或遭到滥用的深度不安,民主思想家通常主张以制度的形式将国家权力的边界固定地限制在一定的范围内。在国家治理当中,这种民主制度安排的效用则体现在它能够规范国家、社会与市场之间的关系,并在此基础上推动国家治理模式转型。

三、践行民主:国家治理之民主多样性

民主在一国的践行,需要以具体的制度和文化作为载体。鉴于民主内涵的丰富性,其外化的实践形式也具有多样性:一方面,民主的实现涉及国家权力结构、央地关系、选举制度、政党制度、政治参与等多个向度的内容;另一方面,在这些领域之内,又分别存在着差异化的制度设计。例如,在横向的国家权力分配上有三权分立与议行合一之别,在央地关系层面有联邦制、单一制之分,在选举制度上既存在直接选举与间接选举的宽泛分野,也有着比例代表制、多数代表制等关于选举技术的细致规定。此外,与选举制度相配套的政党制度也存在两党制、多党制等形式,而贯穿民主始终的政治参与也有重视选举式参与和强调日常参与及其过程中的协商对话的不同侧重。凡此种种,不一而足。

正是上述这些制度与规则的总和,构成了一国实际的民主模式。显然,通过各个领域不同制度设计的排列组合可见,各国所形成的民主模式均是共性与个性的结合。就其与国家治理的关系来说:首先,这些在实践中业已成型的民主模式为国家治理的体系建设和运行方式框定了基本的制度前提和实施背景,这意味着一国的国家治理总是内嵌于该国特殊的民主模式之中的;其次,当一国基本完成国家治理的基础设施建设,更多地转入实践探索阶段之时,该国的民主模式也将与实际的国家治理经验产生更多的互动,并与之构成一种水乳交融、相互塑造的

影响关系。

有鉴于此,认识民主在一国现实实践当中的多样形态,对于理解国家治理特别是其中的民主方面具有重要的意义。但概览世界主要民主国家的民主实践,并在此基础上总结经验意义上的民主类型,显然超出了本节所涉的范围。考虑到一国民主制度的设计总是以对民主的基本理解为起点,且这种理解通常具有明确的重心,例如以选举为核心的精英民主、以利益集团为核心的多元民主、以公众参与为核心的参与民主、以偏好论证为核心的协商民主和以人民当家作主为核心的社会主义民主等等,因此以这些各有侧重的民主理论作为观察的棱镜,将有助于我们一窥经验世界中看似令人眼花缭乱的民主多样性的究竟。

第一,以选举为核心的精英民主。

精英民主理论的集大成者熊彼特(Joseph Alois Schumpeter)在其《资本主义、社会主义和民主主义》一书中对"民主"进行了重新界定。他认为,民主"不过是指人民有机会接受或拒绝要来统治他们的人的意思",而为此需要"自称的领袖们之间为争取选民投票而进行的自由竞争"。换言之,"民主就是政治家的统治"①。这种基于经验观察而对民主内涵做出的修正,实际上将民主实践的主要范围限定在公民通过投票选择代表(精英)、赋予他们权力进行统治的"选举"层面。在现代世界,以英美为首的早发民主国家在选举制度上的完备发达即是精英民主理论的真实写照。

第二,以利益集团为核心的多元民主。

多元民主理论的主要贡献者达尔(Robert Alan Dahl)在其《多头政体——参与和反对》一书中提出了实现民主的三项必要条件及与之相

---

① 〔美〕熊彼特:《资本主义、社会主义和民主主义》,绛枫译,商务印书馆1979年版,第355—356页。

关的八项制度保证,①并在此基础上从自由化(公开争论)和包容性(参与)两个维度区分了封闭性霸权政体、包容性霸权政体、竞争性寡头政体和多头政体这四种政体类型。② 在达尔看来,所谓的民主政体应是指多头政体。而在多头政体当中,尽管权力分布的不平等犹在,精英统治的局面仍存,但以利益集团为基本单位而展开的诸多竞争促成了一种"多重少数人的统治":在此情形下,权力中心是多元而分散的,精英结构是动态和开放的,各式各样的利益集团在民主政治中扮演了重要角色。显然,这一理论所勾勒出的以利益集团竞争为核心的民主图景,在现代美国政治之中表现得最为典型。

第三,以公众参与为核心的参与民主。

20世纪60年代兴起的参与式民主,在很大程度上是对精英民主、多元民主等自由主义民主理念的一种反叛,同时亦是对这一理念在民主实践过程中所遭遇的困境而做出的回应。参与民主理论认为,民主的内涵不应只是人民选择精英、精英主导参与,在选举和代议制之外,还应存在形式更为多样、范围更加广泛的公众参与,如佩特曼(Carole Pateman)所倡导的"工业民主"或"在工作场所的参与"③。这种对公众参与的积极主张,实际上源于对参与功能的正面看法:欠缺知识技能和政治效能感的公民,能够在参与中学习,并借助参与的教育功能来提升参与能力、增强公共意识和养成民主的个性。而当参与民主的这些理

---

① 参见〔美〕罗伯特·达尔:《多头政体——参与和反对》,谭君久、刘惠荣译,商务印书馆2003年版,第11—14页。
② 参见〔美〕罗伯特·达尔:《多头政体——参与和反对》,谭君久、刘惠荣译,商务印书馆2003年版,第14—20页。
③ 〔美〕卡罗尔·佩特曼:《参与和民主理论》,陈尧译,上海人民出版社2018年版,第44—76页。

念投射到经验现实,巴西的案例无疑引人注目。①

第四,以偏好论证为核心的协商民主。

20世纪80年代末,协商民主在参与民主所开拓的基本道路上继续前行,并逐步发展出具有自身鲜明特色的一套理念。针对政治参与中以投票为中心的决策模式,以及这背后隐含的有关公民偏好给定的假设,协商民主理论认为,在"投票"这一最终决定方式启动之前,人们还应投入同等甚至更多的精力用于"协商",②即公众就特定的议题进行理性的讨论、沟通、论证和说服。这样做之所以可行,是因为公民的偏好并非板上钉钉,而是可以通过对话来加以改变。换言之,经由公民对各自的偏好展开论证这一关键环节,公民之间实现偏好转化和达成共识将成为可能。退一步说,即使共识难以形成,协商的过程本身也具有促进公民之间相互尊重的伦理功能。③ 作为一种政治参与形式,协商民主在中国、加拿大、澳大利亚等国都得到了实践。

第五,以人民当家作主为核心的社会主义民主。

"社会主义民主"通常在与"资本主义民主"相对的语境中使用,这二者的区别首先是生产方式层面的。在马克思看来,当时的西方现代社会"是由资本主义生产方式支配的",这是一个"以生产资料的私人占有和劳资之间的不平等交换为基础的社会"④。而"维护生产资料私

---

① 关于参与式民主在巴西的践行,可参见 Brian Wampler, "When Does Participatory Democracy Deepen the Quality of Democracy? Lessons from Brazil", *Comparative Politics*, Vol. 41, No. 1, 2008, pp. 61-81。

② 协商民主也被称为"以对话为中心的民主",它与"以投票为中心的民主"相对。参见〔加〕威尔·金里卡:《当代政治哲学》,刘莘译,上海三联书店2004年版,第522—524页。

③ See Jane Mansbridge, James Bohman, Simone Chambers, et al., *A Systemic Approach to Deliberative Democracy*, Cambridge: Cambridge University Press, 2012, p. 11.

④ 〔英〕戴维·赫尔德:《民主的模式》,燕继荣等译,中央编译出版社1998年版,第161页。

有制与由'自由和平等'市民构成的政治和经济秩序的理想是矛盾的"①,亦即资本主义民主因受制于自身的经济和阶级局限,所以是"残缺不全的、贫乏的和虚伪的民主"②。作为对这种缺陷的应对,以公有制为基础的社会主义民主则是内容与形式相统一的人民民主,其突出特征在于国家的一切权力属于人民,而这在制度设计上又集中体现为"议行合一"原则。中国是典型的社会主义民主国家,其宪法规定全国人民代表大会是最高国家权力机关,其他国家机关都由它产生、对它负责,并受它监督。而除了人民通过选举代表来行使国家权力的根本政治制度以外,中国还依靠协商民主、基层民主等多种民主形式来保证人民当家作主。③

第二节　民主治理的理论构建

作为能够相互独立的两个概念,"民主"与"治理"的结合既具有不言自明的贴合性,同时也存在某种程度的张力:一方面,从传统—现代的视角出发,一个在学界已经得到基本共识的观点是,民主是现代国家治理的重要标志。除了这种说明民主治理出场正当性的历史变迁视角以外,也有学者从承认政治的框架入手,阐明民主治理在身份认同意

---

① 〔英〕戴维·赫尔德:《民主的模式》,燕继荣等译,中央编译出版社1998年版,第166页。
② 《列宁选集》第三卷,人民出版社1995年版,第191页。
③ 参见燕继荣:《"中国式民主"的理论构建》,《经济社会体制比较》2010年第3期;景跃进:《民主理论的发展:超越与重构》,《政治学研究》2022年第1期。

上的价值。① 在这些视角之下,"民主"与"治理"的融合显得自然而合理。但在另一方面,随着对民主治理的研究走向细化,近来也有学者对这二者的结合提出了不同的看法,例如说明这一复合概念在逻辑上和实践中可能出现的悖论。② 这些对民主治理所进行的反思,揭示了"民主"与"治理"的潜在冲突。

对于上述看似矛盾的两个方面,我们认为,这恰好反映了这两个概念各自的共性与个性:在公认的核心内涵上,民主与治理存在诸多交集,因而它们自然能够在宽泛的意义上融为一体;但与此同时,民主和治理也都是不断发展着的概念,这正如上一节所阐明的,民主在理论和实践上均具有多样性;与之类似,国家治理也并非"铁板一块",而是以各国国情为基本依据演化出了不同的类型。

就概念本身而言,如果说"治理民主"更多以"治理"修饰"民主",因而重心在于呈现一种新的民主范式的话,③那么"民主治理"则以"民主"限定了"治理",这意味着要从各类民主理论之中汲取养分,并将有限政府、社会自治、公民权利等民主的核心要素贯彻到国家治理当中,以发挥民主的治理功能。基于此,本节将从三个方面构建民主治理理论:首先,溯源民主理论的四大传统,以为民主治理提供理论支撑;其次,界定民主治理的内涵,并进一步从国家、社会和个人三个维度对此进行阐发;最后,从比较政治的角度,说明民主治理模式在世界各国的多样性。

---

① 参见孔繁斌:《民主治理研究:一个承认政治的框架》,2007年青年中国公共行政学者论坛"反思中国公共行政学"学术研讨会论文,第106—113页。
② 参见张爱军、张媛:《民主治理导引的逻辑悖论及其实践化解》,《理论与改革》2018年第4期;张乾友:《权力、损害与合法性——民主治理的实践悖论》,《理论与改革》2016年第2期。
③ 在中国,"治理民主"多用于指称一种新型民主模式。参见杨光斌:《超越自由民主:"治理民主"通论》,《国外社会科学》2013年第4期;何显明:《治理民主:一种可能的复合民主范式》,《社会科学战线》2012年第10期。

一、民主理论溯源:多个传统的故事

回顾历史,名称各异的民主理论似乎令人应接不暇。但追根溯源,这些民主理论大多与共和主义民主传统、自由主义民主传统、马克思主义民主传统和中国古代的民本传统这四大传统有着千丝万缕的联系。了解这些民主传统,有助于我们厘清各种民主理论之间的关系,把握民主理论演变的基本脉络。

(一)共和主义民主传统

源远流长的共和主义民主传统在不同的历史时期具有不同的表现形式。一般而言,这一民主传统主要在下述三种历史语境中得到理解:首先是起源于古希腊罗马时期的古典共和主义,它主要强调以平衡政体和法治为核心的分权制衡(宪政)以及积极的公民身份(公民美德)。[1] 其次是进入近代时期,从反对君主专制、建立现代国家的角度对共和主义所进行的阐发日益多见,此时的共和主义更多具有与专制暴政相对立的内涵,其语言"在反对封建主义和专制主义的斗争中,以及在建立自由主义国家的过程中都发挥了关键性的历史作用"[2]。最后是在现代国家建立之后,在实现民主的构想层面出现了复兴古典共和主义(主要是其中的公民美德传统)的"新共和主义",前述参与民主理论和协商民主理论,在很大程度上即是共和主义民主传统的当代表现。概而言之,共和主义民主传统在民主制度设计的目标上具有改造

---

[1] 参见刘训练:《共和主义:从古典到当代》,人民出版社2013年版,第28—34页。
[2] 〔美〕杰弗里·艾萨克:《再思考:共和主义 vs. 自由主义?》,载应奇、刘训练编:《共和的黄昏:自由主义、社群主义和共和主义》,吉林出版集团有限责任公司2007年版,第334—335页。

人性腐化倾向的更高抱负,而这又突出表现在它对政治参与、积极自由和共同善的倡导之中。

(二) 自由主义民主传统

在19世纪,与共和主义民主的日渐式微相对照的,是自由主义民主的蒸蒸日上。从二者的关系来看,自由主义民主无疑从历史悠久的共和主义传统之中吸收了宪政的要素,[①]但在政治参与这一民主的重要议题上,二者却日益分道扬镳。在此意义上,自由主义民主的基本逻辑和核心主张可在与共和主义民主的比照中得到凸显。首先,在政治哲学层面,共和主义认为公民自由的获得有赖在共同体之中的参与,而自由主义则以天赋人权和自然权利说为每一个个体赋予了"个人不受干涉"的消极自由。[②] 其次,从这种不同的社群观和自由观出发,共和主义与自由主义在民主实现的路径上也有着明显不同的偏好:前者将目光投向公众,强调在参与之中公民能够实现积极自由,培育公民美德;后者则将更多的注意力放在最可能损害个人权利的政府身上,强调以制度设计对公共权力形成制约。至于共和主义民主传统所历来珍视的"参与",自由主义民主则采取了一种工具主义与警惕的态度,即认为出于保护个人权利的目的,人们确实需要政治参与,但与此同时,过度的政治参与也有破坏政治稳定的风险。[③]

(三) 马克思主义民主传统

马克思主义关于民主的理解与其对国家、历史的认识密切相关。

---

① 参见刘训练:《共和主义:从古典到当代》,人民出版社2013年版,第36页。
② 参见萧高彦:《西方共和主义思想史论》,商务印书馆2016年版,第20—21页。
③ 参见陈尧:《民主的要义:当代西方参与式民主理论研究》,上海人民出版社2016年版,第75—78页。

从对国家阶级性与相对自主性的揭示,到以"经济基础决定上层建筑"为主要特征的历史唯物主义,马克思主义以此为基础开辟了一条与共和主义和自由主义迥然相异的民主分析进路,其主要特点是:首先,与国家一样,民主也具有阶级性,这表现在民主总是统治阶级内部的民主,而对于被统治阶级,施行的则是专政。动态来看,在历史发展中,作为上层建筑的民主受制于国家的阶级性质,由此民主可分为奴隶制民主、封建制民主、资产阶级民主和社会主义民主等类型,这同时也是一种有方向的、从低阶到高阶的变迁。其次,国家在产生之后,尽管其本质仍是阶级统治的工具,但它在日常生活中也具备一定的自主性,承担着相应的社会管理职能。这反映到民主之中,即是民主的"公共权力性"[①],它表现为各种各样的管理形式。在此基础上,马克思主义民主传统重点对该时代的资产阶级民主进行了批判,认为其宣称的自由、平等等一系列民主的普遍价值,究其根本是局限的,其中的阶级统治实质并不能因此而得到掩盖。[②]

(四)中国古代的民本传统

正如本节开头所提到的,"民主"是一个不断发展着的概念,这也意味着它的内涵在一定程度上是颇具争议的。例如,关于民主的根本目的或标准,便存在以下几种看法:一是防止政府侵害公民权利;二是强调公民自主,实现人的全面发展;三是认为政策制定应当符合公共利益。在中国古代传承已久的民本思想显然更符合第三种见解:以专制社会为现实背景的民本思想提出了重视民众作用的"民贵君轻""君舟

[①] 梅荣政:《中国特色社会主义基本问题研究》,武汉大学出版社2007年版,第277页。

[②] 参见梅荣政:《中国特色社会主义基本问题研究》,武汉大学出版社2007年版,第280—287页。

民水""民为邦本"等一系列命题,并由此主张君主施行仁政与王道。而出现在古代中国的开言纳谏、科举选任与监察制度,则是民本思想运用于现实的一些表现。从思想实质来看,民本思想对于民众的重视只是出于工具性的目的,如维护社会秩序、巩固现有统治等,因此在这一层面,民本传统与现代民主存在根本区别。但民本思想的另一面——仁政,则蕴含了现代民主某一维度的要素,这是因为其"为民做主"的内涵,赋予了统治者道德的责任,同时也将制定政策以体现公共利益的重任转移到了统治者身上。① 事实上,将中国古代的民本思想视为一种民主传统,主要是从它对民主的看法具有与西方文明相区别的东方文化特质②的意义上而言的。

二、民主治理的维度

综合前述讨论,本章认为,民主治理是以民主改善治理和在治理中发展民主的有机结合:一方面,民主治理意味着从各类民主理论之中汲取养分,并将有限政府、社会自治、公民权利等民主的核心要素贯彻到国家治理当中,以发挥民主对治理的价值导向和实际指导功能;另一方面,在国家治理的现实实践之中所产生和积累的民主经验,又能够对一国既有的民主体制产生反作用,达到以民主治理推动一国政治发展的效果。

具体而言,民主治理的内涵可从国家、社会和个人三个维度进行

---

① 参见祁志祥:《国学中的"民主"论及其现代观照》,《上海大学学报》(社会科学版)2012年第6期。
② 当作为一种文化传统的民本思想被用以审视现代民主时,一种典型的产物是"儒家民主"的提出。可参见黄俊杰:《"儒家民主政治"如何可能?——从当代新儒家出发思考》,《开放时代》2012年第9期。

阐发。

（一）国家维度的民主治理：选举、代表性、透明度、回应性

在国家维度，民主治理主要关注选举、代表性、透明度、回应性这四个要素。第一，公职人员和议员的产生方式关涉民主治理的合法性问题，因此民主治理首先要求一国健全选举法规和完善选举程序，以制度化和规范化的民主选举保证人民所授之权力最终为人民所用。第二，在代议制普遍实行的现代社会，人民所选出的代表本身所具备的人口统计学特征能否真实反映一国社会的基本构成，以及这些民选代表在后续的政策制定过程中能否准确反映其选民的偏好和利益，将成为民主治理能否有效运转的基石。第三，在民主治理的过程中，及时公开与公共事务相关的各类信息，是保障公民知情权、参与权和监督权并以此促进公权力运作公开化和透明化的重要途径。第四，民主治理的最终目的是增进公共利益，而这必然要求政府增强对于公众诉求的回应性，以确保治理过程中的民主不是沦为形式主义，而是确实能够对提升公共服务质量和公民满意度有所助益。

（二）社会维度的民主治理：社会自治、社会组织、多主体参与

在社会维度，民主治理主要关注社会自治、社会组织和多主体参与三个方面的内容。首先，一个发育良好的公民社会是一国民主的重要标志，而公民社会的培育通常是在社会自治的实践中完成的。在民主治理当中，减少政府对社会的过度干预，鼓励社会之中的公民和组织就与自身利益紧密相关的公共事务进行自我管理，一方面有助于激发公

民的主体意识和提高公民的治理能力,另一方面也能够帮助政府减轻社会管理负担和降低行政成本。① 简言之,借助社会自治这一民主的要件,国家治理能够进一步平衡国家—社会关系,推动治理走向现代化。其次,社会自治的实现需要以强健的社会组织作为载体。在公民参与政策制定的过程中,社会组织起到了倡议动员、利益整合和利益表达的重要作用。因此,为社会组织的建立和发展创造良好的法律与制度环境,是民主治理在社会维度的关键一环。最后,在就特定的公共议题进行讨论协商的过程中,吸纳各类利益相关方并为之搭建平等的对话平台无疑是民主治理的应有之义。而在鼓励多元主体参与的努力之中,最需要处理好的则是政府与其他社会主体之间的关系。

(三) 个人维度的民主治理:公民权利、公民参政能力、公民精神

在个人维度,民主治理主要关注公民权利、公民参政能力与公民精神。首先,保护公民权利不受侵害是自由主义民主传统的核心要求。这在国家治理之中则表现为:一方面,政府在治理过程中要依照法治原则规范权力的运行,并处理好自身与市场、社会之间的关系,以确保政府权力不会越界侵蚀公民个人权利。另一方面,公民个人需要通过一定程度的参与为自己发声,以保证自身的权利在相关的公共决策之中不至于受到损害。其次,在参与中学习和掌握政治技能、培育公民精神是共和主义民主传统的重要主张。这意味着在民主治理当中,需要对参与的教育功能给予足够的重视,通过鼓励参与来帮助公民积累治理经验、提高政治技能,并以此为土壤让公民自主意识、理性包容精神、对

---

① 参见俞可平:《社会自治与社会治理现代化》,《社会政策研究》2016 年第 1 期。

共同体的责任感等公民精神的诸多要素逐渐生根发芽。

三、民主治理的多样性

民主治理在国家、社会和个人的维度所关注的基本要素构成了世界各国民主治理模式的共性方面。但与此同时,一国既已确立的民主制度、长期形成的政治文化、目前所处的国家发展阶段等诸多体现个性的因素,又往往会令世界各国的民主治理模式呈现出重点不同的差异性。这些特殊的国情加上民主治理这一概念在某种程度上的变动不居和没有成式,共同促成了经验世界当中民主治理的多样化。

从比较政治的角度来看,颇为引人注目的两大民主治理类型无疑是以欧美为代表的西方早发现代化国家的民主治理模式和以中国为典型的后发现代化国家的民主治理模式。

正如第一节所提到的,国家治理的主要目标是令国家—社会—市场各归其位,实现这三者关系的动态平衡。但一国历史传统和发展阶段的不同,导致了各国在治理的起点上就存在差异。例如,英美国家通常具有自然长成的强健公民社会和市场经济体系,而中国的国家建构则具有强国家、弱社会的特点。这种初始阶段的力量对比决定了各国在推进国家治理模式现代化过程中所面临的基本任务是不同的。[1] 这种差别反映到民主治理当中,就更具体地表现为英美国家的民主治理将是"社会中心主义"取向的治理,[2]其在推动多主体参与治理的过程中更侧重在已有的自由民主制度框架内进一步放权,并把重点放在民

---

[1] 参见高奇琦:《试论比较政治学与国家治理研究的二元互动》,《当代世界与社会主义》2015年第2期。
[2] 参见赵中源、杨柳:《国家治理现代化的中国特色》,《政治学研究》2016年第5期。

主选举、政治参与、公民自由等方面。① 与之相对,中国的民主治理在现代化面临一揽子任务的转型背景下、在党政体制与社会主义民主的基本制度架构内、在民本色彩颇为浓厚的政治文化传统中,必然需要在推动社会自治和多主体参与方面重视党和政府的引导与协调作用,以在"高度国家能力"与"渐进民主治理"之间找到一条调和的通路。②

当然,除了上述两种区别显著的民主治理类型,在经验世界当中,还存在众多在取向上相似但在程度上有别的民主治理模式。事实上,各国的民主治理所要解决的问题总是不同的,而它们所设定的目标也存在价值偏好上的差异。由此,民主治理的多样性也便成了一种必然,它的存在鲜活地昭示着处于不同文化之下的人类为保障和实现自身在社会共同体之中的存在而展开的不懈探索。

第三节 民主治理的评估体系

前文阐释了民主的概念、类型以及对国家治理的重要价值,为理解民主治理提供了规范性的认知。但是仅有规范性研究是不足够的,规范性研究和现实政治运行之间存在一定的张力,二者只有相互沟通才能推进理论和实践的发展:规范性研究需要回应现实政治的状况,这样才能进一步完善理论构建;同样,现实政治的发展需要规范性研究的引导,这样才能使得政府治理走向"善治"。因此有必要基于规范性研究

---

① 参见燕继荣:《现代化与国家治理》,《学海》2015年第2期。
② 参见艾明江:《高度国家能力与渐进民主治理:中国政治发展的经验与启示》,《云南社会科学》2012年第6期。

的理论框架对民主治理的成效进行实证评估。那么,如何构建民主治理的评估体系?如何对于民主治理进行实证评估?

目前学术界对于民主治理主要有三类评估体系:

第一类评估体系仅提供规范性评估框架,但不细化评估指标,也不考虑指标实操性和数据可得性,重在理论构建。例如:中央编译局比较政治与经济研究中心发布的"中国治理评估框架"(2008)提出从公民参与、人权与公民权、党内民主等多个维度评估民主治理的水平。该评估体系的优点为能不拘泥于现实,提出规范性理论框架辅助评估治理状况;但不足之处在于缺乏可操作性,难以准确测量该评估体系中的若干概念,因此该理论框架难以在现实评估中得以运用。

表1-1 民主治理的规范性评估框架

指标	提出者	主要维度
中国治理评估框架	中央编译局比较政治与经济研究中心	12个一级指标 公民参与、人权与公民权、党内民主、法治、合法性、社会公正、社会稳定、政务公开、行政效益、政府责任、公共服务、廉洁

第二类在规范性评估体系的基础上将评估维度逐级细化,形成多级指标,并为指标赋权,得出评估模型,最终形成一套可测量的指标体系。其重点在于开发评估指标体系,但未进行实测。例如:中央编译局比较政治与经济研究中心和清华大学凯风发展研究院政治发展研究所联合发布的"中国社会治理评价指标体系"(China Social Governance Index)(2012),该指标体系对社会参与二级指标进行可操作化细分,为后续研究提供了理论和实证依据。该评估体系的优点是提供了抽象维度的可操作性指标,并给出了每个子维度的权重,具有更好的实操性。但该指标对民主治理着力较少,仅考察了社会参与维度,并未全面衡量

一个国家民主治理的制度运行绩效。

表1-2 民主治理的可操作评估框架

指标	提出者	主要维度	民主治理细分指标
中国社会治理评价指标体系	中央编译局比较政治与经济研究中心、清华大学凯风发展研究院政治发展研究所	6个二级指标和35个三级指标*：人类发展、社会公平、公共服务、社会保障、公共安全、社会参与	社会参与维度： 万人社会组织数量； 万人志愿者数量； 政府购买社会组织公共服务支出占公共服务支出比重； 居民委员直选率； 居民参选率； 重大决策听证率； 预算制定过程中的公众参与率； 媒体监督的有效性； 居民对参与社会管理的满意度。

注：*该研究默认"中国社会治理评价指标体系"为总体一级指标。

第三类评估体系重在实测，在规范意义上提出了评估体系，并对评估维度逐级细化，形成多级指标，为指标赋权，得出评估模型，最终形成一套可测量的指标体系。尤为重要的是，研究者还依据评估指标体系从多个来源采集数据，并发布了评估结果。例如，世界银行"世界治理指标"（1996）、南开大学"转型经济体国家治理质量监测指数"（2014）、华东政法大学"国家治理指数评估体系"（2016）等，见表1-3。该类评估体系的优点为具有较强的实践性，可对现实当中的国家、地区与城市进行横向比较，甚至部分指数连续多年发布，有助于从纵向上比较一国或地区的治理质量。不足之处在于：(1)国际社会广泛应用的治理指数普遍存在意识形态偏好，尤其涉及民主治理的维度设计和指标筛选以西方民主制度为标杆，而忽视了全球社会民主实践的多样性；(2)现有评估指标对"民主治理"的评估重程序民主而轻实质民主，譬如大量指标考察代议制、竞选与党争、权力制衡等程序性民主，而对公民参

表1-3 民主治理的测量指标体系

指标	提出者	主要维度	民主治理细分指标
国家治理指数评估体系	华东政法大学	共4级指标,包括3个一级指标,9个二级指标,23个三级指标,55个四级指标。基础性指标(设施,秩序,服务)/价值性指标(公开,公平,公正)/持续性指标(效率,环保,创新)	价值性指标 公开:财政公开(财政占财政收入的比重,预算信息公开程度)/立法公开(立法信息公开完整度,国家统计信息披露度)/决策公开(信息公开网站建设程度,国家统计信息披露程度) 公平:分配公平(基尼系数,贫困人口占总人口的比重)/保障公平(社会保障覆盖人口占总人口的比重,个人自付的医疗支出金额占个人医疗支出的比重) 公正:性别公正(识字青年女性人口数量占15—24岁女性人口的比重,女性议员数量占议院总席位的比重)/少数群体公正(政府在保障平等领域的实际支出数额占GDP的比重,非盈利服务提供市值占GDP的比重)
世界治理指标(Worldwide Governance Indicators)	世界银行	6个治理维度:言论和问责/政治稳定和社会暴力/政府效能/监管质量/法治/控制腐败	言论和问责(按照主要数据来源进行整理) EIU:有序转移/既得利益者的利益/公职人员问责制/人权结社自由 FRH:公民自由(言论自由,机会平等,宗教信仰,示威,自由的政府干预)/政治权利(自由和公正的立法,代表的选举,投票,各党,没有统治群体,尊重少数) FRP:媒体自由 GCS:报纸可以不用担心被审查或报复而自由刊登内容/在决策和授予合同时,政府官员更青睐与他们有良好关系的公司/作为立法和监督机构的议会的效力 GWP:对公正选举的信心

(续表)

指标	提出者	主要维度	民主治理细分指标
世界治理指标 (Worldwide Governance Indicators)	世界银行	6个治理维度：言论和问责/政治稳定和杜绝暴力/政府效能/监管质量/法治/控制腐败	HUM:旅行(国内国际旅行的限制)/政治参与的自由/监察(是否有人因为民族、种族，政治和宗教信仰而被监察)/政府审查 IPD:政治权利和政治机构的运转/新闻的自由/结社自由/机会和示威自由/尊重少数(民族、宗教、语言)/经济领域公共行动的透明性/授予公共采购合同和公共服务的代表/人员自由流动等 PRS:政治中的军队/民主问责制 RSF:新闻自由指数 WMO:体制持久性/代表性 AEO:政权的强化 AFR:自由公平的选举 BTI:表达政治参与/体制的稳定/政治和公众发言权 CCR:公民自由/问责制/媒体/公众获取信息的途径/选举和公民参与/公正选举/政治融资 GII:公民社会组织/媒体/公众获取信息的途径/选举和公民参与/公正选举/政治融资 IFD:农村组织的政策和法律框架/政府和农村组织间的对话 LBO:对民主的满意度/对议会的信任度 MSI:媒体可持续性指数 OBI:开放的预算指数 VAB:对民主的信任度/对民主的满意度 WCY:政府政策的透明度

(续表)

指标	提出者	主要维度	民主治理细分指标
世界治理评估（World Governance Assessment）	英国海外发展组织	6个维度：公民社会领域/政治领域/政府领域/官僚体系/经济领域/司法领域	公民社会：结社自由/非歧视的社会/言论自由/对政府规章的尊重/新闻自由/政策制定的考虑因素 政治领域：立法的社会代表性/政策反映公共偏好/政党负责的透明/立法党的效能 政府/立法者对公众负责的效能
民主与治理评估框架	美国国际开发署	4个维度：法治/民主与责任的制度/政治自由与竞争/公民参与和辩论	民主与责任治理的制度：有效的、回应的与负责任的制度才能让民主运转起来 政治自由与竞争：政治自由以及对少数权利的保护是民主国家与社会的本质 公民参与和辩论：持久的民主转型有可能由宽泛的公民社会运动诱导，而并非自上而下的改革驱动
第六代政体指数（Polity VI）	马里兰大学	包括测量民主、专制，政权，政权2，持久6个概念	民主与专制的测量维度 政治参与的竞争性：不受限制/过渡期/受到限制 对参与的制约：选拔/过渡/选举 主要官员招募中的公开和竞争情况：封闭/双重的官员指派/双重的官员选举/公开 对主要官员的约束：不受限制/中等的权威/中间类别/轻微中间类别/中间类别的实质限制/对行政机关的从属地位

注：部分指标参考了俞可平主编：《国家治理评估——中国与世界》，中央编译出版社 2009 年版。英文字母即未顺的数据库。

与、政府回应、民主运行绩效等实质性民主涉及较少;(3)现有评估指标大多关心国家层面的民主治理状况,而对更具多样性的社会、个体层面的民主治理缺乏理论关切,限制着我们对民主治理全面性、动态性和多样性的把握。

基于既有的评估体系和我们对民主治理的理论研究,我们提出全新的民主治理评估体系。民主治理评估体系的形成取决于两个逻辑:一是民主治理发挥作用的场域,我们在纵向上将民主治理的场域划分为政府、社会和公民三个一级指标;二是民主治理发挥作用的机制,因此在横向上将民主治理的运行机制细分为制度、过程和效果三个维度,分别在政府、社会和公民三个一级指标下形成8—12个具有可操作性的二级指标。相比于既有评估体系,本评估体系具有系统性、精准性和完备性三个优点。

理论框架的系统性。本章的指标体系针对全球化时代民主实践的多样性对一国或地区民主治理的质量进行评估,尤其是指标体系的形成考虑了以中国为代表的后发国家开展民主治理的实践进展。一方面,既有评估体系大多忽视了中国等后发国家、转型国家实施民主治理的多样性,而更多依据西方民主制度来构建一般性评估体系,这容易引起评估体系的意识形态化,而对于任何一国或地区的民主治理评估却失之偏颇;另一方面,既有评估指标体系侧重民主治理的(正式)制度评估,而对于民主治理的过程和效果关注较少,使得民主治理评估不够充分。本章的指标体系从政府、社会和公民三个层次,民主治理的制度、过程和效果三个机制开展评估,有效地提升了评估的系统性。

概念测量的精准性。既有评估指标体系具有受限于西式民主意识形态、规范概念难以操作化等缺点,实证评估时容易导致为了体现普遍性概念而牺牲概念测量的精确性等后果,而且这些源于规范价值的评估指标在能够客观、真实和动态地反映民主治理的质量上,仍存在较多不足。本章指标体系的形成同时从规范和实证角度切入,既回应了民主治理的规范理论,也充分考虑了民主治理的实践运行,从民主治理的制度运行、治理过程和民主效果等多个子维度来测量规范概念,尤其测量指标的选择充分考虑了全球社会不同类型的民主治理实践,因而指标测量较其他评估体系更加精准。

评估指标的完备性。既有评估指标体系大多仅从权力制衡、民主问责或公民权利等若干个维度对民主治理进行"示范性"评价,这导致评估结果存在维度偏差和政体偏差等缺陷。本章提出的评估指标体系更为系统、全面和完备:一方面,该评估指标体系首次从宏观、中观与微观层次出发设计指标,以衡量政府、社会组织和个体公民等层面民主治理的状况;另一方面,该评估指标体系也将民主治理的(正式)制度与(非正式)文化、主观评价与客观效果、政治态度与参与行为等多个维度纳入考察。总之,该评估指标体系既覆盖民主治理本身,也考察了民主治理赖以运行的制度体系、政治文化和社会基础。

一、民主链接国家与社会

民主作为现代国家的基本政治制度,是链接国家与社会的重要方式。社会将公民诉求通过民主制度渠道向国家政府传递,保障民众应有的公民权利;同时,国家通过民主制度动员和分配社会资源,保证国家规划和政策的落地。民主制度是国家与社会沟通的重要途径,公民通过选举制度选出人大代表,人大代表通过提出议案,或是直接与政府部门沟通,进而出台服务民生的政策;国家在制定政策和规划前,民主制度能将社会所面临的问题进行传递,在政府与社会进行有效沟通后,国家能掌握问题的关键所在并且获得公民以及相关社会组织支持,进而顺利推进政策法规落地,最终实现社会的良好治理。国家政府是民主治理的制度制定者、政策落实者以及成效获益者,因此需要对政府层面的民主治理进行评估。在政府层面,我们从制度、过程和效果三个方面对民主治理进行分析。

民主治理的制度。我们通过对选举法规、直接选举的范围和竞争性选举的程度测量反映。三个指标的内在逻辑是:民众根据选举法规有序参与民主治理的过程,其中直接选举的范围反映公民行使权利的实质性,选举竞争性的程度保障公民选举的有效性,三个指标反映公民参与的制度保障。

民主治理的过程。我们通过对代表机构的状况、党政官员的代表性、人大代表和政协委员的代表性的测量反映。治理过程由代议机构、代议机构的代表和党政机关的官员设置议程与出台相应政策。其中,具有代表性的代议机构能监督政府与官员,代表并保障公民权利;具有代表性的党政官员清楚民生困难所在,制定服务民生的政策;具有代表性的人大代表和政协委员了解民众需要,提出符合公民利益的议案。

民主治理的成效。我们通过对于网络民主的发展程度、法律对公民权利的保护、公民合法的游行示威、党内民主状况、政府公开状况和政府回应状况进行测量反映。民主治理的成效,不仅表现在法律保障公民权利,也体现在当法律出现漏洞时,公民能通过游行示威和网络民主等方式表达诉求。更重要的是政府应当公开其内部信息,并对民众的诉求及时进行回复。同时,民主治理也适用于中国共产党,党内民主的推动有助于社会民主的实现。下面我们对各项指标进行具体阐述。

（一）选举法规

1. 指标释义

即选举法律法规的数量多少和选举制度的健全程度。该指标用于反映民主的制度化水平和民主治理的发展现状。

2. 指标的实践检验

法律法规建立民主参与的基本框架，公民依照法律法规有序参与民主治理过程。在选举法规的保证下，公民通过选举自身权益的代表，间接表达自己的主张和制定符合公民利益的政策法规，进而实现公民有序和间接参与治理。当前，中国的选举法规不断完善，从早期的代表等额选举到现在的差额选举，从现场当众举手表决到无记名投票，通过制度和程序的逐步改进，有效保障了公民的选举权。

3. 指标获取途径

通过政府相关部门获取。

（二）直接选举的范围

1. 指标释义

直接选举的范围分为两方面，一方面是拥有直接选举权利的选民范围，另一方面是公民能直接选举的代表层级范围。

2. 指标的实践检验

选举是民主实现的重要途径，直接选举范围一定程度上反映民主治理质量。密尔在论述代议制民主的时候认为，直接选举有利于选民更好地保障自身的权利。选民通过直接与代表产生强联系，避免了间接选举所产生的委托代理问题,直接选举增强了代表的责任进而提升了民主治理水平。① 然而,在历史上直接选举并不是一蹴而就的。1688年资产阶级通过"光荣革命"将选举以制度形式固定下来;在19世纪初期,无产阶级工人通过罢工等方式,将选举所要求的财产和居住等资格限制降低以获取选民资格;直到1890年部分妇女才在美国怀俄明州拥有平等的选举权,随后妇女在新西兰和英国等国家拥有普遍选举权。②

3. 指标获取途径

通过政府相关部门获取。

(三) 竞争性选举的程度

1. 指标释义

即在代表候选人中通过竞争选举和差额选举的方式,由选民投票产生正式代表。其中,代表候选人的数量反映竞争程度。

2. 指标的实践检验

竞争性选举会增强代表的责任性和代表性,提高公民参与民主治理的意愿。一方面,竞争性选举促使代表增强对选民的责任和服务意识,更好反映民众诉求;另一方面,竞争性选举使选民有选择余地,公民会增强政治参与意识,而非将选举当成义务和不关心选举的结果。③ 通过竞争性选举,增强代表服务意识和公民参与意愿,推动民主

---

① 参见〔英〕J. S. 密尔:《代议制政府》,汪瑄译,商务印书馆2009年版。
② 参见彭宗超:《直接选举制的历史发展模式比较》,《经济社会体制比较》1998年第6期。
③ 参见关太兵:《选举权的实现与竞争性选举》,《法商研究》1998年第3期。

治理水平的提高。

3. 指标获取途径

通过政府相关部门获取。

（四）代表机构的状况

1. 指标释义

即代表机构能否充分代表"公意"和保障公民权利,包括政策法规的制定是否吸纳民意和保障民众权益以及是否履行监督政府的责任等。

2. 指标的实践检验

代表机构是否具有代表性,取决于代表选举、法规制定和政府监督的实际运作状况。首先,选举是否能选出代表人民利益的人,代表是代表机构运转的重要构成,只有代表理解人民需要和为人民服务,才能提升代表机构的代表性;其次,代表机构在政策制定过程中,是否广泛征询人民意见,反复和深入地与民众沟通,保证政策法规的科学性和有效性;最后,代表机构是否履行对政府的监督责任,代替公民对政府决策和具体行为进行监管。

3. 指标获取途径

通过政府相关部门获取。

（五）党政官员的代表性

1. 指标释义

即党和政府的官员能代表人民的利益,不仅在社会人口特征(譬如性别、民族等)上代表人民,也在决策行为上积极保障公民权利。

2. 指标的实践检验

党政机关是政策的执行者,若党政机关官员有代表性,则治理过程能直接保障公民权益。官员的代表性分为社会人口的代表和行为决策的代表。若党政官员的社会人口特征是多样的,可保证在制定和实施政策的过程当中,不同利益的群体都能够被充分代表。① 研究发现,民族、性别、社会阶层、宗教信仰和地区等特征,会影响官员的分配、再分配和管制等政策偏好。② 另外,党政官员如果在态度和行为上具有代表性,则会积极为群众利益服务,提高民主治理水平。

3. 指标获取途径

通过政府相关部门获取。

(六) 人大代表和政协委员的代表性

1. 指标释义

即在人民代表大会和政协委员会中,代表们的社会人口特征和政策提案偏好具有代表性。

2. 指标的实践检验

代表是人民权利的代理人,代表具有代表性则反映了治理的民主性和对人民权利的有效保障。代表性分为消极代表和积极代表,消极代表指代表的特征比例符合当地人口特征,积极代表指代表会从当地

---

① See M. D. Bradbury & J. E. Kellough, "Representative Bureaucracy: Exploring the Potential for Active Representation in Local Government", *Journal of Public Administration Research and Theory*, Vol. 18, No. 4, 2008, pp. 697-714.

② See Brandy Kennedy, "Unraveling Representative Bureaucracy: A Systematic Analysis of the Literature", *Administration & Society*, Vol. 46, No. 4, 2014, pp. 395-421.

民众立场出发提出议案和制定政策。① 人大代表是公民的权利代言人,民主党派代表不同群体的利益,如若二者充分代表公民,则其政策建议和提案能体现民主参与和保障民众权利。

3. 指标获取途径

通过政府相关部门获取。

(七) 网络民主的发展程度

1. 指标释义

网络民主指的是公民借助网络载体,加强和巩固民主的过程。② 网络民主的发展程度指的是网络民主的健全程度。

2. 指标的实践检验

网络民主是民主治理的组成部分,是对代议制等民主模式的补充。③ 在传统民主形式中,民众参与政治生活需要时间、精力等成本,导致民众与政治生活存在隔阂。由于网络具有便捷性、平等性和直接性等特点,公民的政治热情被释放,更加积极参与公共事务的讨论。然而,网络民主容易产生"群体极化",网民参与非理性化影响民主治理秩序,因此需要对网络民主加强引导以发挥其效用。

3. 指标获取途径

通过问卷调查方法获取,或通过政府相关部门获取。

---

① See Brandy Kennedy, "Unraveling Representative Bureaucracy: A Systematic Analysis of the Literature", *Administration & Society*, Vol. 46, No. 4, 2014, pp. 395-421.
② 参见郭小安:《网络民主的概念界定及辨析》,《天津行政学院学报》2009年第3期。
③ 参见郭小安:《超越抑或拯救代议民主:网络民主价值辨析与合理定位》,《公共行政评论》2010年第3期。

（八）法律对公民权利的保护

1. 指标释义

即法律对保护公民免受公权力等的侵犯，保障公民参与政治生活，享有平等的权利的相关条文规定。

2. 指标的实践检验

法律是公民参与民主治理的重要前提，保护公民权利即对民主秩序的保障。宪法是公民权利的保障基础，法律依据宪法原则构建保障框架，政府依据法律制定保障政策，公民依据法律法规参与政治生活。国际上对于公民权利的定义包括人身自由、人格完整、生命权、安全，以及不给予任何原因的歧视，另外也涵盖对于言论自由、宗教自由等的保障。[1] 法律对于公民权利的保护，是公民参与民主治理的保证，例如选举权、言论自由权等都与民主治理紧密联系。

3. 指标获取途径

通过问卷调查方法获取，或通过政府相关部门获取。

（九）公民合法的游行示威

1. 指标释义

即符合法律规定的公民游行示威的发生与权利保障的状况。

2. 指标的实践检验

公民合法的游行示威，是公民保障自身权益的重要途径，同时也反

---

[1] 参见《美国民权法案》（1776年6月7日），https://www.ourdocuments.gov/doc.php?flash=true&doc=97。

映出民主治理存在的弊端。

3. 指标获取途径

通过政府相关部门获取。

（十）党内民主状况

1. 指标释义

即全体党员有平等的权利处理党内事务,全体党员是党组织的主人。[①]

2. 指标的实践检验

党内民主能在思想和实践两方面推动民主发展。在思想层面,党内民主与中国传统思想的结合,一定程度上会消除民众思想上不认同民主的障碍;在实践层面,推进党内民主会建立相应制度,形成相应的民主运行经验,可为民主治理提供借鉴参考。更重要的是党内民主的推进对于民主治理起到示范作用,自上而下推动民主发展。[②]

3. 指标获取途径

通过政府相关部门获取。

（十一）政府公开状况

1. 指标释义

即政府部门依照法律规定向公众或是特定公民提供相关信息的

[①] 参见王贵秀:《改革和完善党内选举制度发展党内民主》,《中央社会主义学院学报》2004年第1期。

[②] 参见金安平:《从发展党内民主走向人民民主》,《理论参考》2009年第9期。

状况。①

2. 指标的实践检验

政府信息公开不仅保障公民知情权,也为公民参与民主治理奠定基础。一方面,政府公开保障民众的知情权等权利,切实加强政府为人民服务的动力;另一方面,政府公开为民众提供信息,使得民众形成正确的判断,能够参与民主决策过程。目前政府公开信息不仅包括新闻媒体报道等传统途径,也包括邀请民众参加听证会、在网上公开政府数据等多种方式。

3. 指标获取途径

通过政府相关部门获取。

(十二) 政府回应性

1. 指标释义

政府回应性指的是民众影响政策的能力,或者是决策者对于民众偏好的遵循。② 换言之,即政府行为符合公民意见的程度。③

2. 指标的实践检验

政府回应性保证民主治理的良性运转。政府通过及时反馈民众诉求,并纳入政策议程当中,将政府的责任性转化为有效的公共服务,提高

---

① 参见卢琳:《走出我国政府信息公开的困境》,《行政论坛》2003 年第 4 期。
② See Tianguang Meng, Jennifer Pan, Ping Yang, "Conditional Receptivity to Citizen Participation: Evidence from a Survey Experiment in China", *Comparative Political Studies*, Vol. 50, No. 4, 2017, pp. 399-433.
③ 参见孟天广、李锋:《网络空间的政治互动:公民诉求与政府回应性——基于全国性网络问政平台的大数据分析》,《清华大学学报》(哲学社会科学版)2015 年第 3 期。

民主治理的质量。① 目前民众的权利意识逐渐提升,若政府不及时有效回应民众诉求,会导致民众对政府的信任度下降,产生民主治理的障碍。

3. 指标获取途径

通过问卷调查方法获取,或通过政府相关部门获取。

二、民主激发社会自治

民主激励公民的政治参与,进而促进社会自治。公民是民主治理的重要主体,民主制度的构建与完善,有助于公民表达和参与进民主决策当中,并且其参与意愿与影响公共政策的能力成正相关。同时,公民的诉求表达与政治参与需要社会团体作为载体,公民的积极参与带动社会团体的活跃表现,促使社会团体的发展和社会自治。② 在社会层面,我们从制度、过程和效果三个机制对民主治理进行分析。

民主治理的制度。我们通过对村民自治、居民自治、企业职工自治、社会组织的制度环境测量反映。村民、居民和企业职工自治等相关条例,在制度层面保障了公民的参与途径,同时也规范了民众的政治参与行为,使民主治理有序运转。除了基层自治组织外,各类社会组织也是公民参与的重要渠道和载体。因此,也需要同时考量社会组织的制度环境,分析其对社会组织的影响和作用。

民主治理的过程。我们通过重大决策的公众听证和协商、社会组织和民间组织的状况、社会组织对国家政治生活的影响进行测量反映。

---

① 参见陈国权、陈杰:《论责任政府的回应性》,《浙江社会科学》2008年第11期。
② 参见燕继荣:《民主:社会资本与中国民间组织的发展》,《学习与探索》2009年第1期。

公众听证和协商是民主治理过程的重要环节,体现公民对政策动议和政策决定的参与程度。另外,社会组织也是除了公民之外的民主治理过程的重要参与者,社会组织的活力以及其对国家政策的影响能力,从侧面反映出民主治理过程的民主程度。

民主治理的成效。我们通过对公民权利的实现程度、弱势群体的权利保护、对少数派与不同意见者的保护和宽容、公民和官员的人权意识、新闻媒体的自主性进行测量反映。民主治理最大的善是对于公民的权利与人权的保障。对人权的保障不仅是最基本的物质层面的保障,譬如对弱势群体的保护,而且也包括对于多元价值追求的权利保障。对于多元价值的追求保障需要给予不同意见以空间,包括提供言论自由和新闻自由、对于不同意见的包容等。下面对于社会层面的指标进行具体阐述。

(一) 村民自治

1. 指标释义

村民自治指的是农村地区村民,根据国家相关法律法规建立农村村民委员会,为当地提供公共服务。[①]

2. 指标的实践检验

村民自治将农民重新组织起来并鼓励其参与公共事务,保障农民的权利,培养健全的民主意识。[②] 在人民公社制度解体后,农民从有序管理走向无序,缺乏对其权利的保护。通过建立村民自治,农民依托组

[①] 参见崔智友:《中国村民自治的法学思考》,《中国社会科学》2001年第3期。
[②] 参见徐勇:《中国民主之路:从形式到实体——对村民自治价值的再发掘》,《开放时代》2000年第11期。

织对自身权利进行保护,同时受到激励参与乡村建设,实现民主治理。

3. 指标获取途径

通过问卷调查方法获取,或通过政府相关部门获取。

(二) 居民自治

1. 指标释义

居民自治指的是城市居民依照相关法规建立的城市居民委员会,为社区提供相应公共服务。

2. 指标的实践检验

居民自治能够弥补国家基层治理的缺失和不足。即使在现代中国,政府的行政力量也难以深入基层,单纯依靠行政力量难以治理好街道和社区。社区治理成功与否,需要发挥居民的主动性,因为居民最清楚基层的需要。同时,当居民之间的偏好产生矛盾时,居民自治机构能够实现自我协商,进而自下而上逐步引导民众在更高层级扩大民主政治参与,提高民主治理的质量。[①]

3. 指标获取途径

通过问卷调查方法获取,或通过政府相关部门获取。

(三) 企业职工自治

1. 指标释义

指的是企业职工依照相关法规建立的企业职工代表大会,对企业

---

① 参见费孝通:《居民自治:中国城市社区建设的新目标》,《江海学刊》2002年第3期。

经营决策和人事管理进行监督的机制。

2. 指标的实践检验

企业职工自治有助于保障职工自身权利和提高企业管理效率。一方面,职工通过参与企业管理,能有效对自身权益进行保障,避免企业对职工提出过分的要求;另一方面,职工积极参与企业的管理,有助于汇集职工集体的智慧,帮助企业提高效率和增强竞争力。更重要的是,如若未对职工权利进行保障,则可能造成工人罢工,导致政局动荡,阻碍民主治理的进程。

3. 指标获取途径

通过问卷调查方法获取,或通过政府相关部门获取。

(四) 重大决策的公众听证和协商

1. 指标释义

即行政机关在做出重大决策的时候,征集利益相关者或具有责任心的一般公众的意见和建议,以协调不同利益的协商过程。[①]

2. 指标的实践检验

重大决策的听证和协商过程是公众参与治理过程的重要途径。通过听证会,行政机关在制定决策前能够收集民意,避免制定出侵害民众权益的决策;当社会之间或是政府与社会之间发生利益冲突的时候,通过协调的方式调和矛盾,降低了政策的执行成本,提升了民主治理的质量。我国最早的听证会制度于1996年建立,最初专门针对行政处罚进

---

① 参见王锡锌:《公共决策中的大众、专家与政府——以中国价格决策听证制度为个案的研究视角》,《中外法学》2006年第4期。

行听证,随后根据社会的需求,听证会和协商会议形式与制度逐步完善。①

3. 指标获取途径

通过政府相关部门获取。

(五) 社会组织的状况

1. 指标释义

社会组织是指由不同阶层公民发起成立的,具有非营利性、非政府性和社会性特征的组织形态,又被称为民间组织或非政府组织。②

2. 指标的实践检验

社会组织是民主治理的主体之一,社会组织的状况影响着治理水平的高低。社会组织主要有四种基本的社会功能,包括资源动员、公共服务、社会治理和政策倡导。③ 社会组织的出现,弥补了政府政策和市场失灵导致的公共服务的缺失,提升了民主治理水平。我国的社会组织历史悠久,早在古代就有诸如"善堂"、"讲学会"、行会等社会组织存在。

3. 指标获取途径

通过问卷调查方法获取,或通过政府相关部门获取。

---

① 参见彭宗超、薛澜:《"听证会"迈向民主决策的第一步》,《中国改革》2000年第12期。
② 参见王名:《走向公民社会——我国社会组织发展的历史及趋势》,《北京青年工作研究》2009年第12期。
③ 参见王名、刘求实:《中国非政府组织发展的制度分析》,《中国非营利评论》2007年第1期。

（六）社会组织的制度环境

1. 指标释义

即法律法规层面对于社会组织的相关规定，包括审批登记、管理监督、政策鼓励等宏观和微观制度的约束等。

2. 指标的实践检验

社会组织的良性发展离不开法律制度的保障。在政府主导型的社会，社会组织一般比较弱小，其开展活动主要依靠政府提供支持。我国的社会组织大多是20世纪80年代发展起来的，在运行过程和管理上还存在缺陷，例如各类社会组织发展不够平衡，场地经费不足、管理制度混乱、政府重视不足等。[①] 营造良好的制度环境，有助于社会团体良好运作、提供公共服务，改善民主治理存在的弊端。

3. 指标获取途径

通过政府相关部门获取。

（七）社会组织对国家政治生活的影响

1. 指标释义

即社会组织对于国家公共事务的参与程度和政策的影响程度，包括提供公共服务、资源动员和政策倡议等。

2. 指标的实践检验

社会组织对公共事务的影响，反映民主治理的质量。目前政府的

---

① 参见俞可平：《中国公民社会：概念、分类与制度环境》，《中国社会科学》2006年第1期。

职能范围过大和职责负担过重,将部分国家权力下放给社会组织有助于实现国家的善治和提高社会治理水平。[①] 在实现善治过程中,社会组织与政府进行合作或是单独行使某些社会管理职能,提供社会所需要的公共服务。社会组织同时也直接接触和代表特定公民群体,其作为政府与公民沟通的重要渠道和载体,帮助公民表达诉求。因此,社会组织对于国家政治生活产生了有效影响,提高了民主治理的质量。

3. 指标获取途径

通过问卷调查方法获取,或通过政府相关部门获取。

(八) 公民权利的实现程度

1. 指标释义

即法律规定的公民基本权利、政治权利、经济权利、社会生活权利、获得救济、平等权利在现实生活当中的保障状况。

2. 指标的实践检验

保障公民权利是民主治理的出发点和落脚点。民主治理的目的是保障公民权利,提高国家的整体发展水平。因此,政府部门在制定公共政策前,应考虑公民的需要与诉求,据此改进政府机关的议程设置和政策方案;在出台政策后,需要倾听民众的声音,不断改进治理方式和修正错误,以实现公民权利和提高民主治理水平。

3. 指标获取途径

通过问卷调查方法获取,或通过政府相关部门获取。

[①] 参见郭道晖:《权力的多元化与社会化》,《法学研究》2001 年第 1 期。

（九）弱势群体的权利保护

1. 指标释义

即对妇女、儿童、贫困居民等弱势群体的权利保障状况。

2. 指标的实践检验

对于弱势群体权利的保护，实质上是民主治理的底线思维。民主治理的目的是保障公民权利，例如通过给予弱势群体以特殊倾斜政策，保证公民基本权利。非弱势群体能通过正式或非正式制度保障自身权利；但是，弱势群体缺乏相应的政治知识和社会资源，其权益经常得不到保障，只能通过上访或是群体事件等方式表达诉求。[①] 保障弱势群体权利，有助于避免治理中出现极端冲突，推动民主治理的运行。

3. 指标获取途径

通过问卷调查方法获取，或通过政府相关部门获取。

（十）对不同观点者的保护与宽容

1. 指标释义

即政府和社会对于不同观点的个人或群体的包容，即使有意见冲突也会经由协商、谈判等方式解决。[②]

2. 指标的实践检验

对不同意见的政治包容，促进民主治理的发展。民主本身就包含

---

① 参见杨瑞清、辜静波：《关于弱势群体引发群体性事件的原因透析》，《求实》2005年第12期。
② 参见马得勇：《东亚地区民众政治宽容及其原因分析——基于宏观层次的比较研究》，《武汉大学学报》（哲学社会科学版）2009年第3期。

尊重和包容其他公民的不同意见与想法,通过保障每个人都有平等发声权利,激发公民参与民主的热情和提出更具洞见的建议。在更深层次,对于少数派的包容有助于民主治理的稳定运行,避免造成意见或价值不同,进而导致暴力冲突事件。

3. 指标获取途径

通过问卷调查方法获取,或通过政府相关部门获取。

(十一) 公民和官员的人权意识

1. 指标释义

人权指的是人依据其自然和社会属性应当享有的权利。[①] 人权意识即人对于自身及他人基本权利的认知和要求。[②]

2. 指标的实践检验

公民和官员的人权意识,决定民主治理的质量。公民有人权意识,会尊重其他公民的权利,以及懂得拿起法律武器捍卫自身权益;官员有人权意识,在制定政策过程中会避免损害公民权利。通过尊重每个人的基本权利和劳动创造,完善保障人权的法律制度,对各方利益进行协调,使社会形成良性互动,能够激发公民参与民主治理的热情,提高民主治理的质量。

3. 指标获取途径

通过问卷调查方法获取,或通过政府相关部门获取。

[①] 参见李步云、邓成明:《论宪法的人权保障功能》,《中国法学》2002年第3期。
[②] 参见潘洪刚、肖霖:《当前我国人权意识与和谐社会构建》,《理论导刊》2012年第3期。

（十二）新闻媒体的自主性

1. 指标释义

即新闻媒体能够向公众客观报道真相的自由。①

2. 指标的实践检验

新闻媒体的自主性保障公民的知情权和言论自由，是民众追求其他基本权利的前提。一方面，只有获知事情的真相，民众才能正确地在民主治理过程中提出相应的意见和建议，而不是在形式上行使权利。另一方面，新闻自主性是言论自由的重要保证，公民能通过新闻媒体表达自己的观点，从而间接介入民主治理过程。

3. 指标获取途径

通过问卷调查方法获取，或通过政府相关部门获取。

三、民主保障公民权利

民主治理的制度。民主制度是直接与根本保障公民权利的方式。一方面，公民通过民主制度，选举出代表自身利益的机构与代表，该机构和代表通过立法与监督政府等方式，在法律法规和政策过程中保障公民的权益；另一方面，公民通过譬如协商民主、基层民主自治、群众路线等民主方式，直接或间接参与民主治理过程，影响政府的议程设置和决策方案选择，使得公民权利从源头上不受到损害。在个人层面，下文

---

① 参见马岭：《言论自由、出版自由、新闻自由的主体及其法律保护》，《当代法学》2004年第1期。

将从过程和效果两个机制对民主治理进行分析。

民主治理的过程。我们通过公民政治参与、公民的政治知识、公民的维权行为测量反映。公民政治参与是民主治理的内涵所在,公民参与民主治理过程,能有效提高治理水平。而政治知识是公民有序政治参与的前提,公民利用政治知识理解政治过程、选择参与方式以及提出相应的意见和建议。此外,政治知识帮助公民拿起法律武器,维护公民权利。这三个指标能反映在个体层面民主治理过程的参与情况。

民主治理的成效。我们通过对公民的政治现状满意程度、对党和政府的认同程度、对基层政府的信任程度、对官员的信任程度、对国家发展前景的态度、政治效能感测量反映。在个体层面,民主治理的成效表现为公民对于治理过程的满意。而对于治理过程的满意源于公民拥有对政策产生影响的能力、对民主治理现状的满意,以及对于作为治理主体的党政官员和政府的信任。对于政治的满意,使得民众对国家发展更有信心。测量上述指标,能有效反映民主治理在公民个体层面的成效。下面对这些指标进行具体阐述。

(一) 公民政治参与

1. 指标释义

公民政治参与即公民参与能影响政治活动的行为,不仅包括参与选举投票,也包含与政府部门及官员接触、参与听证会等相关活动。[①] 公民政治参与这一指标,反映了个体层面上治理过程中的民主决策程度。

---

① 参见王丽萍、方然:《参与还是不参与:中国公民政治参与的社会心理分析——基于一项调查的考察与分析》,《政治学研究》2010 年第 2 期。

2. 指标的实践检验

公民政治参与的重要性在于通过公民参与决策过程,让政治不偏离"公意"。① 公民政治参与起到调节器的作用,政治参与程度的提高使得政府决策更加具有民主性和科学性,通过主动要求民众参与决策过程和被动接受人大与公民的监督,避免公权力对公民私领域的侵犯。目前学界对公民政治参与指标的测量,主要通过民众参与选举的情况来判断,此外还通过民众参与政治活动的意愿程度进行判断。

3. 指标获取途径

通过问卷调查方法获取,或通过政府相关部门获取。

(二) 公民对基层政府的信任

1. 指标释义

按照伊斯顿(David Easton)的政治支持框架,政治信任是指公民对政府或政治系统运作产生与他们的期待相一致的结果的信念或信心。② 该指标反映公民个体对作为民主治理主体之一的基层政府机构的信任程度。

2. 指标的实践检验

政府部门的特定信任指的是公民对于特定的政治权威、机构或者政策产出的主观评价。③ 基层政府距离民众最近,是政府各项政策的

---

① 参见魏星河:《我国公民有序政治参与的涵义、特点及价值》,《政治学研究》2007年第2期。
② See David Easton, "A Re-Assessment of the Concept of Political Support", British Journal of Political Science, Vol. 5, No. 4, 2015, pp. 435-457.
③ 参见〔美〕戴维·伊斯顿:《政治生活的系统分析》,王浦劬等译,华夏出版社1999年版,第321—341页;David Easton, "A Re-Assessment of the Concept of Political Support", British Journal of Political Science, Vol. 5, No. 4, 2015, pp. 435-457.

执行者和各类公共服务的提供者。一方面,如果公民对于基层政府足够信任,则政府在落实治理政策时会更加容易,与民众的沟通成本更低,民主治理运行更顺畅。另一方面,若公民对于基层政府更加信任,有助于增强政府的合法性和提高政治的稳定程度,同时,民众也更加愿意参与民主决策过程。①

3. 指标获取途径

通过问卷调查方法获取。

(三) 公民对官员的信任程度

1. 指标释义

即公民对于民主治理中的治理主体党和政府官员的信任程度。

2. 指标的实践检验

公民对于官员的信任程度高低,反映了民主治理过程是否良好。民众对于官员的信任程度较高则反映在三个方面:首先是政策议程设置上符合民众的期待和要求,能够及时和有效地回应民众;其次是在治理过程中官员的政策能够取得良好绩效,能提供充分的公共服务以满足民众需求;最后且最重要的是反映官员行为操守清正廉洁,以及对民众负责的态度。该指标能够反映党和政府官员的民主治理水平。

3. 指标获取途径

通过问卷调查方法获取。

---

① 参见熊美娟:《政治信任研究的理论综述》,《公共行政评论》2010年第6期。

（四）公民对政治现状的满意程度

1. 指标释义

公众满意度反映了公众对治理的评价，是公众将对政府绩效的感知与其期望值相比较后形成的一种失望或愉快的感觉。① 该指标反映了公民对于整体民主治理水平的评价。

2. 指标的实践检验

公民对于政治的满意度是衡量治理水平的重要标准，同时也是民主治理的重要目标。公民对政治现状的满意有两个来源：一个是治理绩效，政府是否能够提供优质且充分的公共服务，这是公民满意度的最直接来源；另一个是公民民主参与程度，包括是否吸收民众意见和邀请民众参与决策过程。有学者发现绩效的提高不一定带来满意度的提升，民众有时候更看重政府的服务态度和决策过程中的表现。②

3. 指标获取途径

通过问卷调查方法获取。

（五）公民对主流意识形态的认可

1. 指标释义

意识形态是社会思想的上层建筑，是一定社会阶级对于现存社会

---

① 参见郭泽保、郭勇清：《公众满意度视域中的政府绩效评估》，《广东行政学院学报》2008年第2期。
② 参见陆奇斌：《基层政府绩效与受灾群众满意度的关系》，《北京师范大学学报》（社会科学版）2010年第4期。

关系的理论体系。① 对于我国而言,公民对主流意识形态的认可即对马克思主义的认可。

2. 指标的实践检验

公民对主流意识形态的认可给民主治理提供合法性与稳定性。首先,意识形态提供政府治理的合法性,根据意识形态形成相应的政治分配,出台配套法律法规与形成道德规范,民众对于主流意识形态的认可有助于提高政府的合法性。其次,主流意识形态的凝聚有助于政党和政府的团结,避免政府内部由于多种意识形态冲突而出现治理过程的动荡。更为重要的是,意识形态的凝聚有助于维护国家利益,国家利益取决于社会和政府的意识形态与对外政策,因此维护意识形态同样也是维护国家的利益。②

3. 指标获取途径

通过问卷调查方法获取。

(六) 公民对国家发展前景的态度

1. 指标释义

即公民对于国家的发展前景的态度和看法。该指标反映公民对于当前国家民主治理的信心。

2. 指标的实践检验

公民对国家发展前景的态度,反映民众对当前民主治理的信心。

---

① 参见黄新华:《当代意识形态研究:一个文献综述》,《社会科学文摘》2004年第1期。
② 参见田改伟:《试论我国意识形态安全》,《政治学研究》2005年第1期。

民众不仅根据当前治理水平调整预期,只有当前国家民主治理水平高,提供高绩效和高质量的公共服务,公民才对未来产生信心,同时也考虑国家能力能否应对潜在的风险。在《中国国家能力》报告当中,国家能力指的是"国家将自己意志、目标转化为现实的能力"①。然而,建设强的国家能力离不开国内民主治理的完善,民主治理水平的完善能提高国家动员能力和增加可调动资源。

3. 指标获取途径

通过问卷调查方法获取。

(七) 公民的维权行为

1. 指标释义

即公民在维护自身权利时所采取的行动,维权的范围不仅包括人身损害、财产土地纠纷等民事行为,也包括行政命令、法律条例等政府行为和法规,这里所指的是极端的公民维权行为,譬如群体事件和上访等。

2. 指标的实践检验

公民维权行为的出现,反映民主治理过程中的缺陷。维权事件是我国群体突发性事件的主要类型之一。② 维权事件产生的背景是,社会发展转型过程当中,公民权利受到侵害或是利益分配不均,使得民众采取法律途径甚至是群体行动来维护自身权益。公民的极端维权行为会造成社会秩序被破坏,降低民主治理水平,也折射出政府与民众的沟

---

① 王绍光、胡鞍钢:《中国国家能力报告》,辽宁人民出版社1993年版,第6页。
② 参见于建嵘:《当前我国群体性事件的主要类型及其基本特征》,《中国政法大学学报》2009年第6期。

通存在问题,未能妥善处理公民诉求。

3. 指标获取途径

通过政府信访、法院等部门获取。

(八) 政治效能感

1. 指标释义

即个人通过自己的政治行为产生影响力的感觉,个人如果有更高的政治效能感,则会更加积极主动地参与到政府和社会的各项事务当中。①

2. 指标的实践检验

政治效能感高的公民会积极参与政治过程,提升民主治理水平。政治效能感分为两部分:一部分是内部效能感,即民众认为自己有信心影响政府的决策;另一部分是外部效能感,即民众认为政府对于自身的诉求会有回应。② 对政治效能感的测量反映民众的政治参与程度,以及民主制度的健全程度。高政治效能感的民众更愿意参加政治活动,推动民主治理的发展。对该指标的测量最早可以追溯到1952年密歇根大学调查研究中心,目前学术界普遍采用美国全国选举中心制定的问卷对政治效能感进行测量。③

3. 指标获取途径

通过问卷调查方法获取。

---

① 参见李蓉蓉:《海外政治效能感研究述评》,《国外理论动态》2010年第9期。
② 参见胡荣:《中国人的政治效能感、政治参与和警察信任》,《社会学研究》2015年第1期。
③ 参见李蓉蓉:《海外政治效能感研究述评》,《国外理论动态》2010年第9期。

第四节　民主治理的实践与经验

一、全球视野下的民主治理经验

基于历史和不同的国情,世界各国在治理过程中形成了适应本国社会经济发展的独特民主治理经验。在英联邦国家中,大都保留了英国的民主制度,并且当地属于较为同质化的社会,因此逐步形成了多数民主的治理模式;在欧洲大陆的大部分国家,因为欧洲的民族、宗教和语言等较为多元,为了协调不同群体之间的利益,逐渐形成了共识民主的治理模式;在拉美地区,国家治理水平不高导致公共服务水平质量低下,民众通过参与的方式保障自己的权利,形成了参与民主的治理模式。本节对于不同模式进行简要阐述。

（一）多数民主

多数民主即由多数人进行统治的民主形式,又被称为威斯敏斯特模式(Westminster model)。[①] 多数民主的传统可以追溯到古希腊的雅典城邦,公民通过公民大会以及其他权力机构,以多数表决的方式决定政策,不少现代国家仍然遵循该原则进行国家治理。目前西方许多政

---

① 参见〔美〕阿伦·利普哈特:《民主的模式:36个国家的政府形式和政府绩效》(第二版),陈崎译,上海人民出版社2017年版,第25页。

治制度都是按照该原则设立的,例如多数选举制、议会制等。① 多数民主的本质是特定的集团或政党在特定的时期单独掌握国家政权,具有较强的排他性和竞争性,但这也是较简易和成熟的民主治理模式。②

多数民主的治理模式,主要分布在英国以及有英国殖民历史的国家,其中英国、新西兰是典型代表。这类国家属于同质性较高的社会,主要采取多数的、非比例性的选举制度,国家的行政权集中在一党微弱多数内阁的手中,因此政府只有得到内阁的支持才能顺利运作;在社会方面,多数民主即赢者通吃的局面,所以这类国家常常伴随着不同群体的利益冲突,比如英国经常出现劳工与雇主的矛盾,导致罢工事件的发生。③ 多数民主的治理模式一般适用于同质化的社会,能够高效推动政策的制定与执行。

(二) 共识民主

共识民主以多数原则为最低要求,并力求将多数的规模最大化。④ 换言之,共识民主主张人们广泛地参与国家治理过程,并就政府所推行的政策达成普遍一致。⑤ 在同质性较弱的社会当中,社会按照宗教、语言、意识形态等分界线划分,如果单纯地实行多数民主,则可能导致不同的群体发生冲突与社会撕裂。在共识民主国家,政党们通过

---

① 参见陈炳辉:《多数民主与共识民主——利普哈特的民主理论》,《江淮论坛》2012年第1期。
② 参见程同顺、高飞:《什么是协合民主?——兼与多数民主比较》,《学海》2009年第3期。
③ 参见〔美〕阿伦·利普哈特:《民主的模式:36个国家的政府形式和政府绩效》(第二版),陈崎译,上海人民出版社2017年版,第7—24页。
④ 参见〔美〕阿伦·利普哈特:《民主的模式:36个国家的政府形式和政府绩效》(第二版),陈崎译,上海人民出版社2017年版,第26页。
⑤ 参见杨光斌:《评利普哈特的"共识民主模式"》,《江苏行政学院学报》2007年第5期。

各种渠道分享权力,并且建立联合政府执掌政权,尽量覆盖不同社会群体的利益,而非谋求独自执掌政权,也就是不单独为少数群体提供保护,使得治理问题能够在协商和合作中进行解决。①

共识民主模式主要集中在欧洲地区,典型的国家有瑞士和比利时。因为这类国家普遍实行比例代表制,每个多元群体都有不同的政党代表,但是没有一个政党能够接近多数党的地位,因此政党们只能通过联合政府的形式进行执政。例如,瑞士和比利时的主要政党大多会加入联合内阁,不同利益的群体在内阁中都有代表存在。同时,因为没有政党占压倒性的优势,所以每个政党上台的时候会兼顾其他群体的利益,避免政府轮换导致所代表的群体利益受损。② 共识民主的治理模式能够兼顾不同群体的利益,因此能整合多元社会的不同利益诉求,进而提高国家治理水平。

(三) 参与民主

参与民主即公民主动自发地参与政治过程,而不是被动卷入某件事情。③ 参与民主不等同于协商民主;治理当中仅有公民协商,这对于民主而言是不充分的。参与民主理论认为,公民需要具备能力和技巧去适应现有权力结构,通过参与政策制定过程,构建参与性社会并推动政府权力的民主改革,进而实质性地保障公民权利。④ 这区别于邀请民众对政府相关政策进行讨论的协商民主。

---

① 参见谭融、郝丽芳:《论瑞士"共识民主"模型》,《天津师范大学学报》(社会科学版)2006年第6期。
② 参见〔美〕阿伦·利普哈特:《民主的模式:36个国家的政府形式和政府绩效》(第二版),陈崎译,上海人民出版社2017年版,第27—38页。
③ 参见孙培军:《参与民主:理论与反思》,《理论界》2009年第4期。
④ See Carole Pateman, "Participatory Democracy Revisited", *Perspectives on Politics*, Vol. 10, No. 1, 2012, pp. 7-19.

世界各地都有参与民主的存在，但是拉丁美洲和欧洲的参与民主治理模式较为突出和典型。在实践中，参与民主的制度形式有参与性预算（participatory budgeting）、公民陪审团（citizens' juries）和公民集会（citizens' assemblies）等，最为典型的制度形式是参与性预算。参与性预算指的是公民参与预算决策过程，其参与形式分为直接参与和社区代表模式，前者指的是当地居民直接参与决策，后者指的是通过居民选举的领导参与决策。在实际决策上，参与性预算会议有最终的决定权。在巴西，大多数地方的参与性预算会议成员由当地居民选举代表产生；在其他国家，预算会议成员主要依赖当地的政治组织（如街区协会等）。参与性预算的范围分为两种，一种是城市范围的参与，另一种是小规模的街区层面的参与。[①] 通过诸如参与性预算等的制度设计，公民能够直接有效参与本地公共决策，提升当地公共服务质量水平。

二、中国的民主治理创新

我国在民主治理上走出了具有中国特色的民主道路。中国民主治理的创新从建党之初直至今日仍在继续，不仅有在中国共产党成立初期提出的群众路线与人民民主，也包括在20世纪80年代提出的基层民主自治，以及随后践行的协商民主和技术时代所形成的数字民主。基于中国国情，中国共产党不断创新，提出多种民主治理模式，力求全面保障公民权利的落实。中国的所有实践努力和成果，在党的二十大的文献中被总结概括为"全过程人民民主"。我国是工人阶级领导的、以工农联盟为基础的人民民主专政的社会主义国家，国家一切权力属

---

① See Y. Cabannes, "Participatory Budgeting: A Significant Contribution to Participatory Democracy", *Environment and Urbanization*, Vol.16, No.1, 2004, pp.27-46.

于人民。人民民主是社会主义的生命,是全面建设社会主义现代化国家的应有之义。全过程人民民主是社会主义民主政治的本质属性,是最广泛、最真实、最管用的民主。下面对几种中国民主创新模式分别进行阐述。

(一) 群众路线与人民民主

人民民主即人民当家作主,不仅体现在人民成为国家的主人,也在于人民是国家治理的根本出发点。① 中国的群众路线通过在决策过程中不断向群众征集意见,进而保证了人民民主的实质性。党政机关干部在制定政策时,将群众的意见收集起来,加以研究梳理并到群众当中进行宣传,通过群众的反应检验政策的成效,循环反复,最终形成正确的意见。② 群众的反馈是政府决策的重要依据,群众的需求是政府决策的落脚点,群众路线保证民众参与中国民主治理过程。③

党的群众路线在建党初期就已形成,同时中国共产党也在不断深化群众路线的内涵和践行群众路线。群众路线最早在 1927 年提出,1943 年由毛泽东同志起草的领导方法具体阐述了群众路线的"从群众中来,到群众中去"工作办法,1956 年中国共产党第一次将群众路线写入党章,并在 1992 年的党章中提出"党在自己的工作中实行群众路线,就是一切为了群众,一切依靠群众,从群众中来,到群众中去,把党的正确主张变成群众的自觉行动"这一论断,并保留到现在。④ 时至今日,

---

① 参见林尚立:《民主与民生:人民民主的中国逻辑》,《北京大学学报》(哲学社会科学版)2012 年第 1 期。
② 参见王绍光:《毛泽东的逆向政治参与模式——群众路线》,《学习月刊》2009 年第 23 期。
③ 参见孟天广、田栋:《群众路线与国家治理现代化——理论分析与经验发现》,《政治学研究》2016 年第 3 期。
④ 参见田心铭:《群众路线:从毛泽东到党的十八大》,《思想理论教育导刊》2013 年第 7 期。

群众路线的内涵和意义也在与时俱进。党的十八大着重强调了群众路线的重要性，制定改进工作作风和密切联系群众的"八项规定"，开展反对形式主义、官僚主义、享乐主义、奢靡之风的反"四风"工作，中国共产党用实际行动践行群众路线。群众路线有力保障了人民当家作主的权利。在发展全过程民主过程中，必须坚持党的领导、人民当家作主、依法治国有机统一，坚持人民主体地位，充分体现人民意志和保障人民权益。

党的群众路线有四个主要特点：一是平等性，即党政官员平等地与群众进行深入交流，而非居高临下地进行指导，只有这样才能得知群众心中最真实的想法；二是实践性，官员深入基层进行调研，了解具体情况，而不是坐在屋子空想，只有这样才能发现问题真正的根源和解决方法；三是主动性，官员主动与群众保持紧密联系，从人民的利益出发制定相关决策，主动为人民着想和考虑；四是民生性，群众路线不仅解决治理过程的重大事情，也解决民众身边的小事情，例如邻里关系、劳动问题、交通道路问题等。[①] 习近平总书记在党的二十大报告中指出，"江山就是人民，人民就是江山"[②]。党政干部通过与人民群众保持密切联系，知悉民众生活中所急所需并予以解决，以实现立党为公、执政为民的初心要求。

（二）基层自治民主

基层民主能够直接保障公民权利，同时也是实现中国民主发展的

[①] 参见王绍光：《不应淡忘的公共决策参与模式：群众路线》，《民主与科学》2010年第1期。

[②] 习近平：《高举中国特色社会主义伟大旗帜　为全面建设社会主义现代化国家而团结奋斗——在中国共产党第二十次全国代表大会上的报告》，人民出版社2022年版，第46页。

重要途径。① 党和政府通过鼓励基层社会组织发展，将基层治理的功能逐步转移至基层自治组织。基层民众的自我管理和自我协调，一方面有利于及时、有效地解决问题，另一方面有利于调动人民群众的积极性，有效提高社会治理水平，并增强国家治理的合法性基础。② 在实现中国民主的路径选择上，基层民主始终是党和国家所关注的重要路径。

我国的基层民主自治最早出现在城市民主实践中，随后逐步扩散到农村，在20世纪80年代逐步发展成熟。③ 在新中国成立之初，为巩固国家政权和发展国民经济，全国建立了居民委员会自治性组织。改革开放之后，基层民主自治得到新的发展。我国在1980年颁布了《城市居民委员会组织条例》，推动了城市居民自治发展；在1982年颁布的宪法当中，将城市居民自治的做法推向农村，规定在农村建立村民委员会，并于1987年通过《中华人民共和国村民委员会组织法（施行）》。除了在基层设立自治机构，1986年国务院颁布《全民所有制工业企业职工代表大会条例》，规定在企业当中设立职工代表大会，保证职工群众当家作主。我国通过在城市、农村和企业设立自治机构，切实保障人民当家作主的权利。

我国的基层民主自治主要有四种创新性。首先是广泛性，基层民主自治将我国的绝大多数人口纳入其中，同时保障人民民主选举和民主监督的权利，协调人民参与民主治理，增强国家和社会的凝聚力。其次是有序性，中国是拥有超过十四亿人口的大国，如何协调民众有序参

---

① 参见俞可平：《中国的治理改革（1978—2018）》，《武汉大学学报》（哲学社会科学版）2018年第3期。
② 参见林尚立：《基层民主：国家建构民主的中国实践》，《江苏行政学院学报》2010年第4期。
③ 参见林尚立：《基层群众自治：中国民主政治建设的实践》，《政治学研究》1999年第4期。

与民主治理成为一个难题。通过坚持党的领导和基层民主治理制度，人民群众有效地行使民主权利，避免了由于人数众多而出现治理失控的情况。再次是适应性，基层民主自治制度适应政治经济体制转型过程，村民自治缓解了农村社会矛盾和"三农"问题，居民自治缓解了单位体制瓦解所带来的公共服务缺失问题，职工自治缓解了国有企业被腐败分子贪污侵吞的现状。最后是渐进性，民主建设并非一蹴而就和一劳永逸的，需要根据现实社会的发展趋势和推进步骤开展，民主建设应该是从局部到全局、从个别到全部的建设过程，避免由制度的不合适所带来的民主不良后果。[①]

（三）协商民主

协商民主是选举民主的重要补充，其有效保障了公民参与进民主治理过程。协商民主指的是在政治共同体内部的公民参与政治过程，赋予立法和决策合法性的治理形式。[②] 协商民主有效地弥补了选举民主中公民难以参与决策过程的缺陷。在推行民主过程中，我国格外注重协商民主建设，在国家的不同层级同时推进协商民主建设。[③] 党的二十大报告强调，协商民主是实践全过程人民民主的重要形式。必须不断完善协商民主体系，统筹推进政党协商、人大协商、政府协商、政协协商、人民团体协商、基层协商、社会组织协商，健全各种制度化协商平台，推动协商民主广泛多层制度化发展，构建有效的制度化公民政治参与途径，切实保障公民的权利。

[①] 参见徐勇、刘义强：《我国基层民主政治建设的历史进程与基本特点探讨》，《政治学研究》2006年第4期；徐勇：《基层民主：社会主义民主的基础性工程——改革开放30年来中国基层民主的发展》，《学习与探索》2008年第4期。

[②] 参见陈家刚：《协商民主与政治协商》，《学习与探索》2007年第2期。

[③] 参见俞可平：《中国的治理改革（1978—2018）》，《武汉大学学报》（哲学社会科学版）2018年第3期。

中国的协商民主在国家和地方层级有不同的实践形式。① 在国家层面,政治协商会议是我国的基本政治制度,中国共产党通过与各党派、人民团体、社会各界等进行关于政府治理的协商对话,鼓励促进多元利益群体参与政治过程,最大程度包容不同利益和意见,使得决策过程更加民主化;②在地方层面,改革开放后地方的协商民主迅速发展,出现了邀请相关利益者参与涉及公共服务决策(如公共交通或水电提价)的听证会、官员与民众之间就乡村事务平等对话的"民主恳谈会"③、普通百姓评价地方干部业绩的公民评议会等多种协商民主形式。④ 通过坚持和完善中国共产党领导的多党合作和政治协商制度,坚持发扬民主和增进团结相互贯通、建言资政和凝聚共识双向发力,提升政治协商的互动深度、意见表达的充分程度、凝聚民心的共识程度,切实保障不同情景下的公民权利。

协商民主的重要意义和创新价值,主要体现为三点。第一,协商民主是选举民主的重要补充。选举民主的民主性体现在选举代表的过程中,公民在选举后难以介入民主治理过程,致使民众参与民主过程产生障碍。而协商民主弥补了这一缺陷,政府邀请利益相关者参与决策过程,民众有能力对治理过程进行监督和发挥影响。⑤ 第二,协商民主可以培育公民美德,推进基层民主自治。通过协商过程,公民之间可以增进相互了解,促进不同文化间的包容,并且公民参与公共事务可以形成

---

① 参见李修科、燕继荣:《中国协商民主的层次性——基于逻辑、场域和议题分析》,《国家行政学院学报》2018年第5期。
② 参见陈家刚:《协商民主研究在东西方的兴起与发展》,《毛泽东邓小平理论研究》2008年第7期。
③ 参见张小劲:《民主建设发展的重要尝试:温岭"民主恳谈会"所引发的思考》,《浙江社会科学》2003年第1期。
④ 参见陈剩勇:《协商民主理论与中国》,《浙江社会科学》2005年第1期。
⑤ 参见燕继荣:《协商民主的价值和意义》,《科学社会主义》2006年第6期。

集体责任感,有助于推进民主的发展。① 第三,协商民主是解决治理矛盾的有效机制。② 传统的法治和民主机制,对于利益冲突调节需要花费大量的资源和精力,而且存在多数人暴政的可能。协商的方式则可以降低问题解决成本,使利益冲突方通过充分的交流缓解矛盾,有效解决治理难题。

(四) 数字民主

数字民主又称为网络民主,指的是参与主体借助网络技术直接参与培育、强化和完善民主过程。③ 数字民主有力推进了我国民主治理的发展,首先是互联网的出现减弱了政府控制信息的能力,增强了政府信息的透明度,提高了公民的监督能力;其次是拓宽了公民政治参与的渠道,公民可以平等、直接地通过网络空间对公共政策表达和交流看法,进而影响政府政策的出台;最后是网络民主为政府决策提供参考依据,有助于提高决策的科学性。④ 数字民主的出现,为公民的政治参与提供了新的途径和工具,促进民主治理的完善。

数字民主在政务公开、政治参与和公民监督等方面提供了新的方式。在政务公开方面,政府相关部门会将工作报告、预算以及政策法规等公布在政府网站上,同时政府也通过微博、微信和新闻客户端等新媒体及时披露政府动态,不仅增强政府的透明性,而且有助于公民对政府

---

① 参见陈家刚:《协商民主引论》,《马克思主义与现实》2004 年第 3 期。
② 参见王浦劬:《中国的协商治理与人权实现》,《北京大学学报》(哲学社会科学版) 2012 年第 6 期。
③ 参见郭小安:《网络民主的概念界定及辨析》,《天津行政学院学报》2009 年第 3 期。
④ 参见孟天广、季程远:《重访数字民主:互联网介入与网络政治参与——基于列举实验的发现》,《清华大学学报》(哲学社会科学版) 2016 年第 4 期;孟天广、李锋:《网络空间的政治互动:公民诉求与政府回应性——基于全国性网络问政平台的大数据分析》,《清华大学学报》(哲学社会科学版) 2015 年第 3 期。

的了解，引导民众有序参与民主治理过程；在公民政治参与和监督方面，政府通过网络平台接收民众意见和建议，有助于增强决策的有效性和科学性。具体措施包括政府通过微博问政和网络问政方式，向网民征询意见，建立政府留言板为民众提供沟通渠道，在重大政策出台前以及两会期间在网络上征求建议等。数字民主有力地拓宽和保障了公民参与民主治理过程。

第二章
法治篇[*]

第一节　国家治理与法治

党的十八届三中全会通过的《中共中央关于全面深化改革若干重大问题的决定》指出，全面深化改革的总目标是"完善和发展中国特色社会主义制度，推进国家治理体系和治理能力的现代化"[①]。国家治理体系和治理能力的现代化离不开法治，法治是国家治理的重要面向。

一、法治是国家治理的应有之义

"国家治理"一词是"治理"概念经本土学者充分阐发后产生的。在中国传统语义语境下，国家治理就是治国理政，即"统治者治理国家

---

[*] 本章作者：马啸，华盛顿大学政治学博士，北京大学政府管理学院长聘副教授、博士生导师、研究员。研究领域包括比较政治制度、发展政治学和中国政治。刘玲斐，北京大学政治学博士，深圳大学副研究员。主要研究方向为国家—社会关系、中国政府与政治、基层治理等。

[①]《中共中央关于全面深化改革若干重大问题的决定》，《人民日报》2013年11月16日。

和处理政务"①,但在"治理"这一学术传统语境下,国家治理强调其"治理"的一面,即,它不同于"统治"。"统治"不过问合法性来源,以权力控制为基础,是存在等级关系的权力自上而下的渗透和运用,是对权力的上位者的目的的实现;治理则是以公共利益为依归,它要求多方参与共治,要求某种程度的去中心化,是扁平化的多元主体共同协商和决策。正是因此,治理对于规则有极大的要求。如果说统治的规则是权力,那么治理的规则就是法律。法律对于社会各个成员具有统一的要求,无差别地渗透于治理各个环节之中,使得治理的多主体拥有共同的裁判和约束,从而能使得治理拥有秩序,达成善治。因此,提倡治理必讲法治,法治是国家治理的应有之义。

二、法治适应当下国家治理的需求

随着中国经济的发展,以及与世界经济互嵌程度的加深,中国的社会关系越来越复杂,想要厘清社会的方方面面,并建立完善的治理秩序,就不能依靠过去以纵向权力管控为主的全能主义管理思路,而必须寻找新的治理方法来适应日益纷繁复杂的市场经济和社会发展。法治作为人类政治文明的成果,有着丰厚的学理以及实践基础,无疑成为治理方式中最合适的选择。法治有着其他的管理方式无可比拟的两个方面优势。首先,法治拥有较低的治理成本。法治打破了使国家权力进入社会各个角落的全能模式,倡导在社会层面以法律权威代替国家权力进行治理,从而使得社会在法律权威的统摄下自己运转起来,不再需

---

① 王浦劬:《国家治理、政府治理和社会治理的含义及其相互关系》,《国家行政学院学报》2014年第3期。

要高成本的国家计划、信息传输以及监督执行等,为国家节约了治理的成本。其次,法治具有可积累的效应。法治不只是一种制度安排,也是一种文化和思维,对社会而言,法治社会是自我学习和自我积累的,当法治的模式建成和启动,社会运行会逐渐积累社会公众的法治意识和法治思维,成为宝贵的精神和文化财富,在后续的社会发展中彰显作用。因此,对于当下中国国家治理的需求而言,法治是最佳的治理模式。

三、法治一直是中国国家治理的重要元素

1949年新中国成立后,我国就开启了社会法治的历程,法律体系不断完善。改革开放之后,更是着重确立了社会主义法制的权威性。1978年党的十一届三中全会公报指出:"为了保障人民民主,必须加强社会主义法制,使民主制度化、法律化,使这种制度和法律具有稳定性、连续性和极大的权威,做到有法可依,有法必依,执法必严,违法必究。"[①]1997年,党的十五大明确提出了"依法治国,建设社会主义法治国家"的基本方略。1999年"依法治国"这一基本方略被写入宪法。而党的十八大以来,习近平总书记对全面依法治国做出了一系列重要论述,反复强调了法治的重要性,并且开始了新一轮的司法改革。党的二十大报告更是23次提到"法治",强调"必须更好发挥法治固根本、稳预期、利长远的保障作用,在法治轨道上全面建设社会主义现代化国家",并且指出要"深化司法体制综合配套改革,全面准确落实司法责任制,加快建设公平高效权威的社会主义司法制度,努力让人民群众在

---

① 《中国共产党第十一届中央委员会第三次全体会议公报》,《北京日报》1978年12月24日。

每一个司法案件中感受到公平正义"①。法治是中国国家治理的重要元素，它在当下理应得到系统的总结和检省。

第二节　作为概念的"法治"

一、法治概念的论争

法治（rule of law），作为人类政治文明史上的重要信条，一直是政治学研究的核心议题。这一概念可笼统地追溯到柏拉图《法律篇》中的"法律的统治"。② 但是在亚里士多德的《政治学》中，"法治"首次拥有了以法律的统治代替人治（之任意性）的蕴意，法治因此成为政治理论的核心，相关研究绵延至今。从文源上说，"rule of law"这一短语首次出现在16世纪的英国，在塞缪尔·卢瑟福（Samuel Rutherford）关于神授王权（divine right of Kings）的大辩论中，这一用语得到广泛传播。随后，这一概念又在洛克的《政府论》中正式亮相。经由19世纪英国法学家戴雪（A. V. Dicey）的进一步普及后，法治（rule of law）成为深入人心的现代政治信条。

---

① 习近平：《高举中国特色社会主义伟大旗帜　为全面建设社会主义现代化国家而团结奋斗——在中国共产党第二十次全国代表大会上的报告》，人民出版社2022年版，第40、42页。
② 柏拉图《法律篇》中的"法治"与我们今日所谈的"法治"有较大不同。《法律篇》中，法治仅意味着用法律来统治，不意味任何对统治者的约束。并且，在柏拉图的整体理论图景中，法治不是最一流的政体，最一流的政体是哲学王的统治，法治只是现实中退而求其次的选择。

在政治学领域中,法治与现代政治的核心——民主限权——有很大亲缘性。如斯莫洛维茨(Catalina Smulovitz)所说,政治学中的"法治"问题,正在于解决使统治者服从法律的问题。一提到"法治",人们不约而同地会想到有限政府原则:限制政府的宪法、民选的立法机构、致力于保护公民权益的独立司法体系,以及接受监督的官僚体系等。正是由于这样的研究传统,政治学中讨论法治,是将其作为民主政治的衍生,但它本身却很少获得一个内涵明确、外延清晰的定义。"法治"作为一个概念,在政治学的讨论中不幸被忽视了。①

相较于"法治"概念在政治学领域内的含混,法学领域关于"法治"的讨论有更多的准确性。对"法治"概念的理解最为明确的,当属分析法学学派。分析法学者们反对自然法学派将法律和道德捆绑在一起的观点,他们认为,法律并不暗含某种道德立场,只是主体制定出的旨在规定和引导人的行为的规定,法律之所以为法律,在于它的某些形式特征。富勒(L. Fuller)提出了广为人知的法律的八个特征:普遍性、稳定性、可预期性、被公开发布、明确性、不矛盾性、一贯性和不溯及既往。② 他认为,符合以上八个特点的规定,就可以被称为法律;法治,就是政府及其他法律体系通过法律进行统治。与法治相对的,是专断权力的统治。以富勒为例,我们可以看到,分析法学派对法治的界定有两个核心特征:第一,法治并不天然预设一种道德或价值秩序;第二,法治有赖于权力机构对法律的执行。

分析法学派对"法治"的两条界定,回应了法学领域由来已久的关于"法治"的两个争议:一是法治是否应指向某些规范性价值的达成;

---

① See M. McCubbins, D. Rodriguez, B. Weingast, "The Rule of Law Unplugged", *Emory Law Journal*, Vol. 59, No. 6, 2010, p. 1455.

② See L. Fuller, *The Morality of Law*, CT: Yale University Press, 1964.

二是法治中政府等权力实体的地位如何。关于这两个争议,许多法学家持有与分析法学家们不同的意见。

对第一个争议的不同看法,形成了实质法治与形式法治两派之间的对立。持实质法治立场的学者认为,分析法学家们所倡导的形式法治并不可取,法治不是没有规范性导向,法治应致力于保障人的尊严和合理的权益。沃尔德伦(J. Waldron)认为,法治应该囊括某些程序性权利,如听证权、举证权等,法治应该暗含对人之尊严的尊重。[1] 许多研究支持这样的观点:没有价值取向的形式法治,可能会导向某种悖谬。[2]

而就法治多大程度上与政府等机构的执行相关,法理学界也未达成共识。法律人类学家们普遍认为,将法治理解为特定机构对法律的执行是失之偏颇的,因为这忽略了法治的文化内涵,法治不是超越于文化之外的东西,也不是法律的创制机构或宪法的书写者强加给既存文化的东西,"法治乃是社会成员脑海中的规范体系"[3]。马林诺斯基(B. Malinowski)界定法治为被人感知和认定到的人之义务和对他人的正当性要求。[4] 就连分析法学派本身,关于这一问题的答案,也是模棱两可的,他们有时认为法治最终都有赖于某种强力的执行,但同时又强调,法治并不必然要求某种集中化的执行权。

不止法学家就上述两个争议形成对立的派别,其他领域,如社会

---

[1] See J. Waldron, "The Rule of Law and the Importance of Procedure", in J. E. Fleming(ed.), *Getting to the Rule of Law*, New York: NYU Press, 2011, pp. 3-31.

[2] 韦伯可以被视作实质法治的创始人,因为韦伯开启了对资本主义法律合理性的探讨,继韦伯后,法兰克福学派的纽曼(Franz Neumann)等推进了这一观察和研究。

[3] T. Carothers, *Promoting the Rule of Law Abroad: In Search of Knowledge*, Washington, DC: Carnegie Endowment for International Peace, 2006.

[4] See B. Malinowski, *Crime, Custom in Savage Society*, New Brunswick, NJ: Transaction, 2013.

学、经济学等关于法治的讨论,很大程度上也是围绕这两个争议,尤其第二个争议而展开的。比如,社会心理学的学者探讨人是否有某种天然趋向公平的倾向,法治是否可以天然地达成。历史社会学的学者致力于考察历史上存在过的自发的法治秩序,如中世纪商业规则的形成和运作。这些讨论虽然采用了各自不同的语汇,但都在反思"法治"秩序中政府、法律机构、强制力量等主体的作用。事实上,前文所述的两个争议,恰恰构成了界定"法治"概念的两个关键维度,本章称之为规范性维度和主体性维度。①

以上是关于"法治"概念的理论性讨论,这些讨论着重于界定法治概念的内涵特征和厘清法治概念的外延边界。这些讨论固然是有益的,但是就本章主旨——建立一套法治评估指标体系——而言,以上讨论都仅限于理论思辨,从概念的可操作性到概念的包容性,都有所不足。因此,本章提出了自己对"法治"概念的界定。

二、本章对法治的定义

本章采用"可信承诺"的分析框架对"法治"下定义。"可信承诺"这一概念来源于经济学家威廉姆森(Oliver Williamson),他认为,在缺乏外部强制力的环境中,契约得到尊重和执行的关键在于可信承诺的维持。本章认为,法治,正是指特定场域内的行动者之间达成和借助法

---

① 此处参照了哈德菲尔德(Gillian K. Hadfield)和温加斯特(Barry R. Weingast)于2014年发表的一篇文章,该文章认为,法治既不是集中化的权威对法律的强制执行,也不是信念和文化的力量,而是一种由共享的评价框架(evaluation scheme)将分散的执行行为(decentralized enforcement behavior)协调和整合起来的均衡(equilibrium)。而这种均衡的达成,有赖于两个重要因素,一是机构(institutions),二是规范性特征(normative features)。机构对于规范性特征的执行,就是法治的来源。其他文献也有提及法治的这两个方面。

律维持可信承诺，进而形成合理秩序。就一个国家而言，法治指的是以下三条原则：

（一）由政府、司法体系等权力机构保障个体之间维持一种可信承诺。个体弃约违规的行为将受到权力机构的惩罚。个体之间达成的合理秩序是社会/市场秩序。

无论是传统的契约国家理论，还是新制度经济学的国家理论，它们都强调政府存在的意义是保护个体的权益。契约国家理论认为，个体通过缔结契约让渡部分自然权利给政府，是为了让政府裁决纠纷、惩治犯罪、执行赔偿，维持个体间可预期的权利—义务关系和行为秩序。新制度经济学则从产权制度视角看待国家，认为国家建立的预设之一是国家有其他组织难以比拟的强制力，可以及时矫正市场中的失信行为，维护交易承诺，降低交易成本，保护个体产权。因此，"法治"的含义之一，是权力机构以明确的法律法规来规范个体行动，维护个体间的可信承诺和市场秩序，达到保护个体权利权益的目的。很明显，这是一个权利保护的视角，并且在这一视角下，政府不是最小政府，它要求社会中存在一定政治权力，以便于保障秩序。考察此方面的"法治"水平，既需要考察政府为社会提供的法治服务（过程导向），如法律本身的完善度，也需要考察服务的绩效（结果导向），如市场中的侵权行为比率、司法判决的执行率等。

（二）权力机构与公民个体之间达成可信承诺。政府向社会承诺不挟权力掠夺社会侵害个体，因此，权力机关需要自我设限并自我执行（self-enforcement），由此达成的合理秩序是限政秩序。

正如契约理论和诺斯（Douglass North）都已经揭示的，政府作为社会中的一个角色，既解决问题，也可能成为一个问题。契约论传统下，政府被视为必要的"恶"，只有将权力关进笼子，个体的权益才能得到真正的保护。而诺斯和温加斯特则进一步挑明,即便政治不存在腐败,权力不被滥用,政府机构也仍然有可能跳出重复博弈和声誉机制对政府行为的影响,因时间偏好或贴现率问题,沦为掠夺之手(grabbing hand)。① 由此,法治的另一个重要内涵在于使权力机构维持其向社会做出的可信承诺,换言之,在于限制权力,维护个体权利。英国光荣革命后的宪政制度变迁——增强议会和法院的作用——提高了王室掠夺社会的成本,从而使君主更能兑现保护个体私有财产的可信承诺。法治,正是要在限制政府中建立可信承诺的自我执行机制。本条原则是限权的视角,强调权力的自我约束。评估法治的这一面向,需要考察限制政府方面的作为(过程性层面)和效益(结果导向),如权力机构之间是否设有制衡机制、其效益如何等等。

(三) 法治的实现,还在于求取上述两条原则之间的巧妙平衡。

不难看出,上述两条原则,就其对权力部门的要求而言,存在相悖的可能。第一条原则要求政府等权力部门有为,政府既需要及时地提供法律法规和制度,又需要有效地执行。第二条原则在于限制政府权力,使权力远离专断和滥用。二者并不必然冲突,但宪法政治中的可信承诺,代价可能是某种审慎的自行裁量权的丧失,而适当的自由裁量权对政府来说是十分必要的。如何平衡这种张力,是"法治"需处理的议题。

本章的"法治"概念,不仅回应了前文关于法治概念讨论中的两个维度,而且实现了规范性和主体性的统一。

规范性维度上,本章不支持分析法学派所采取的那种立场——法律和法治不预设任何价值立场。本章的"法治"具有价值立场,那就是

---

① See D. North & B. Weingast, "Constitutions and Commitment: The Evolution of Institutions Governing Public Choice in Seventeenth-century England", *Journal of Economic History*, 1989, p. 803.

"法治"致力于创设和维护合理的秩序,保护个体权利——无论抽象的权利还是具象的利益。因此,本章"法治"概念的价值取向是维护个体权利、维持安全秩序,虽然这种价值取向并不等于"法治"概念本身。①

主体性维度上,本章界定的"法治",主体性特征十分明显。某种程度上,本章采纳了分析法学派的观点,认为法治离不开权力机构对法律的执行。② 如本章关于"法治"的第一条原则所显示的那样,政府等权力机构在法治中具有积极作用。但同时,本章拓展和升华了"主体"这一概念,"法治"的第二条界定将政府等权力机构视作执行和被执行的双重主体(可信承诺的自我执行)。在这个意义上,本章的"法治"概念,远离了过分强调执行主体带来的威权色彩的风险,使"法治"在保留主体作用的同时,保障了"法的统治"之真义。

因此,本章的"法治"概念,实质上是以规范性秩序和价值为内容的可信承诺的达成机制,机制达成的关键在于寻找权力与权利、利用权力和限制权力之间的平衡点。

第三节 法治指数的建立

一、对既有法治指数的分析和评价

"法治"及其相关研究由来已久,但法治评估却是很晚近的事。随

---

① 政治学中常以各项政治价值界定"法治"概念。本章亦构成对这类研究的批判性回应。
② 此处忽略了主体是集中化的政治权力还是分散的执行机构的争议。

着量化研究在人口、城市发展、经济增长等社会领域的普及，20世纪90年代开始，人们也用量化的方法考察国家在法治、平等、民主化等政治领域的表现。正如"法治"概念存在争议一样，如何测评"法治"①，不同机构与学者也有不同的看法，并且，"法治"概念的分歧也延续到了评估中。本章选取了目前影响最为广泛的五个法治指数②：世界治理指标（WGI）的法治指数、自由之家（Freedom House）的法治指数（FW）、贝塔斯曼（Bertelsmann）的法治指数（BTI）、美国传统基金会（Heritage Foundation）的法治指数和WJP（World Justice Project）的法治指数。通过展示和对比五种法治指数之间的相似和差异来说明通行的法治指数有哪些特点，存在什么分歧，有什么缺陷。

世界治理指标的法治指数：1996年由世界银行的三位经济学家丹尼尔·考夫曼（Daniel Kaufmann）、阿尔特·克拉（Aart Kraay）和保罗·索伊多-洛巴顿（Pablo Zoido-Lobaton）发起编制，由六个聚合性维度构成③，法治（rule of law）是其中一个。WGI的法治指数，并不是一

---

① 一般来说，完整的测评流程包含如下四个步骤：概念化（conceptualization）、操作化（operationalization）、指标审核、数据采集和计算。

② 还有一些与法治有关的指标也有相当的影响力，比如Global Integrity的"法治与正义指数"（Rule of Law and Access to Justice）、U. S. -based Political Risk Services Group（PRS）的"法律与秩序指数"（Law and Order）、自由之家发起的转型国家研究项目中的"司法框架与独立性指数"（Judicial Framework and Independence）、透明国际的"腐败感知指数"（Corruption Perceptions Index）等，但是由于它们的指标名称本身就加入了其他的概念如"秩序""独立性""腐败"等，法治测评天然带有了倾向性，本章未选取它们作为案例。本章选取的五个法治指数，虽然并不全是独立的测评指标，很多镶嵌在其他概念测评之下，但是其指标名称通为"rule of law"。各个法治指数的制定，存在着相互借鉴甚至引用，WGI、WJP等都曾将以上几项与法治相关的指标作为参考，WGI直接引用多个数据库的数据作为其测评数据的来源。目前，大部分机构是非营利的基金会或跨国组织，也有少数是营利性的咨询机构，比如PRS，不像世界银行、自由之家等致力于提升全球范围内的治理水平，而是一家旨在比较和评估国家政治稳定的营利性机构。

③ 六个聚合性维度分别是：发言权与问责、政局稳定与无暴力、政府效能、监管质量、法治、腐败控制。

个概念—特征—要素①三级齐全的指标体系,而是仅提供了概念描述。它在测评中所使用的指标,是由专家学者从多家政府组织和非政府组织已发布的相关指标中挑选聚合而成的,并且每次测评挑选的指标都有变动和更新。本章为方便比较,将学者总结出的 WGI 常选取的内容,作为 WGI 的指标列入表中,相关内容见表2-1。

表2-1 主要法治评估指标体系

机构名称	定义(概念化)	指标(操作化)
WGI	法治是衡量主体在多大程度上对法律有信心并且遵守法律;尤其是在契约执行,财产权益,警察、法院的表现,以及犯罪、暴力发生的概率上	1. 财产权利保护 2. 司法独立与司法公信力 3. 行政责任 4. 规则的治理 5. 犯罪控制 6. 知识产权保护
自由之家	1. 存在独立的司法体系吗? 2. 在民众社交及犯罪行为中,法治是支配原则吗?警察是否处于市民社会的掌控中? 3. 是否存在免于政治恐怖、不公正的囚禁、驱逐或者虐待的保护?以上事项是由反对或支持体制的组织发起的吗?是否有免于战争或者叛乱的自由? 4. 法律、警察及实践中能否保证公平对待社会群体?	1. 司法独立 2. 司法公信力 3. 是否存在国家力量滥用 4. 公民自由权利 5. 社会秩序与人身保全 6. (政治)平等

---

① 斯文-埃里克·斯康宁(Svend-Erik Skaaning)提出,评估一个概念,从概念到指标,应当有三个层级:总体概念(overall concept)—概念特征(its attributes)—特征的构成要素(the components of these attributes)。总体概念最抽象,而构成要素(即测量指标)最具体。将其对应到测评过程中,概念特征相当于进行概念化,构成要素则将概念操作化为具体的指标。有的法治指数,严格做到了这两步,公布了制定的测量指标,如 WJP 法治指数;但有的仅停留在描述概念的特征上,测量指标则直接从已有的数据库中挑选,如 WGI 法治指数,也正因此,对 WGI 法治指数的诟病颇多。

（续表）

机构名称	定义（概念化）	指标（操作化）
贝塔斯曼	国家权力被相互地审查和制衡，公民权利得到保障	1. 国家权力存在审查制衡机制 2. 公民权利得到保障
美国传统基金会	产权保护与腐败治理	（产权保护） 1. 法律保护私有财产 2. 法律被完全地执行 3. 私人财产被掠夺的程度 （腐败治理） 1. 司法独立 2. 司法腐败 3. 社会中的契约被执行的程度 4. 经济关系中的不安全性和不确定性
WJP	第一，政府及其官员、代表负有法律责任；第二，法律明确、公开而稳定，保障人身安全和财产安全在内的基本权利；第三，法律制定、实施与执行的程序是可接近的、公平而高效的；第四，审判者、律师或代理人、司法官员提供接近正义的机会，他们人员充足，能干、独立而有德行，有着充分的资源，体现了他们所服务的共同体的构成	1. 有限的政府权力 2. 腐败的缺席 3. 开放的政府 4. 基本权利 5. 秩序与安全 6. 监管执行 7. 民事司法 8. 刑事司法 9. 非正式司法

自由之家的法治指数：自由之家的法治指数来源于全球自由度调查（Freedom in the World），法治是该调查中的一个维度。[①] 自由之家

[①] 自由之家曾产出过三个与法治相关的指数。一是本章选取的全球自由度调查中的法治指数，二是十字路口国家调查（Countries at the Crossroads）中的法治指数，三是转型国家（Nations in Transit）中的司法框架与独立性指数（Judicial Framework and Independence）。

采用确定概念框架、邀请专家打分的方式获得指标数据,没有给出细致的指标分类,但它提供了四个较为详细的问题。本章为方便分析,将这四个问题分解成指标列入表2-1中。

贝塔斯曼的法治指数:这是贝塔斯曼集团做的贝塔斯曼转型指数(Bertelsmann Transformation Index)中的一项。这项指数并没有公布固定的分类指标,只是给出了一项概念解释,即国家权力被相互审查和平衡,公民权利得到保障。在具体的测评中,贝塔斯曼法治指数也采取专家打分的方法。

美国传统基金会的法治指数:美国传统基金会测量法治,是将法治视为经济自由的一个维度。传统基金会的法治指数在概念化和操作化上都做得相对细致。它从两个维度测量法治,一是财产权保护状况,二是腐败状况。并且它将这两个维度细化,确定了较为详细的评估维度,操作时也采用邀请专家打分的方式,具体见表2-1。

WJP的法治指数:WJP即世界正义工程,其测评项目由时任美国律师协会(ABA)主席威廉·H.诺伊康(William H. Neukom)发起,致力于测评全球范围内各个国家的法治水平。相比前面几个法治指数,WJP的指标体系结构较为完善。它将"rule of law"这一抽象的总体概念进行了分解,给出了法治概念的几个特征,而后进一步建构了测评中要使用的指标。WJP的专家马克·大卫·亚格拉斯特(Mark David Agrast)将这些指标称为因子(factor)框架。WJP至今共发布过六个因子框架。本章选取其最新的版本[①]作为比较对象,该版本共公布了内含九个测评指标的因子框架。

"法治"是否应有价值取向,是"法治"概念中固有的核心争议之

---

① 最新版本的因子框架(2017—2018)与发布于2011年的第四版保持一致,该版本也是目前发布过的最完善的一个版本。

一。这一争议在评估领域表现为,对"法治"概念进行操作化时,是采用薄(thin)的法治还是厚(thick)的法治概念。① 薄的法治概念,指对法治进行形式主义的、程序导向的界定和操作,这样更客观和方便,争议也更少。厚的法治概念与薄的法治概念相对,指的是在对法治概念进行界定和操作化时,将一些规范性的价值如权利、自由、安全等纳入其中。

不难看出,以上几个法治指数,都不是严格意义上的"薄"法治,它们都纳入了某些价值。它们的共同点是,程序性指标和规范性指标兼具,且程序性指标高度相似;它们的主要分歧是,规范性指标的价值取向有所不同。

WGI 的法治指数,因大量选取已有数据库的指标和数据,在价值纳入上非常"慷慨",也因此受到诸多批评。② 自由之家的法治指数,其最大的特点是鲜明的自由和人权取向。贝塔斯曼的法治指数,权利取向明显,甚至包括了许多并不常见的价值,如宗教自由权利、社会运动的权利等。美国传统基金会是一个偏保守的机构,它的主要价值取向是保护私产。WJP 也是规范性指标的集大成者,它号称要融合薄的法治和厚的法治之间的鸿沟。与 WGI 相似,WJP 也几乎覆盖了其他法治指数所包含的程序性指标和规范性价值,权利、安全、秩序等都被包含在内。表 2-2 显示了各个法治指数在程序性指标和规范性指标上的异同。③ 由表 2-2 可知,程序性指标的重合度比规范性指标更高,体现了

---

① See M. Trebilcock & R. Daniels, *Rule of Law Reform and Development: Charting the Fragile Path of Progress*, Northampton, MA: Edward Elgar, 2008.

② 本章只摘取了 WGI 常选取的内容,它每次测评时实际选取的比本章呈现得更为广博,几乎包含了其他指数纳入的所有实质价值。

③ 主要以表 2-1 列出的各个指数的指标为准。但表 2-1 反映的是该指数主要关注的内容,在进行对比时,除列出的指标外,也部分参考了其在实际评估中的提问。维斯特格和金斯伯格 2017 年的比较分析也对此表有贡献(Mila Versteeg & Tom Ginsburg, "Measuring the Rule of Law: A Comparison of Indicators", *Law and Social Inquiry*, Vol. 42, 2017)。此处取有两个及以上重叠的指标,单独不重叠的不予列出。

法治评估普遍倚重机构路径(institutional approach)的共识。① 规范性指标里,权利、安全和社会契约被保障较多。五个法治指标由"厚"到"薄"分别为:WGI＞WJP＞FW＝BTI＝Heritage Foundation。

表 2-2 主要法治指数体系差异性比较

程序性指标 (thin)	司法独立	WGI、FW、BTI、Heritage Foundation、WJP
	司法效率(法律被尊重、被执行)	WGI、FW、BTI、Heritage Foundation、WJP
	腐败	WGI、Heritage Foundation、WJP
	权力制衡	WGI、BTI、WJP
实质性指标 (thick)	财产权(单列出的)	WGI、BTI、Heritage Foundation、WJP
	基本人权	FW、BTI、WJP
	犯罪暴力(秩序安全)	WGI、FW、WJP
	平等	WGI、FW
	控制警察等暴力机器	WGI、FW
	社会中契约被保障	WGI、Heritage Foundation、WJP

法治指数纳入价值也带来一定的问题——基本上是指标的共同问题:由于兼有程序性指标和规范性指标,整个指标体系略显凌乱,概念框架的论证不够系统化。WGI 法治体系一直被诟病指标选取过于任意,未能就庞杂指标的选取做分类说明,缺乏内容上的合理性(content validity)。自由之家的法治指数,也被批评指标有拼凑堆砌之嫌。这些问题直接导致了最终选取的测评指标可能存在非单向性、重

---

① See G. Hadfield & B. R. Weingast, "Constitutions as Coordinating Devices", in S. Galiani and I. Sened (eds.), *Institutions, Property Rights, and Economic Growth: The Legacy of Douglass North*, Cambridge, UK: Cambridge University Press, 2014.

合、冗杂、不协调等问题。①

此外,数据采集方法带来重大偏差,也是目前指标体系存在的问题。一般来说,指标及数据的采集,有以下三种途径:第一,以调查为基础的数据,这要求指标编制者对想要测评的主题进行问卷编制并且实施调查;第二,以事件为基础的数据,主要是从现有的统计资料中摘取,例如某一时间段内的立法数量、诉讼数量等等;第三,以标准为基础的数据,指标编制者确立一个大致的评价框架,由专家进行打分,作为该项指标的数据。② 这三种采集方法固然各有优势,尤其是专家打分的方法,成本低,好操作,对指标编制的要求也低,被广泛使用,但是,从数据的准确度来看,专家打分方法比第一种和第二种低。专家打分很难彻底排除个人经历、情感的影响,参与打分的专家的知识结构也存在局限,很少有对所有国家都非常了解的专家,并且不同国家的专家意见标准也不统一,如给公职人员送烟递酒是否属于行贿,在不同文化背景下有不同的定义和理解。所以,专家打分的方式,只适合测评某些学术性和专业性较强、共识度较高的指标。不加区分地使用这一方法,容易使评估结果失之准确客观。

但是,本章所提及的五种法治指数,除了 WJP 较多使用了第一种和第三种数据③,贝塔斯曼、自由之家、美国传统基金会等的法治数据

---

① 一般来说,指数的属性至少有三个:互斥性(mutually exclusive)、穷尽性(exhaustive)和单项性(unidimensionality)(参见〔美〕劳伦斯·纽曼、拉里·克鲁伊格:《社会工作研究方法质性和定量方法的应用》,刘梦译,中国人民大学出版社 2008 年版)。WJP 以信度(reliability)、协调性(coherence)和稳健性(robustness)检验自己的指标。协调性又分为内部协调性和外部协调性。
② 参见孟涛:《法治指数的建构逻辑:世界法治指数分析及其借鉴》,《江苏行政学院学报》2015 年第 1 期。
③ WJP 主要采用了第一类和第二类数据,特别是以第一类数据优先。在具体的数据采集时,WJP 的因子框架会被进一步分解成数百个更具体的、可供直接提问的因子,将之委托调查机构进行实地调查。因此 WJP 的数据大部分都是实地调研得来的一手数据,只有在没有条件进行调查的问题上,才引入第二类数据作为补充,这类数据只有 5 种,分别是:恐怖袭击事件的数量和死亡人数、战死的人数、单方暴力导致的伤亡数量、政变的数量。

均是以第三类数据为主,它们提供大致的概念框架,由专家在各种新闻、调查报告、学术资料等信息的基础上打分,以专家打分作为数据的最终来源。WGI 的数据,则直接从二十多家政府组织和非政府组织已有的数据库中挑选。这意味着,WGI 把原数据库可能有的数据缺陷也沿袭了下来。① 无论是自己打分还是沿用已有的数据,偏差风险都不可谓不高。此外,专家打分方法的偏差,在实质性指标上表现得比在程序性指标上更明显。程序性指标如司法独立、机构制衡等,标准较为统一,易被观察、分析和确定,专家打分具有某种程度的准确性;但实质性指标,比如对权利保护、秩序安全等的评估,容易混进主观意见,只有基于无偏的社会调查才能较好地予以评估。指标性质不同,对数据采集方法的要求也不同。好的法治评估体系,应当在采集方法上有所考虑和区分,这样才能保证数据的准确性。

因此,制定一项法治指数,应从以下三方面改进:一是明确法治评估要纳入的规范性价值,避免 WGI 和 WJP 将所有价值"一锅烩"的混乱,制定指标时,明确指标属性,并且做到逻辑清楚、层次分明。二是调整指标数据采集的方法,保证数据的准确性。尤其是在规范性指标的测量上,尽量采用第一类和第二类采集方法。三是避免贝塔斯曼、自由之家只提供概念框架、不确定指标的粗糙的特点,制定的指标体系尽量详尽。

二、建立新的法治指数

按照前文对"法治"概念的定义,依据国家与社会、政府与公民的关系原理,我们的指标体系由两大部分构成,一为社会法治,二为政府

---

① 贝塔斯曼法治指数也直接引用了透明国际的腐败感知指数。

法治。前者测量社会中可信承诺的兑现与违背情况,也就是(维护可信承诺的)法律得到遵循的情况;后者评估政府兑现对民众的可信承诺的情况,也就是政府权力得到约束和审查的情况。社会法治与政府法治,是指标体系中的一级指标,每个一级指标下又设了二级和三级指标。制定三级指标时,我们努力做到:第一,规范性指标和程序性指标并重,并且明确每个指标的属性,指明规范性指标的价值取向;第二,问卷调查、统计数据、专家打分三种数据采集方法有效结合,尤其是将专家打分的方式局限在专业性问题上,发挥该方法的优势,避免滥用;第三,过程导向的指标和结果导向的指标兼具,并标出了指标属性。指标介绍如下。

(一) 社会法治指标

社会法治,对应"法治"概念的第一层含义,即在法律及司法机构等强制力的保障下,社会个体之间的可信承诺得到尊重、维护和矫正。这里的"社会",既包括市场(经济领域),也包括非经济领域,前者比重较大[①]。设定指标时,从以下三个维度展开:1.法律完备性,即是否有完备的法律来保障可信承诺的达成。2.法律遵循水平,即社会可信承诺是否得到实现,背约状况严重与否。3.法律执行水平,即背约违诺行为是否得到法律的惩罚与矫正。

1. 法律完备性

社会中可信承诺被遵守且得到保障,必须有完备的法律体系。法律的完备性,反映了一个国家的法治的器物基础。我们选取了我国七大法律部门中的五个[②]来评估社会领域内的法律完备性,这五个法律

---

① 这里默认市场是最重要的社会领域。
② 另外两个法律部门是宪法及宪法相关法、行政法,属于"政府法治"大类。

部门基本涵盖了社会生活的各个方面。由此,形成五个三级指标:刑法完备性、民商法完备性、经济法完备性、社会法完备性、诉讼和非诉程序法完备性。完备性,主要从法律的合宪性、普遍性和可操作性进行测量。这项测评专业性较强,因此在数据采集上,主要采用专家打分的方式,为保证客观性,我们在进行不同门类的法律完备性测评时,又做了相应的调整。刑法完备性的测评,采用法学专家、法律从业者打分合成总分的办法;民商法完备性和经济法完备性的测评,除了法学专家、法律从业者打分外,还加入了经商者的打分;社会法完备性的评估,则邀请法学专家、法律从业者和社会公众三方共同打分。这四个指标都属于过程导向的程序性指标。

2. 法律遵循水平

法律遵循水平,评估社会上的可信承诺多大程度上得到了遵守,社会秩序怎样,这是一个结果导向的对于社会法治现状的测量。因我们将市场视为社会生活最重要的领域,因此设定指标时较多考虑了市场运行方面的情况。下设五个三级指标,分别是合同履约水平、经营者侵权违法率、消费者投诉举报率、投资环境信任水平和人身与财产安全系数。合同履约水平,考察经济领域内的合同契约得到执行的比例;经营者侵权违法率,考察市场中的重要主体经营者遵循其可信承诺的水平;消费者投诉举报率,从市场另一重要主体消费者的视角,考察经济领域内的守约与信用。这三项数据都可从相关部门的统计资料中获取,属于统计性数据,有较高的准确度。投资环境信任水平,考察投资者对市场信用程度的看法,即考察市场中权利义务的可预期性,我们将设置有针对性的调查问卷,对投资者进行调查,综合得出普遍信任度;人身与财产安全系数,不仅包括经济领域的财产安全,也涉及非经济领域的人身安全,我们将采取统计数据和问卷调查相结合的方法,获得这项指标的综合得分。以上五项指标均为结果导向的规范性指标,有明显的规范性特征,五项指标从正负两个维度强调了公民权利——主要是财产权和人身安全权——的保障问题,有明显的权利色彩。

3. 法律执行水平

法律的执行,指的是法律对社会中(经济性质的和非经济性质的)违诺行为的惩罚与矫正,它考察法律在多大程度上保障和维护了社会中的可信承诺。因此,这项指标也主要是结果导向的(只有一项除外)。这一指标下设四个三级指标,分别是解决争端方式偏好、犯罪行为是否被及时起诉、司法判决的执行率,以及司法性救济的可得性与可偿付性。解决争端方式偏好,考察司法手段是否被社会认可为第一顺位的解决争端的机制;犯罪行为是否被及时起诉,考察司法部门面对重大的社会失信背约行为时,能否及时纠偏和矫正;司法判决的执行率,考察司法部门对失信行为的纠偏和矫正是否落实;司法性救济的可得性与可偿付性,考察社会成员是否能够得到有效及时的司法救济。这四个指标,有三项——犯罪行为是否被及时起诉、司法判决的执行率、司法性救济的可得性与可偿付性——是统计性数据,可从统计资料中获得;而对于解决争端方式偏好,我们将设置严谨周密的调查问卷来收集数据,得出结果。以上四个指标,除了犯罪行为是否被及时起诉是过程导向的(因为起诉不能等同于惩罚),其余三个指标都是结果导向的。此外,规范性上,司法性救济的可得性与可偿付性有明显的规范性色彩——指向了公民救济权的获得和实现。

(二) 政府法治指标

政府法治,对应"法治"概念的第二层含义,即政府兑现对民众的可信承诺,以公民权利为界自我设限和执行,将自己的行为置于机构、法律、大众的约束和审查中。与社会法治不同,政府法治不仅依靠法律,还有赖于权力机构之间的制约和大众媒体的监督,政府法治的核心是限制和监督政府。政府法治下设三个二级指标:1. 限制政府的法律与制度设计,即是否存在旨在限制政府、制约权力的法律和制度设计;2. 政府侵权与腐败,即是否存在政府违背程序规范、侵害公民权利及腐败的现象;3. 对政府行为的审查与矫正,即政府侵权和腐败行为能否得到及时的审查和矫正。三项指标在设计思路上与社会法治部分是一致的,从三个层面规定了政府权力受到规范的程度。

1. 限制政府的法律与制度设计

限制政府,就需要在法律与制度设计上有完备的设计。这一项下设四个三级指标,分别为:宪法和宪法性法律完备性,行政法完备性,立法、司法、审查机构对行政权力的制衡,媒体、NGO、公众的质询渠道。这四项构成了对政府的法律与制度约束。① 宪法和宪法性法律完备性与行政法完备性,主要考察宪法及法律中是否有限制政府的相关设计,以及是否完善。这两项测评专业程度较高,学理上也已有较强共识,故采取法学专家和政治学者打分的方式获取数据。立法、司法、审查机构对行政权力的制衡度,考察权力机构设置中是否存在可制衡政府权力的机构,这一指标数据的获得,可以通过采取政治学者和公众②混合打分的方式,以平衡学界眼光和公民感知之间的偏差。媒体、NGO、公众的质询渠道,主要考察社会是否有表达质询的渠道以及渠道是否畅通,这里既包括正式的制度性渠道,比如听证会、恳谈会、市长信箱、媒体曝

---

① 这里默认发育良好的公民社会也是制度设计的一种。
② 在公众群体的选择上,主要选取知识分子阶层。

光等,也包括非正式渠道,如网络上的发声,我们将设计专项的调查问卷,同时结合已有的数据资料来测量这项指标。以上四项指标,均为过程导向的程序性指标,评估的是限制政府在程序设计上的状况。

2. 政府侵权与腐败

评估政府破坏程序侵害公民权利以及腐败的程度,这是对政府法治现状的评估,是一项结果导向的评估。下设四个三级指标,分别是(各类)权力逾越和破坏程序的程度、公民权利受政府限制和侵害的程度、腐败指数和行政诉讼案发率。权力逾越和破坏程序的程度,考察立法、司法、行政等各类权力机构是否存在逾越宪法、行政法等程序性约束的不当行为;公民权利受政府限制和侵害的程度,考察公民权利受到政府任意限制、干涉、侵害的程度;腐败指数,主要考察公权力在何种程度上被私人化和用来牟利;行政诉讼案发率,代表权力与权利产生冲突的程度。这四项指标中,行政诉讼案发率是统计数据指标,其余三项都涉及问卷调查,而权力逾越和破坏程序的程度与腐败指数则将把统计资料和问卷调查结合起来。尤其是腐败指数,我们将不仅考察贪污受贿的人数、涉案金额等统计性资料,还会设置调查问卷,测量社会对政府腐败的感知指数。这四项指标均为结果导向的指标,规范性上,公民权利受政府限制和侵害的程度是规范性指标,有浓厚的权利取向。

3. 对政府行为的审查与矫正

考察政府的不当行为在多大程度上得到了审查、制止和矫正,这也是一项结果导向的指标。下设四个三级指标,分别是行政决定被其他权力机构驳回的概率,政府行为被立案、调查和惩罚的概率,政府对公众意见的回应水平,行政诉讼的可得性与可偿付性。行政决定被其他权力机构驳回的概率,考察不当行政决定能否得到来自其他权力机构的及时驳斥和制止,以此来评估机构之间权力制衡的状况;政府行为被立案、调查和惩罚的概率,考察政府行为能否得到专门的审查机构的审查与裁决,因中国权力机构设置的特殊性,这里既包括司法部门对政府行为的审查和裁决(其中包括公民发起的行政诉讼),也包括中国特有的监察部门对政府行为的审查和裁决;政府对公众意见的回应水平,考察政府是否对社会有回应性,换言之,考察社会多大程度上对政府构成了制约和影响,这里既包括被制度本身所容纳的公众意见,如听证会、恳谈会、信访的意见,也包括制度外的大众舆论,如近年比较突出的网民舆论和群体性事件;行政诉讼的可得性与可偿付性,评估公民在多大程度上能够利用司法途径切实维护自身权利,免于政府侵害。数据采集上,政府回应水平采用问卷调查方法获取数据,而行政决定被其他权力机构驳回的概率以及政府行为被立案、调查和惩罚的概率,则需要查阅统计资料。为了保证数据的准确,测评这两项时,我们将在机构部门发放内部调查问卷,以保证数据真实性。对行政诉讼的可得性与可偿付性的测评,我们以统计数据为主,辅之以调查问卷,因行政诉讼有其不同于普通诉讼的特殊性,问卷调查可以弥补数据资料的不足。以上指标均为结果导向的指标,规范性上,行政诉讼的可得性与可偿付性指向了司法救济权,有权利色彩。

如前文关于"法治"概念的讨论已经揭示的,"法治"在于对两种可信承诺——公民之间的可信承诺和公民与政府之间的可信承诺——的维护,更在于维持两种可信承诺的平衡。社会法治与政府法治,体现了"法治"概念的第一条和第二条原则,而对两项指标的权重赋值,则体现了"法治"概念的第三条原则——在维护权利和限制权力之间求取平衡。本章在界定和厘清指标内容的同时,也对指标权重进行了赋值。完整的指标体系如表2-3所示。

表 2-3 法治水平评估指标

一级指标	二级指标	三级指标	指标属性1	指标属性2	数据获取途径	权重
社会法治（50%）	法律完备性（10%）	刑法完备性+	过程导向	程序性指标	法学专家、法律从业者打分	1%
		民商法完备性+	过程导向	程序性指标	法学专家、法律从业者、从商人员打分	3%
		经济法完备性+	过程导向	程序性指标	法学专家、法律从业者、从商人员打分	3%
		社会法完备性+	过程导向	程序性指标	法学专家、法律从业者、公众打分	2%
		诉讼和非诉讼程序法完备性+	过程导向	程序性指标	法学专家、法律从业者打分	1%
	法律遵循水平（25%）	合同履约水平+	结果导向	规范性指标	统计资料	5%
		经营者侵权违法率-	结果导向	规范性指标	统计资料	5%
		消费者投诉举报率-	结果导向	规范性指标	统计资料	5%
		投资环境信任水平+	结果导向	规范性指标	问卷调查	5%
		人身与财产安全系数+	结果导向	规范性指标	统计资料+问卷调查	5%
	法律执行水平（15%）	解决争端方式偏好+	结果导向	程序性指标	问卷调查	3%
		犯罪行为是否被及时起诉+	过程导向	程序性指标	统计资料	4%
		司法判决的执行率+	结果导向	程序性指标	统计资料	4%
		司法性救济的可得性与可偿付性+	结果导向	规范性指标	统计资料	4%

（续表）

一级指标	二级指标	三级指标	指标属性1	指标属性2	数据获取途径	权重
政府法治（50%）	限制政府的法律与制度设计（15%）	宪法和宪法性法律完备性+	过程导向	程序性指标	法学专家、政治学者打分	5%
		行政法完备性+	过程导向	程序性指标	法学专家、政治学者打分	2%
		立法、司法、审查机构对行政权力的制衡+	过程导向	程序性指标	政治学者、公众打分	2%
		媒体、NGO、公众的质询渠道+	过程导向	程序性指标	统计资料+问卷调查	6%
	政府侵权与腐败（20%）	权力逾越和破坏程序的程度-	结果导向	程序性指标	统计资料+问卷调查	3%
		公民权利受政府限制和侵害的程度-	结果导向	规范性指标	问卷调查	10%
		腐败指数-	结果导向	程序性指标	统计资料+问卷调查	4%
		行政诉讼案发率-	结果导向	程序性指标	统计资料	3%
	对政府行为的审查与矫正（15%）	行政决定被其他权力机构否决的概率+	结果导向	程序性指标	统计资料+问卷调查	3%
		政府行为被立案、调查和惩罚的概率+	结果导向	程序性指标	统计资料+问卷调查	4%
		政府对公众意见的回应水平+	结果导向	程序性指标	问卷调查	5%
		行政诉讼的可得性与可偿付性+	结果导向	规范性指标	统计资料+问卷调查	3%

注：+表示正向指标，-表示负向指标。

以上阐述了法治评估指标的内容、结构关系、属性、数据采集以及权重。不难看出，研究的指标体系有以下几个特点：

首先，指标规范性上，尽可能融合程序性指标和规范性指标的比例，体现本章所定义的"法治"概念规范性和主体性并重的特点。本章列出指标 26 个，其中规范性指标 8 个，程序性指标 18 个，从数量上，也就是从考察内容类别上看，更多地考察了法治的程序性一面，有着倚重机构路径的特点；但本章中"法治"绝非一个"薄"的概念，规范性指标在数量上不占优势，其权重赋值却不低，7 项规范性指标占总权重的 42%。就规范价值而言，体现了主要的价值立场是权利取向，尤其是以下三种权利：财产权、人身安全、司法救济权。

其次，根据每项指标的特征设置了相应的数据采集方法，将专家打分的方法限制在了专业性强、共识度高的议题上。涉及规范性问题的，本章都采用了问卷调查的方法，并且有的指标将问卷调查和统计数据结合了起来，以保证数据的客观和准确。

再次，在指标的体系性上，一级指标 2 个，二级指标 6 个，三级指标 26 个，一级指标体现了本章对"法治"概念的定义，二级指标体现了本指标体系的框架和设计思路，三级指标则是较为细致的测评指标，指标体系较严格地遵循了概念—特征—要素的设计要求。

最后，本指标体系较强地突出了市场法治在法治中的地位。本章将市场视为最重要的社会领域，认为评估社会法治主要在于评估市场主体的行为规范度、契约被执行程度、违约水平等，并且财产权（包括财产安全）也在指标中得到了极大的强调。

第四节　法治治理的实践与经验

一、西方国家的社会法治与政府法治

西方国家拥有悠久的法治历史。其法治建设也大致可以从社会法治和政府法治两个维度展开讲述。社会法治在西方起源非常早,可追溯到古希腊时期,并且有比较清晰的延展脉络;政府法治的历程则相对复杂一些,如果我们将早期公法①纳入政府法治的范畴内,西方国家的政府法治几乎与社会法治是同步展开的,如果我们将政府法治定义为对政府进行系统性、制度性、法律性、结构性的限制,那么西方国家的政府法治建设应当始于立宪运动。西方国家的法治建设不是一蹴而就的,而是在一个长期的历史进程中日臻完善的。时至今日,西方国家的法治建设已经是以修缮为主,以创建为辅。下面从社会法治和政府法治两个方面,对西方国家的法治建设状况进行论述。从法学的角度看,社会法治的发展和建设,与私法体系的演进重合,后者则与公法的演进相一致。

（一）西方社会法治发展史

社会法治,即人的社会活动——尤其是经济活动——受法律的规

---

① 部分含有对为政者的约束性规定。

范和引导。在社会法治方面,西方国家有着长期的经验累积,这主要表现在源远流长的私法传统上。

欧洲较为正式的私法传统,当从古希腊时期算起。[①] 在公元前5世纪至公元前4世纪的雅典,私有制的发达和工商业的繁盛就催生了大量旨在保护公民私有财产的经济法律,颇为典型的是雅典的债法。这部古老的法律规定了在雅典进行交易、租赁、借贷等经济活动时,相关契约的履行、担保和赔偿等问题,将大量的社会活动纳入了法治的范畴。此外,随着社会生活在方方面面的充分展开,婚姻家庭、继承制度等方面的法律也逐渐发展起来。这构成了西方私法的源头。不过,古希腊时期的法律,多是具体规则的集合,缺乏抽象的概括与提炼,也没有形成系统成熟的成文法典。

公元前6世纪,人类历史进入罗马时期,这一时期诞生了影响深远的罗马法,奠定了现代欧陆国家私法,也就是当今民法典的雏形。罗马法是对古代罗马时期出现的全部法律制度的总称,以私法为主,也包括部分较为粗略的公法。罗马法是以清晰完备的私法而闻名于世、流传至今的,这部私法即我们今天所津津乐道的《国法大全》。《国法大全》是罗马皇帝查士丁尼和法学家们先后编纂汇编的法律的统称,是罗马法最完备成熟的一个阶段,也被视作狭义上的"罗马法"。这部法律基本将社会上与经济有关的活动都纳入了法律的规范和保障中,尤其在保护私有财产方面的法律,有着可与现代法律相媲美的完备性。以物权法为例,物权法通过将物区分属性而规定财产的所有权,比如将物品分为可占有、买卖的可有物与不可占有、买卖的不可有物,作为实体的有形物与作为权利的无形物,所有权转移需遵循法定形式的要式转移

---

① 古希腊法,泛指古希腊各个城邦以及希腊时代出现过的所有法律。因此,古希腊法不是一个国家法的概念,而是一个内容庞杂的总称。

物与所有权可自由转移的略式转移物;依据物品的法律属性,转移也拥有各自不同的形式。再比如,私法中的继承法详细规定了继承的原则和继承的方式,对遗嘱继承和法定继承都做了明确的说明,是对财产的代际转移的法律规定。债法则对债的基本原理、债发生的原因、债的履行和担保、债的变更与消灭等问题有详细的阐述和规定。[①] 规定的详细程度与今日无异。罗马法的鼎盛为日后民法的复兴和发展奠定了重要的基础。

罗马法的时代过去后,欧洲逐渐进入中世纪,法律制度上,曾实行过日耳曼法和教会法。日耳曼法一般被认为缺乏法律应有的合理精神,并且较少有成文法,大多是对生活惯例的沿袭,不能算作规范的法律。不过,日耳曼法中有关于所有权的规定,也涉及债法规定契约的履行和赔偿等问题。虽然不及罗马法精细完备,但也在一定程度上保障了当时的经济和社会秩序。教会法,指适用于整个中世纪西欧教会的普通法,是基督教支配西欧社会的产物。教会法主要是以基督教教义为核心,对信徒生活进行规范,也有对财产、契约等的规定,但因整个社会的经济活动都有教会的参与,因此更多体现了教会划定的合理经济秩序,而不是对自由的经济活动的规范和保障。

中世纪中后期,商业活动和海上贸易的繁荣、市民自治的兴起和罗马法复兴,使得这一时期两种较为特殊的私法体系兴起,即城市法和商法。这两种法在中世纪后期发挥了保障社会经济活动秩序的重要作用。城市法主要是指10世纪到15世纪西欧获得一定自治权的自治城市、半自治城市和城市共和国所实行的法律,它有很强的地域性,由各种城市特许状、行会法、城市立法、同盟法、城市习惯法和判例法等组

---

① 参见何勤华主编:《外国法制史》(第四版),法律出版社2006年版,第68页。

成。内容上,既包括对市民权的规定和保护、对城市行会组织及工商活动的规定和保护,也包括一些刑事性的法律制度。随着王权的不断强化和民族国家的初步形成,自治城市的立法权和司法权被中央政府不断收回,城市法融入了近代法律的创建中。商法是随着中世纪贸易的逐渐繁盛和罗马法的复兴而逐步发展起来的,是专门规范商业贸易和保护商人产权的法律,既包括规定欧陆贸易的商法,也包括规范海上贸易的海商法。由于其兴起和形成受到罗马法复兴的影响,中世纪商法保留了大量罗马法的内容,比如关于商业契约的发生、变更和解除等的规定。商法首先兴起于10世纪到12世纪的意大利,随着贸易的扩大,商法在全欧洲普遍发展起来。中世纪末期民族国家兴起后,各国相继开始制定国家商法典,形成了近代商法的雏形。

随着17世纪民族国家的国际格局逐步形成,各个国家开始制定独立的民商法,以规范本国社会经济活动和秩序。现代法律体系开始了自身的建设。欧陆国家在制定民商法典时普遍沿袭了罗马法的传统,保留了罗马私法的内容,演化出如今所说的大陆法系。《法国民法典》和《法国商法典》是大陆法系最典型的代表。制定于1804年的《法国民法典》是"在内容上以罗马私法为基础,恪守查士丁尼《法学阶梯》的结构"[1]编制的,其中关于财产的规定、对契约的说明和规定等,都沿袭了罗马私法里的内容。《法国商法典》则是将中世纪欧洲大陆的共同商法改造为国家商法,系统地对商事主体和商业事务的权利、义务、运行规则做出了解释和规定。这两部法典奠定了法国近代以来社会法治的基础,保障了法国社会活动的有效、有序和可预期性。随着时间的推移,尤其是法国从一个农业大国变成一个工业大国,社会生活日趋复

---

[1] 何勤华主编:《外国法制史》(第四版),法律出版社2006年版,第252页。

杂,《法国民法典》和《法国商法典》也在顺势不断微调和完善。比如,《法国民法典》扩充了对妻子、非婚生子女等的权益的规定,使得法律更具有平等的现代精神;《法国商法典》也如此,为了适应日渐精致化的现代商业活动,大量的商事单行法,如票据法、银行法、证券法、运输法、反托拉斯法、保险法等,被补充进去,旧有的商法典逐渐发展为一个通则性法律,成为商业中法律精神的示范。除了这两大法典外,法国的法律体系还纳入了新型的经济立法,以适应经济领域的新变化。比如,1948年法国汇编了一系列经济性法规,包括《农业法典》《矿业法典》《税收法典》《国家财产法典》《国有市场法典》等等。这些立法的规范对象是经济行为,但性质上公私兼具,因为国家在很大程度上也参与了经济领域的活动。总之,法国的法律体系努力地调整以适应现实的种种变化,力图使所有社会中的经济活动有法可依、有章可循,实现社会法治的良好秩序。

与大陆法系相对的是英美法系。以英国为例,英国较少受到以罗马法为基础的欧洲大陆法律传统的影响,其法律体系是在本土习惯的基础上一点点发展和完善起来的。英国法中最主要的是普通法,普通法是13世纪以来王室法院在习惯法基础上发展起来的判例法。18世纪以前,普通法仅限于处理土地财产纷争和刑事犯罪等。现代英国普通法则是经历了17世纪的资产阶级革命、18世纪的法律古典化运动、19世纪的法律现代化改革和20世纪初的社会立法改革后,逐步完善起来的。[①] 它包括财产法、契约法、侵权行为法等几大类,这些法律均精深细致,从广度到深度均涵盖了大部分的社会经济活动。衡平法是为补充普通法的不足而在审判实践中发展起来的,它是独立于普通法

---

① 参见何勤华主编:《外国法制史》(第四版),法律出版社2006年版,第156页。

的判例法。衡平法中也有大量调节社会民事关系的法律,如信托制度、受益制、衡平法上的赎回权等等。制定法也称成文法,是由议会创制或者委托立法等方式创制的法律,但是成文法总体较少,只是对普通法和衡平法的补充。因此现代英国的私法体系,是由普通法、衡平法、制定法三大法律系统支撑起来的,这些法律覆盖了英国社会,保证了社会运转的秩序与效率。

从对西方国家私法传统的形成和演变的梳理中,可以总结出至少三条有关社会法治的经验:

1. 社会法治的法理基础,在于对公民私有财产的保护,表现在法律上,就是保护物权。法律只有充分尊重公民私有财产,对物权进行清晰的法律界定和划分,才能理顺各种社会行为之间的法律关系,从而赋予社会以法的秩序。纵观西方私法发展史,古希腊的私法起源于对私有财产的法律确认上;古罗马法的核心则在于对物权的分割和保护。西方私法体系建立在保护财产、分理物权这一基础性原则上,更多的法律类别如商法、债法等也是在这一基础上生根发芽、枝繁叶茂的。因此,想要使社会法治化,必须坚决贯彻对私有财产的保护,将这一基础打好。

2. 社会法治的重心,在于维护契约。从对西方私法体系的梳理可以看出,古希腊私法源于交易、租赁、借贷等经济活动的繁盛,因为经济活动的繁盛滋生和突出了契约被执行的重要性,并要求,比如有一个有力的第三方,保障双方能够履约,从而使得双方承诺变得可信,交易能够达成。因此,契约的执行、担保和赔偿等问题才进入了古希腊私法中。古罗马法、日耳曼法,以及后来的城市法、商法,无一不包括关于契约的法律规定。经济活动是社会生活的中心,经济活动的核心在于交易的达成,交易达成就是履约。因此,想要规范社会生活,使社会生活法治化,必须加大对履约的法律监督,维护契约的效力。契约在早期私法中以较为简单的形式出现,在复杂的现代生活中,则可以藏身在方方面面,如合同履约、经营者侵权等等。现代社会实现了从身份到契约的转变,使得社会生活处处关涉可信承诺问题,社会法治也必须围绕这一问题展开。

3. 法律需在实践中逐步精细化和完备起来。西方私法体系发展历史悠久,其法律门类也更为齐全,并且,大量的法律类别是顺应社会生活的需求而生的,以习惯法的形式,与社会生活相互磨合几个世纪,才逐渐变得精细、完备。这对于中国这样的后发国家来说,是短时间内难以实现的。不过,现代生活的复杂化,必然提出了相应的法律需求,只有及时解决社会生活对法律的诉求,及时立法,使得社会生活有法可循,才能逐渐推动法律的进步和完善。

(二)西方政府法治发展史

政府法治,即法律规约政府行为,使得政府运转有序且有效,这部分的法调节的是政府与社会的关系。西方政府法治最具风格化的突出代表,当然是近代宪法秩序的建立。然而正如史学家所反复强调的,公法的建设绝不是近代以来异军突起的"快餐"成果,而是历史长期演化的结果。政府法治的历史,一样可追溯到古希腊时期。

古希腊时期,公法比私法发达。这从古希腊时期辉煌而影响深远的民主政治就可见一斑。事实上,古希腊时期的公法,正是伴随着雅典的民主政治发展起来的。它的突出代表就是公元前5世纪,雅典奴隶主民主派领袖厄菲阿尔特和伯里克利执政时期先后制定的有关国家管理等方面的法律。[①] 这些法律的内容相当接近近代以来的宪法,后世学者也将其统称为"雅典宪法"。雅典宪法调整的是公民与共同体的

---

① 参见邹瑜、顾明总主编:《法学大辞典》,中国政法大学出版社1991年版。

关系,主要内容包括:年满18岁的男性公民均可参加公民大会,并有权提出建议和批评;每个部落以抽签方式各选600人组成陪审法院处理案件;实行公职津贴,使贫穷的公民也有可能担任公职;限制贵族会议的特权;扩大公民大会的权力;等等。不难看出,这部法律从积极的方面规定了公民与政府的关系,即不将共同体政府视为需要防范的对象——正如近代以来的宪法主旨那样——去伸张公民的政治权利,而从参与的角度赋予公民积极的政治权利。此外,早期的公法赋予公民的政治权利只涵盖了少部分城邦公民,大量不享有城邦公民身份的人并不具有这样的政治资格。这些是早期民主政治的特点,也是早期公法的特点。

古罗马时期,虽然以私法著称,但是公法也有所演进,并且关于公私法的区分,正是古罗马法学家乌尔比安提出的。他富有先见地指出,公法是关于罗马国家的法律,私法是关于个人利益的法律。罗马将这种区分写入了国家立法之中,比如,《十二表法》中的第九表,就是"公法",不过这款公法没有对国家机构建设和公民权进行特别规定,古罗马时期的"公法"精神,更多体现在共和国时期的政治思想与政体设计中。政治思想尤以西塞罗的法治思想为典型。西塞罗强调法律高于一切,高于任何执法者和立法者,权力应当从属于法律,这些思想集中体现在他的《法律篇》中。在《法律篇》中,他明确指出,因为法律统治执政官,所以执政官统治人民,国家权力归属人民并应当服从于法律。这一政府法治思想,虽与近代以来的宪政有所差别,但是大致框架是基本一致的。在政体设计上,古罗马也体现出了政府法治的公法精神,这尤其体现在共和国时期[①]的政体设计上。共和国时期,国家由元老院、执

[①] 一般认为,古罗马在政体上经历了三种形态:王政、共和国和帝国。

政官和公民大会组成,掌握国家实权的元老院由贵族组成;执政官由百人团会议从贵族中选举产生,行使最高行政权力;公民大会由男性平民和男性贵族构成,代表着民众的意见。这是最古老的三权分立,也是最古老的分权设计,虽然其创设宗旨不同于近代三权分立以限制政府的思想,但也构成了公法精神的重要渊源。遗憾的是三权分立的政体后来被独裁及随后建立的帝国所取代,古罗马时期政府法治的公法精神也因遭到践踏而没能完好地流传下来。

中世纪,公元5世纪到15世纪,在传统的历史语境下,被描述为暗无天日的封建君主专制时期。但事实上,正是中世纪埋下了近代政府法治化的必然性萌芽。这一点突出地体现在中世纪王权、贵族权力和市民权力的消长过程中。从公元5世纪到12世纪,是国王与贵族共享治权的时期,贵族拥有世袭领地的领土权,并在自己的领土上享有独立的立法、行政、司法、军事等权力。国家遇有对外事务如宣战或媾和等,国王必须召集贵族会议相商,并由会议做出决定。因此,这一段时期,国家权力并不完整,呈现治权碎片化的特征。12世纪到15世纪,是等级君主制时期,市民力量成长起来,并逐渐要求加入王权与贵族权的权力格局中,各国开始出现等级会议,将这一股新兴力量纳入议政场所。正是在这一阶段,出现了宪法性文件以限制王权,比如著名的英国1215年《大宪章》,由当时的金雀花王朝国王约翰签署,承诺不再随意征收继承金、协助金、盾牌钱和借故没收封臣的地产,保障封建贵族、教会、骑士、市民的利益。虽然《大宪章》不具有普惠和平等的特征,但它成功建立了"国王只是贵族中的第一个,没有更多的权力"的限权法令。这构成了后来英国宪政秩序的历史基础。此外,法国等级会议也是在中世纪时期成立的,并为日后的宪政转型提供了制度基础。可以说,虽然中世纪因权力割据而公法凋敝,但政治割据状态、秩序的再造、零散的限权文件都是为政府法治做准备。换言之,权力的消长就是对权力的限制,它为日后宪政秩序的产生做好了力量准备。而那些限制王权的文件、议会制度的雏形,则成为政府法治的制度基础。

17世纪80年代,英国经过了内战阶段、共和阶段、克伦威尔军事独裁期、斯图亚特王朝的复辟等,迎来了在世界史上瞩目的"光荣革命"。光荣革命的爆发直接推动了《权利法案》这份举世瞩目的宪法性文件的颁布。《权利法案》内容共13条,主要包括两方面内容:一是限制国王的权力,主要体现在第1、2、4、6条中。比如第1条规定,凡未经议会同意,以国王权威停止法律或停止法律实施之僭越权力,为非法权力。第2条规定,近来以国王权威擅自废除法律或法律实施之僭越权力,为非法权力。这使得"首先不是女王在统治,而是法律在统治"的观念深入人心。① 二是保证议会权力至上,尤其是立法权、财政权、司法权和军权。如第9条规定,议会内之演说自由、辩论或议事之自由,不应在议会以外之任何法院或任何地方,受到弹劾或讯问。《王位继承法》的颁布是对《权利法案》的进一步补充,《王位继承法》进一步扩大了议会的立法权,并剥夺了国王控制法官的权力,使立法和司法进一步独立出来。如此,议会至上、司法独立、限制王权的宪政原则,逐渐成为政治的基石并延续至今。作为一个典型的议会制国家,英国时至今日都对行政权——其在现代国家中普遍呈现扩张态势——抱有极大的防范,议会对法案的审查一直占据着政坛的中心,议会辩论才是英国政治真正的角力场。结合英国不成文法的法律传统,我们可以说,英国的政府法治,主要是通过赋予议会以持久的至上权力来保障的,换言之,英国政府法治的实现,并不在于仰赖一部成文宪法,而在于权力对权力

---

① See W. H. Dunham, "Regal Power and Rule of Law: A Tudor Paradox", *The Journal of British Studies*, Vol. 3, No. 2, 1964.

的制衡,尤其是立法权对行政权的制衡。

美国作为一个典型的法治国家,其政府法治史就是它的建国史。所以美国政府法治进程,是在独立战争后就进入实质性阶段的。独立战争后,美国通过了联邦宪法和一系列宪法性文件,为美国政治确立了法律至上的原则,①规定了包括三权分立、限制政府、人民主权等在内的宪法原则,建立了基本的法治政府框架。随后,美国政府法治从宪法框架层面转入实践修复期,这一时期,美国通过一系列著名的司法判例,巩固了诸多宪法原则,并确立了违宪审查制度,用以维护法律在政治面前的权威。内战后,美国通过并颁布了宪法第 14 条修正案,规定了合众国公民的特权和特免权、正当法律程序和平等法律保护问题,赋予了所有公民(包括奴隶)一样的公民权。美国政府法治的路径不同于英国,美国的政府法治中,法律的效用更为突出。首先,它与英国一样,依赖权力,尤其是立法权的制衡。总统权力虽然是三权中最大的,但是立法权可以对行政权进行否决,行政权常常处于被掣肘的地位。其次,美国的政府法治仰赖司法的权威,这一点与英国不同。美国有一部完善的成文宪法,并且拥有独立且至上的司法体系,可以对行政权进行法律审判与追责,司法对行政的审查是一项永久性的制约。因此,可以说,美国的政府法治比英国更多体现了法律的作用。

综上,无论是希腊雅典时期的公共政治,还是古罗马时期的公法,抑或中世纪萌芽、近代成型的宪政秩序,历史的脉络都透露出,政府法治的基本要求就是监督权力,保证权力的恰当使用。而对权力的监督,可以有多种途径。

1. 完备有力的宪法性法律。正如近代史所昭示的那样,成文宪法

---

① 参见〔美〕伯纳德·施瓦茨:《美国法律史》,王军等译,中国政法大学出版社 1990 年版,第 102 页。

或者不成文的宪法性文件,应当成为制约权力的最终依据。宪法不仅制约权力,也制约社会,宪法应当是一个国家内政府与社会的共同遵循,应当对于这二者都有切实的制约作用。只有尊重宪法的权威,权力才会得到真正的监督。宪法是权力正当性的来源,也是权力、法律、社会的最终依据。

2. 在制度设计上制约权力。这一古老智慧上可追溯到古罗马的共和体制的设计,下可参见当下英美的权力制衡系统。制度上对权力形成制衡,其目的在于,防止某一项权力的无限生长,权力自带攫取性和扩张性,如果缺乏相关的监督制度,权力很有可能会成为掠夺社会之手。因此,政府想要达到法治,离不开自身的制度设计。而这一设计的共同经验是,发挥权力之间的相互制衡作用,尤其是立法权对行政权的审查作用。

3. 树立法律的绝对权威,将行政权纳为被追责和审查的对象,将政府纳入法治化的轨道。法律应当是一道防范权力越界的底线,政府的行为应当具有可诉性。对政府行为进行法律追责的,不仅应该包括相关监督机构,也应该包括整个社会。只有将权力置于法律之下,真正的政府法治才有可能实现。

这些既是近代以来人类政治文明的成果,也是政府法治的基本经验。一个现代国家,无论采用怎样的政体,无论有怎样的权力结构和基本制度,都应当在以上几个方面去完善自身,进而推动政府的法治化。

二、中国的法治实践

虽然中国的法律一般被认为与欧陆国家一样属于大陆法系,但是中国的法治与西方的法治呈现出显著的差别。这种差别源于历史渊源的巨大差异,欧陆国家的法律体系虽然也是以成文法的形式和国家颁布的方法建立的,但其起源、成型和发展经历了漫长的历史过程,这几个世纪的时间跨度使得法律得以与现实需求充分融合,并得到及时调整和持续更新。但中国不同,1949年后,中国法治建设获得一个稳定的环境并得以启动,其间也经历了波折。并且,中国社会经济发展十分迅速,这使得中国的法治呈现出阶段性、形式化、略粗糙、不均衡的特点,尤其是社会法治领域立法过快,缺乏调适,而政府法治领域又发展较迟较缓。近十年,中国加大了法治建设和司法改革的力度,法治水平总体状况得到了提升。从长远角度看,中国法治建设仍旧任重道远。

中国的法治建设,无论是社会法治还是政府法治,总体上都是从1949年后起步的。勾勒其大概历程如下:社会法治方面,发展较快的是经济法治领域,在经济进程的推动下,经济立法发展较快,即从改革开放后实现了快速发展,但非经济领域的社会类立法较晚才得到重视,因此发展较缓。政府法治是从20世纪末才开始得到重视而被提倡的,因此发展也较为迟滞。从时间上划分,从1979年到1999年,是社会法治的起步阶段。1999年至今,社会法治逐渐进入正轨。而政府法治与社会法治的时间轴有所不同,在1999年"依法治国"写入宪法后得到开展。下面分阶段对中国法治情况进行略论。

(一) 1949—1979年

1949年新中国成立后,摧毁了旧社会的政治与法律机构和制度,从零起步建设各方面的制度和设施,法治方面也几乎是空白。新中国成立初期,只少量制定了婚姻法、工会法和劳动保险条例,可以视为对社会领域的规范。1956年后,进程停滞。1979年后,社会领域逐渐开放,法治进入正式发展阶段。政府法治方面,这段时间通过了宪法类法律,包括起临时宪法作用的"共同纲领"和"五四宪法"以及国家机构组织法和选举法等。这一时期,中国法治取得的成果,在于奠定了法治制度的最初步的雏形。

(二) 1979—1997 年

从 1979 年到 1997 年,是中国逐渐开始实行并建成市场经济的时期,也是中国社会法治的起步阶段,其突出的特点是,经济领域立法先行,大量法律应运而生以适应日益开放的市场和社会。1979 年,第五届人大常委会成立了法制委员会,彭真出任委员会主任,针对日渐恢复的社会秩序和经济,开始着力加强立法工作。这段时间,人大针对经济领域进行了大量的立法,并且对已有的一些法条进行了修订和完善。这段时间主要产生和修缮的法律有婚姻法、经济合同法、民事诉讼法、海洋环境保护法、商标法、文物保护法、食品卫生法、学位条例、中外合资经营企业所得税法、广东省经济特区条例、外国企业所得税法等。1992 年后,中国开始正式实行市场经济,经济领域的法律需求不断增大,中国进一步加大了经济领域的法治建设。从 1993 年到 1998 年,全国人大及其常委会制定的法律和有关法律问题的决定就达 118 件。其中大部分是经济领域的法律,并且增设了相关的部门法如民商法、经济法等,中国法律体系开始逐步完善。

政府法治方面,这段时间奠定了政府法治的重要框架,为日后的政府法治打下了基本的制度基础。1979 年,全国人大对 1978 年宪法进行了修改,并通过了选举法、全国人大组织法、地方各级人大和地方各级政府组织法、人民法院组织法、人民检察院组织法等。1989 年,第七届全国人民代表大会第二次会议通过了《中华人民共和国行政诉讼法》,1990 年 10 月 1 日起开始实施。这是具有历史性意义的一部法律,意味着政府行政行为具有可诉性,司法是最终的裁判,可以对政府行为形成审判。

(三) 1997 年至今

党的十五大明确提出了"依法治国,建设社会主义法治国家"的基本方略。1999 年,"依法治国,建设社会主义法治国家"被载入宪法。这意味着,法律不仅仅是适用于社会的规范,更开始参与政府对社会的管理和治理,这就不可避免地要求政府也依法行事。因此,可以说,依法治国方略的提出使中国政府法治真正有了开端。并且,自从依法治国被提升到宪法层面,中国的社会法治也得到了极大的发展,法治得以较为全面地发展。

这段时间,社会法治的进展突出表现在以下几个方面:

首先,经济领域的立法进一步精细化。第一,随着经济活动的复杂化,专门规范某类经济活动的法律应运而生,比如合同法、证券法、招标投标法、信托法、个人独资企业法等,经济法体系得到了完善;第二,这一段时间有意识地通过立法规范经济秩序,比如制定了产品质量法、会计法、税收征收管理法等;第三,为适应加入世贸组织的需要,新的法律类别产生和得到加强,比如专利法、商标法、著作权法等知识产权法律,对外贸易法、中外合资经营企业法、中外合作经营企业法、外资企业法、海关法、进出口商品检验法等有关中外合作的法律等,也得到了重视;第四,通过立法修补市场的漏洞,保护公平竞争,比如制定了企业破产法,规范企业破产程序,确立了企业有序退出市场的法律制度,制定了反垄断法,预防和制止垄断;第五,对于金融实行监管,比如制定了银行业监督管理法、反洗钱法,修改了商业银行法、证券法等。

其次,加强了文化、民生、社会等领域的立法,逐渐扭转经济领域立法与社会领域立法失衡的状况。这段时间,经济领域发展快,其他领域也在逐渐复兴,要求立法。在这样的需求下,中国修改了婚姻法、工会法;制定了人口与计划生育法、安全生产法、职业病防治法、高等教育法、国防教育法、民办教育促进法、科学技术普及法、执业医师法、文物保护法等;为了保护劳动权益,先后通过了劳动合同法、就业促进法、劳动争议调解仲裁法,并审议通过了社会保险法草案;此外,修改了未成年人保护法,将对未成年人的保护纳入法律范畴。

最后,尤为重要的是,第十届全国人民代表大会第五次会议通过了《中华人民共和国物权法》,该法于2007年10月1日起施行。物权法的实施,具有重大和深远的现实及历史意义。它不仅是保障财产及财产权,也标志着中国将尊重和保护个体资产写入了法律,有着助推社会观念转变、重塑文化心理的重要意义。物权法的通过和实施意味着中国在私有财产的保护上迈出了重要的一步。

政府法治,在"依法治国"正式被提上日程后,也取得相应成果。1997年党的十五大明确提出了依法治国的方略,学术界和政府政策研究部门对依法治国的原则进行了充分的阐述,明确指出,依法治国不仅指政府部门要运用法律手段管理社会、治理国家,同时也意味着政府行为受到法律的制约,要依法行政。1999年11月,国务院发布了《关于全面推进依法行政的决定》,明确"依法行政是依法治国的重要组成部分"。党的十六大则明确提出"加强对执法活动的监督,推进依法行政"。这意味着,政府自身也意识到了依法行政、将权力置于法律的监督之下的必要性。2004年,国务院发布了《全面推进依法行政实施纲要》,明确指出,今后10年要全面推进依法行政,"转变政府职能,深化行政管理体制改革"。这意味着,政府意识到了自身的双重任务,一面要收回过多的权力触角,监督自身,一面要做好为市场服务的工作,提供好的公共服务,建立服务型政府。2010年10月,国务院印发了《关于加强法治政府建设的意见》,正式提出建设法治政府。并且,这一时期制定了立法法,规定了国家的立法体制和立法程序,规范了立法活动,健全了国家立法制度;同时制定了行政复议法,健全了对行政行为的监督机制。进入21世纪后,宪法修订案将尊重和保障人权、依法保护公民的财产权和继承权写入了宪法,这成为我国法治史上的重要里程碑,也构成了政府法治的一个方面。

政府法治的另一个发展期,在党的十八大以后。正如习近平总书记所提出的,要"合理分解权力,科学配置权力,不同性质的权力由不同部门、单位、个人行使,形成科学的权力结构和运行机制。要强化监督,着力改进对领导干部特别是一把手行使权力的监督"[1]。他还指出了具体的监督方式,比如"要加强党内监督、人大监督、民主监督、行政监督、司法监督、审计监督、社会监督、舆论监督,努力形成科学有效的权力运行和监督体系,增强监督合力和实效"[2],同时"要强化公开,推行地方各级政府及其工作部门权力清单制度,依法公开权力运行流程,让权力在阳光下运行,让广大干部群众在公开中监督,保证权力正确行使"[3]。

在切实的举措上,颇为典型的有2015年3月,中共中央办公厅、国务院办公厅印发《关于推行地方各级政府工作部门权力清单制度的指导意见》,要求省级政府2015年年底前、市县两级政府2016年年底前要基本完成政府工作部门、依法承担行政职能的事业单位权力清单的

---

[1] 中共中央文献研究室编:《习近平关于全面深化改革论述摘编》,中央文献出版社出版2014年版,第80页。
[2] 习近平:《加快建设社会主义法治国家》(2014年10月23日),《求是》2015年第1期。
[3] 中共中央文献研究室编:《习近平关于全面深化改革论述摘编》,中央文献出版社出版2014年版,第81页。

公布工作。目前全国所有省市县三级政府部门权责清单均已公布。省级部门的行政职权大量下放,削减了 5000 项左右,减幅将近一半。有的地方还建立"行政权力数据库",保障权力运行在阳光下。此外,党的十八大以后还改革了行政审批制度,国务院部门累计取消行政审批事项 618 项。仅 2016 年年初,国务院第 119 次常务会议就取消了 150 多项中央指定地方实施审批事项。2016 年 2 月,中办、国办印发实施《关于全面推进政务公开工作的意见》,各地区各部门通过互联网政务信息数据服务平台、便民服务平台等逐步提升了政务公开的幅度和透明度。2016 年 5 月开始,全国各省级政府开始普遍设置政府法律顾问,为政府依法决策提供智力支持。

可以看到,总的来说,中国的法治呈现出越来越完善的面貌,但是仍有待改进的空间。

首先,法律法规与经济社会生活的协调性存在一定差距。立法权限不清,不同层次的立法机关对同一内容重复立法,导致社会生活中法律"撞车"现象突出,法律无法在实践中很好地裁决纠纷。这一问题很早就浮现并引起重视,比如,1980 年,第五届全国人大对 1949 年 9 月至 1978 年年底通过的 134 项法律进行了清理,宣布失效 111 件,继续有效或研究修改后有效的 23 件,废除 48 件。1987 年,国务院建立了法规规章的备案审查制度,对之后的立法进行备案审查。随着立法逐渐完善,这些问题得到了一定程度的纠正,但是仍有待彻底解决。比如,目前诸多法律规定不明,尤其是经济法、民商法规中主体界定不明确,仍旧在法律实践中导致了解释问题,与社会生活适配的问题至今存在,还需要进一步明确和规范立法和司法建设。

其次,法律执行到位程度有待加强。法律的重要意义在于被执行,但现实中,由于政府配置资源所形成的公共经济,以及基于市场配置资源所形成的私人经济,都成为相关经济法律的调整对象。而由于政府配置资源的公共经济存在权力之手,这无形中增大了法律被执行的难度,导致法律的刚性不足,执行困难。法律执行难的另一个原因是,法律无法对某些"老赖"规定明确的惩罚和追责,使得法院的判决结果无法在社会生活中被执行从而达到矫正的效果。因此,还需要进一步完善法律执行方面的规范,健全执行机制,保障法律得以执行,避免出现流出法律领域的问题重新流回,影响法律权威的树立。

最后,立法仍旧滞后于现实需求。这种滞后体现在两方面,一方面,目前法律仍旧不够精细,很多法律需求没有得到满足。比如,完善市场经济迫切需要的侵权责任法、涉外民事关系的法律适用法、财政转移支付法等,均未能及时建立健全。社会领域内社会保险法、社会救济法,政府法治领域内规范行政行为、提高行政效率所需要的行政收费法、行政强制法、行政程序法、政务信息公开法等,都没有被制定出来。另一方面,随着社会进步和科技发展,社会活动日渐复杂,一些全新领域也亟待法律介入和规范。比如近年来爆发的金融领域小额信贷、P2P模式等社会问题,都未能有可妥善适用的法律去匹配和解决。法治的滞后加重了社会乱象,阻碍了社会发展。

第三章
廉政篇[*]

第一节 国家治理与腐败

腐败治理是国家治理的重要内容,特别是对于处于现代化转型中的国家而言,能否有效处理腐败问题影响到了国家治理的成败。一方面,腐败治理是国家治理的内在要求,它为国家治理提供了有效性与合法性支撑;另一方面,腐败治理的实现也依托于国家治理体系与治理能力的现代化,而成熟的制度机制与多元的主体参与一定程度上决定了腐败治理的效果。

一、腐败治理是国家治理的内在要求

(一) 腐败治理提供有效性:国家治理之目标指向

惩治与预防腐败,建设廉洁的政治社会环境,理当是国家治理的应有主题。控制腐败的现实状况乃是衡量一个国家治理状况或治理绩效

---

[*] 本章作者:朱春昊,北京大学政府管理学院博士,中国人民公安大学公安管理学院讲师。主要研究方向为公共治理、公安政策、公安监督。

的重要指标。腐败猖獗容易导致国家政权软弱无能乃至治理失败,它说明国家政权的管理者不向它的主权所有者即人民负责任,而是背叛了人民的委托,敛财自肥,自我服务。腐败猖獗说明官员和商人非法致富行为的泛滥,它将对整个社会形成一种反面的示范效应,容易导致法纪软约束和全民不守法局面的形成。建设一个强大的、负责任的和受法律约束的现代国家的梦想将因腐败的猖獗而成为泡影。腐败的猖獗将导致国家治理的劣质化。国家治理制度的失效和治理能力的降低,将直接威胁到一个国家实现可持续的发展、可持续的稳定和改善民生与民权的努力的成效。一个腐败无能的政权难以胜任引领整个国家走向现代化的时代重任。只有一个廉洁的、专业胜任的、能干的和奋发有为的政权,才能在整个现代化事业中发挥牵引作用,而这样的廉能政治也是强有力的、负责任的和受法律约束的现代国家政权的重要标志,因此是国家治理现代化的内在要求。

(二) 腐败治理提供合法性:国家治理之权威维护

亨廷顿(Samuel Huntington)高度肯定了权威性在国家治理中的重要性,"首要的问题不是自由,而是建立一个合法的公共秩序。人当然可以有秩序而无自由,但不能有自由而无秩序。必须先存在权威,而后才谈得上限制权威"①。弗朗西斯·福山(Francis Fukuyama)更是认为强化国家能力建设比缩减国家职能更为重要,"国家制定并实施政策和执法的能力特别是干净的、透明的执法能力——现在通常是指国家能力或制度能力"②,是当前发展中国家面临的重大战略挑战。在我国

---

① 〔美〕塞缪尔·P.亨廷顿:《变化社会中的政治秩序》,王冠华等译,上海人民出版社2008年版,第7—8页。
② 〔美〕弗朗西斯·福山:《国家构建:21世纪的国家治理与世界秩序》,黄胜强、许铭原译,中国社会科学出版社2007年版,序第7页。

的国家治理过程中,社会主义国家政治体系的各个组成部分都是共产党在革命和建设进程中设计、创造出来的,共产党是政治体系赖以存在的依托。作为执政党的中国共产党的权威是整个国家政治体系权威的基点和支撑,没有中国共产党的权威,整个国家政治体系的权威都会受到严重挑战。而腐败的猖獗必然会削弱国家治理权威,扭曲执政党和国家政权的利益整合功能,甚至出现"软政权化"趋势。国家治理权威的树立是改革开放以来我国取得的伟大成就的根本保证,维护国家的治理权威、捍卫党的纪律"红线"也必然成为腐败治理的根本价值目标。习近平总书记在十八届中央纪委三次全会上强调:"遵守党的纪律是无条件的,要说到做到,有纪必执,有违必查,不能把纪律作为一个软约束或是束之高阁的一纸空文。"①腐败的治理必须以加强党的纪律的具体"立法"为基础,建立和完善党内法规与制度建设,对种种违纪行为,包括政治的和经济的、情节较轻的和情节严重的,都要规定出具体的量化标准和处理办法,并与行政条例、法规及法律相衔接。纪检监察机关要抓住"严明党的纪律、维护国家权威"这个核心工作职责,收拢五指攥成拳,改变原来过多参与职能部门业务工作,大包大揽、事事牵头、样样主抓,将监督者变为执行者的做法,按照党章、党内法规和行政监察法赋予的职责,突出"惩治"功能,执好纪、问好责、把好关,捍卫党的纪律的严明性。党的权威与法律的权威相互支撑,法律的强制功能和合理的运行模式为维护党的权威提供了刚性力量。要通过腐败治理,加快建设宪法监督机制,保证宪法得到公正、严格的执行,并建立完备的国家法律体系。要深化行政执法体制改革,健全司法权力运行机制,确保司法机关依法独立公正行使审判权、检察权。

---

① 习近平:《强化反腐败体制机制创新和制度保障 深入推进党风廉政建设和反腐败斗争》,《人民日报》2014年1月15日。

二、国家治理现代化是腐败治理实现的必要保障

腐败治理会作用于国家治理的有效性与合法性,而国家治理水平的高低又会决定腐败的现状与腐败治理的成效。美国学者苏珊·罗斯·艾克曼(Susan Rose Ackerman)从成本与收益的关系提出了腐败的根源在于国家治理能力低下,并分析了产生腐败的四种情况:其一,政府本来被赋予依照合法标准而非行贿意愿来为个人和企业配置稀缺资源的责任。但是,当政府不能发挥这种功能的时候,贿赂就会像价格一样使政府提供的稀缺资源的供求趋于平衡。其二,在现有的工资水平和内部监督水平下,政府官员可能根本没有动力做好本职工作,他们可能会拖延事务或者设置其他障碍。在这种情形下,贿赂对这些官员就能起到一种激励性奖金的作用。其三,那些从事合法生意的企业或个人力图降低政府以税收(包括关税)和管制等方式向其施加的成本,而贿赂能降低这些成本。其四,从事非法经营的企业经常从国家手中"购买"腐败性的收益。在某些极端的情况下,非法企业和犯罪集团的头目甚至能够通过贿赂和恐吓手段把警察部门和其他国家部门置于其控制之下,在这种情况下,贿赂助长了犯罪活动。[①] 上述四种情形就是由国家治理水平存在问题导致的。

腐败治理是国家治理体系的重要组成部分,腐败治理的实现需要国家治理体系的现代化。国家治理的制度体系是整个国家治理大厦的支柱,它构成国家治理体系的核心内容,国家治理体系的现代化主要是国家治理制度体系的现代化。就腐败治理而言,深入公众内心的廉洁

---

① 参见〔美〕苏珊·罗斯·艾克曼:《腐败与政府》,王江、程文浩译,新华出版社2000年版,第3—4页。

意识和社会价值构成了这座大厦的地基,国家廉政体系中的组织或机构行动者和相应的核心规则或实践构成了其制度支柱,具体包括立法、行政、司法、审计、监察、公务员系统、媒体、公民社会、私人部门、国际社会等。① 现代国家治理的制度体系由政府治理、市场治理和社会治理三类次级制度体系组成,它们之间构成一种分工合作、相互衔接的有机关系。惩治和预防腐败的制度体系建设同样需要重视政府治理、市场治理和社会治理这三大制度体系建设,不可偏废。国家治理制度体系需要通过体制改革和制度创新走向现代化,惩治和预防腐败的制度体系更需要在改革创新中走向现代化。

腐败治理的实现也需要国家治理能力的现代化。国家治理能力的现代化同样需要各类治理主体惩治和预防腐败的能力素质的现代化。换言之,腐败治理的能力不仅包括党和政府惩治与预防腐败的能力,还包括市场和企业、公民与社会组织在拒绝腐败、抵制腐败及参与预防和惩治腐败方面的能力素质,治理能力建设要做到这三个方面兼顾,不可有所偏废。党和政府预防腐败能力的现代化,其外在表现是预防腐败的制度体系得到优化,革除那些导致腐败高发多发的激励机制、机会结构和软约束性的体制机制,使权力的制约和监督贯穿于权力运行的全过程。党和政府惩治腐败能力的现代化,其核心标志是做到法律面前无特权,人人平等,消除"选择性惩治"和"法不责众"现象,实现"老虎苍蝇一起打"。

腐败治理能力的现代化,还需要发挥市场和企业在预防和惩治腐败方面的积极作用,发挥行业协会、商会的行业自治自律机制在约束企业行为方面的作用。惩治和预防腐败能力的现代化,同样需要发挥公

---

① 关于国家廉政体系理论,可参见过勇:《中国国家廉政体系研究》,中国方正出版社2007年版。

民和社会组织在参与腐败治理方面的积极作用。现代公民意识教育和公民道德建设对于保证公民拒绝行贿、抵制受贿、参与社会监督来说必不可少。社会组织既可能成为滋生腐败的温床,更有可能成为惩治和预防腐败中一支重要的协同力量。建立现代社会组织体制,完善社会组织法人治理结构,加强对社会组织的外部监管,对于减少社会组织腐败来说必不可少。社会组织通过相对独立的社会监督、社会审计、第三方评估等,在预防和惩治腐败方面可以发挥重要的作用。

推进国家治理体系和治理能力的现代化,需要腐败治理的制度体系和相关治理主体能力素质的现代化。惩治和预防腐败制度体系改革既是全面深化改革的一个重要组成部分,同时又在全面深化改革过程中发挥着保驾护航作用。

第二节　腐败治理的理论内涵

腐败及其治理一直是一个广为人们所关注的世界性话题,它历史久远而又难以解决。知名的非政府组织"透明国际"自1995年起每年都会出台一个"腐败感知指数"(Corruption Perceptions Index, CPI),分析世界范围内各国的腐败程度与变化情况。该指数的可靠性由于数据来源与测量标准等原因而遭到诸多质疑,但至少它呈现了这样一个符合人们认知的事实,即腐败问题是普遍存在的,腐败治理道阻且长。

中国共产党自十八大以来如火如荼的反腐败行动使这一话题重新进入国内学术视野之中,尽管官方和民间都高度关注这些"苍蝇""老虎"的纷纷落马,但对腐败这一问题的认识有待进一步廓清:腐败语义上对应的是什么行为？腐败会产生怎样的危害？什么是腐败治理？腐败治理的评估维度有哪些？本节试图对上述问题予以说明。

一、对腐败的认知

当前国内外最为流行的关于腐败的定义与世界银行有关。1997年9月,世界银行反腐败行动计划工作组发表了题为《帮助各国同腐败作斗争:世界银行的作用》的研究报告,对腐败做了"为谋取私利而对公共权力的滥用"界定。世界银行的定义认定腐败行为侵犯的客体是公共权力或公共职位,腐败行为的主观动机是谋取私利,这准确地揭示了腐败的本质。从最宽泛的意义上来说,这个定义基本上能够覆盖公职人员以通过私人或私人小圈子谋取利益为最终目的的任何行为。

世界银行这一定义主要是从公共权力的角度来讨论腐败问题,而有学者提出,腐败也可以从公共利益与市场行为两个角度界定。以公共利益为中心的腐败定义,以卡尔·弗里德里希(Karl Friedrich)的定义为代表。他说:"当主管某些事务的权力掌握者、责任重大的官员或行政职位占有者,为非法提供的金钱或其他报酬所引诱,采取偏袒这些金钱、报酬的提供者的行动,因而确实损害公众和公众利益者,即为腐败。"[1]这一定义强调腐败行为对公众利益的损害,它从另一个视角关注腐败所造成的社会后果。

以市场行为为中心的腐败定义,特点是运用社会或公共选择理论的方法来分析腐败,这一观点认为"腐败是某些个人或集团为影响官僚的行动而使用的一种法外制度"。这个定义突出了处在公共权力以

---

[1] 转引自于凤政:《论"腐败"的定义》,《新视野》2003年第5期。

外的"某些个人和集团"在腐败行为中的主体地位,认为腐败是"法外制度",隐含地肯定了裁定腐败的尺度是人为制定的法律。但是它采取了道德中立的立场,不愿对腐败做出道德性的评价(因此一般使用"寻租"概念来指代这些行为),以避免由于文化、个体或群体态度等等的差异而对诸如"滥用""规范""公共利益"等概念的理解不同进而导致概念适用上的混淆。①

总体而言,这些定义或多或少抓住了腐败的一些要点,例如"谋取自身利益""公权力的滥用"以及"侵害公共利益"等。本节并不寻求获得一个更好的定义,只是基于一些有代表性的观点,为认知与了解腐败行为提供一定的参照标准。

必须承认,腐败也是个文化相对概念。由于文化背景的差异,一些行为可能在一国被视为腐败,而在不同的"土壤"上则被认同为合理的存在。汉语中"腐败"一词,其本意是指事物的腐化,这自然地引申出了道德评价,这意味着中国的文化语境中存在着对政治的理想憧憬——公共权力的使用目的理当是"天下为公",执政者的为人处世要做到"内圣外王";公职人员的工作态度应"尽忠尽责,鞠躬尽瘁",生活做派上"一身正气,两袖清风"……由此可见,传统中国文化中对腐败行为的界定是较为严格的,腐败的外延也相应变得更为宽泛。然而,理想化的要求越多,往往也就偏离现实越远,这无形中也给腐败治理提出更高的要求和带来更大的压力。

由于腐败行为的相对性,腐败治理的合理性有待论证。腐败在政治上的危害不言而喻,公权力的市场化、私有化,以及权力运行的潜规则化,显然违背了权力的公共性要求。一旦这些现象扩散到整个政治

---

① 参见于风政:《论"腐败"的定义》,《新视野》2003年第5期。

领域,政府将完全失去政治合法性与行政有效性,最终会影响到其在现代社会的政治生存。相比之下,腐败在经济领域的影响更具争议性。

就腐败与经济增长的关系,一种观点认为,腐败可以带来经济增长。这一结论或许在短期内可得到验证,但需要保持清醒的是,即便有增长,那也是由于个别市场主体通过贿赂的方式优先获得稀缺资源而获得短期性的增长。这种增长是畸形的、不可持续的。这种增长由于是通过贿赂而实现的,必须通过进一步的贿赂来维持,而且也不能带来社会整体福利的提升。从长期的情况来看,腐败必然会导致投资减少,从而使经济增长减缓。

此外,腐败对经济的影响还表现在两个方面:一是腐败影响资源配置,二是腐败会导致低效。关于腐败影响资源配置的情况,美国学者苏珊·罗斯·艾克曼从贿赂对稀缺资源配置的影响这一角度进行了阐述。她用一系列案例证明贿赂扭曲资源配置,导致资源配置倾向于行贿的市场主体。她认为行贿会导致腐败的政府公务员的收入提升,而政府公务员出售的是稀缺资源。政府对稀缺资源的合理配置,目的是落实政府的计划,但在贿赂的干扰之下,政府的计划往往与最终结果相悖。国内也有学者对这一问题进行了研究。例如,有研究认为:"腐败的官员在分配资源时是根据关系和影响,根据对方支付贿赂的数额来作出决定,而不是根据企业的实际能力作出决定,从而对资源的合理配置产生严重的消极影响。同时,在资源计划分配和市场配置同时并存或存在黑市交易的情况下,腐败的政府官员往往为计划价格和市场价格(包括黑市价格)之间的巨大差额所吸引,从事资源的转手倒卖活动。"[1]此类情况的结果使腐败的官员获得最大收益,而资源配置则因

---

[1] 任建明、杜治洲:《腐败与反腐败——理论、模型和方法》,清华大学出版社2010年版,第54页。

扭曲而无法实现最佳化。作为一种公共品,当它遭遇到腐败时,运行的成本无疑会提升,也会降低服务社会的质量。

关于腐败与效率的关系,有学者认为腐败必然导致低效。艾克曼指出,"腐败市场"不会像合法市场那样有效率。这是因为,其一,贿赂的非法性质迫使双方必须消耗一定的资源来隐藏其非法交易;其二,一些潜在的非法交易者可能由于良心上的不安或畏惧惩罚而拒绝进入"腐败市场";其三,为了避免交易内容泄露,政府官员仅仅同内部人士和信得过的亲信进行交易。所以,腐败的资源分配系统不仅会降低全社会的效率,而且会使经济发展中的竞争面临不确定性。[1]

另一种观点认为腐败是社会的黏合剂、润滑剂,可以维系社会关系和谐,进而保持秩序稳定。但事实上,腐败对社会的危害是非常明显的,这至少表现在以下几个方面:

一是腐败会破坏社会公平。现代化过程中的国家往往在制度与观念层面都受到了冲击与挑战,这在经济社会转型期易造成社会不公。在公民权利对权力约束有限的情况下,权力在资源分配中的核心地位易引发权力寻租,部分人会通过权力不断地集中社会资源,以至于那些没有权力支撑的市场主体在改革中无法获得发展机遇,因而产生严重的挫败感和被剥夺感。

二是腐败会破坏法治。法治是治理国家的根本手段,法治能否得以维护是国家治理能力的一个重要标志。在实际的国家治理过程中,如果法律制度尚不够完善,法治理念未能深入人心,当权力依旧凌驾于法律之上时,腐败会使法治成为苍白无力的摆设。一旦法律的权威被践踏,权力就会肆无忌惮而更加被滥用,权力腐败也就越发泛滥。

---

[1] 参见〔美〕苏珊·罗斯·艾克曼:《腐败与政府》,王江、程文浩译,新华出版社2000年版,第7—8页。

三是腐败导致社会道德严重滑坡。领导干部的道德对社会具有导向的作用,而干部的腐败对社会风气产生了直接的冲击。邓小平同志就曾指出:"为了促进社会风气的进步,首先必须搞好党风,特别是要求党的各级领导同志以身作则。""如果党的领导干部自己不严格要求自己,不遵守党纪国法,违反党的原则,闹派性,搞特殊化,走后门,铺张浪费,损公利私,不与群众同甘苦,不实行吃苦在先、享受在后,不服从组织决定,不接受群众监督,甚至对批评自己的人实行打击报复,怎么能指望他们改造社会风气呢!"①社会的道德楷模出了问题,社会道德就跟着滑坡,社会风气就难以匡扶。

四是腐败危害社会心理健康。腐败对社会心理有直接的作用,主要表现为:(1)干部腐败导致社会上对官员和政府以及对相应的制度产生严重的不信任感。特别是一些安全事故、食品卫生事故等在相当大程度上与干部腐败有关系,导致政府、政府官员所说的话无法获得社会的信任,以至于政府陷入"塔西佗陷阱"之中。(2)干部腐败还导致年轻一代产生一种畸形的心理,即认为事业成功必须靠欺骗。在传统的成功教育中,我们一直提倡诚实守信、勤奋刻苦等积极向上的价值取向,但年轻人所目睹的事实,特别是他们看到的是社会靠坑蒙拐骗、欺诈而成功的一面,将会使其形成错误的认识。

二、腐败治理的目标

一般而言,腐败治理的评估不出"建构型"和"描述型"两种设计思路。前者基于对国家治理目标与相关理论的认知进行学理推导,进而

---

① 邓小平:《坚持四项基本原则》(1979年3月30日),载《邓小平文选》第二卷,人民出版社1994年版,第177—178页。

构筑指标体系。这种方法重视指标的学术成熟度和逻辑自洽水平,但操作性易受质疑且经验性不足,有闭门造车之嫌。后者则立足治理经验和现状做出观测与总结,经验性和可操作性强。但这种评估体系往往在指标结构上较为臃肿,且体系评估的目标较为模糊,同时也容易失去评估应有的批判性和促改作用。本章试图将规范性的"建构型"和经验性的"描述型"结合起来,对评估指标进行"高线"和"底线"的分层。高线指标指向完善腐败治理的规范要求;底线指标则糅合了腐败治理中的经验问题和差异性,是对治理最基础的托底性要求。

底线注重实践与现实情况,依据现实政府与社会对腐败的认知情况来确立腐败治理的目标;高线则依据理论与价值评判,寻求一套完善的符合国家治理需求的标准。在此基础之上,可以树立起位处两者之间的中层目标,这也是从底线走向高线的重要路径。立足理论与实际,本章认为,腐败治理应当存在以下三个层次的目标:

遏制腐败形势是腐败治理的第一层次目标,也是其短期和微观目标。腐败治理的微观目标能够体现反腐败主体权责体系的合理化,有助于建立公平、公正和客观的反腐败成效考核标准。从微观方面来看,腐败治理的目标是运用一定的紧急措施和方式手段,通过惩治和严防把腐败控制在一个较低的水平,而且这个低水平是可以持续的,使廉洁的政治生态成为权力运行的常态。确立反腐败的这个微观目标后,表明反腐败本身既是一个目的又是一种手段。相对于提高国家治理水平和治理能力现代化,实现执政党的长期执政和国家的长治久安,最终实现中国梦这样的宏观目标而言,反腐败其实就是一种手段、工具或者保障;但相对于建设廉洁政治、廉洁社会,净化政治生态而言,反腐败斗争成效本身又是一个独立的、重要的实体性目标。把遏制腐败形势确定为腐败治理的微观目标,其实包含两个基本的前提性认识:一个认识是腐败本身并不能被彻底消灭，而只能被控制在一个可容忍的范围内。严重腐败是一种犯罪，具有像偷盗、抢劫、强奸、欺诈等其他各类犯罪一样的一般特性，也就是只要有人类社会就会存在这些问题，不仅不可能被完全铲除，在某些条件下还难于预防。另一个认识是腐败水平的高低虽然是一个模糊的概念，但在理论上可以有具体的、可供测量的标准，人们也正在尝试建立这样的标准。确定腐败治理的这个微观目标定位，有助于解决长期以来困扰人们对于党政廉政建设和反腐败斗争成效评判的难题。

推进廉洁发展是腐败治理的第二层次目标，也属于中观目标。廉洁既是实现国家治理体系和治理能力现代化目标的有机组成部分，也是推进国家治理体系和治理能力现代化的基本保障，国家的现代化发展必须走廉洁发展之路。廉洁发展，顾名思义就是一个国家、地区或者社会的发展过程、发展措施和发展环境都遵循人类社会的公平正义价值，国家或地区的经济、政治、文化和社会建设在廉洁的环境下全面发展。在经济建设方面，腐败影响市场公平竞争秩序，扭曲市场结构，拉大收入分配差距，导致经济运行脱轨；而市场经济公平竞争成为发展的新常态，经济稳中有进、健康发展，社会财富依据市场规则公平分配，才是经济廉洁发展。在政治建设方面，腐败是公职人员对公权力的滥用和对利益的非法掠夺，腐败污染了政治生态，侵害了群众利益，离间了党群关系，扭曲了党和政府的形象，严重动摇了党的执政根基；而社会主义民主不断扩大，人民权利得到充分保障，国家治理体系和治理能力现代化水平不断提高，才是政治廉洁发展。在文化建设方面，腐败文化消解了社会主义核心价值观的正能量，严重毒害广大人民群众和党员干部的廉洁思想，污染社会廉洁风气；而崇尚廉洁、追求廉洁成为社会风尚和共识，才是文化廉洁发展。在社会建设方面，腐败威胁社会公平正义，背离社会公德、职业道德和家庭美德，阻碍社会和谐稳定；而人民群众利益得到公平实现、普遍维护和充分保障，才是社会廉洁发展。

建设廉洁政治是腐败治理的第三层次目标，也属于宏观和长期目标。建设廉洁政治是推进国家治理体系和治理能力现代化的重要保障和有效途径，对于修复国家和地方政治生态、化解政治风险、凝聚民心民力具有重要的现实意义。有理由相信，廉洁政治对世界各国而言都是实现良善治理的共同愿景。中国共产党长期以来十分注重党内外的政治廉洁情况，党的十八大把反对腐败、建设廉洁政治作为中国共产党人一贯坚持的鲜明政治立场、追求目标。党的十八届三中全会决定进一步把建设廉洁政治细化为"干部清正、政府清廉、政治清明"三个方面的内容。党的十九大和二十大报告进一步指出，廉洁政治的实现必须坚持和坚定不移地"全面从严治党"。实际上，以干部清正、政府清廉、政治清明为主要特征的廉洁政治本身就是一种价值取向和目标要求。建设廉洁政治的目的就在于政府依法实现包括公共资源配置和公共利益分配公平、公正、公开的公共价值，依法保障广大人民群众的合理利益和合法权益不受侵害。干部清正是廉洁政治的基本要求，依法避免各级党政领导干部自身具有的私人利益对其代表的公共利益可能造成的各种形式的抵触、违背或侵害，是用法治思维和法治方法解决干部不清正问题的核心。政府的清廉程度和廉洁状况是衡量政府能否有效维护社会公平正义的一个重要标准。政治清明是廉洁政治建设的高级阶段，党的领导、人民当家作主、依法治国的有机统一能否从理念追求变为政治现实，政治理念、政治制度、政治生态以及权力运行机制能否处于廉洁的框架内，各类权力主体的政治主张、政治追求和政治举措能否保证人民依法享有广泛权利和自由，是判断一个社会政治是否清明的重要依据和标准。因此,廉洁政治作为腐败治理的最高层次目标,直接服务于国家治理体系现代化,服务于实现中华民族伟大复兴的中国梦。

第三节　腐败治理的评估体系

由于腐败行为具有即时性、隐秘性、结果后置性与文化相对性等特点,长期以来评估腐败与腐败治理水平是学界研究的一大难点,为此,国内外学者做了一系列努力并取得了较为可观的成果。本节将在述评这些评估指数基础之上,分析其各自存在的不足,并结合国家治理的视角,提出改进后的腐败治理评估指标体系,以期为该领域的研究添砖加瓦。

一、当前主要腐败治理评估指数述评

(一)国外主要腐败指数

目前国外腐败指数建立的视角有两种:主观视角和客观视角。采用主观方法建立腐败指数时,一般是对民众、企业或专家等进行问卷调查,随后标准化处理调查对象对腐败程度的主观评分,进而形成腐败指数;而采用客观方法建立腐败指数时,则将腐败现象分解为一系列可以衡量的分项指标,通过技术性较强的方法对这些指标进行权重的赋予和终值的计算,进而得到腐败指数。

1. 主观指数

(1)"透明国际"的腐败感知指数

腐败感知指数(CPI)反映的是世界各国企业界、学者、一般民众和风险分析人员对各国腐败状况的主观感受。从 1995 年开始,TI 每年都公布数据。CPI 的数据来源于世界上具有权威性的专业调查机构的民意测评和调查报告,如国际民意测验组织(GALLUP,即盖洛普)的《年度调查报告》、政治与经济风险组织的《亚洲情报专辑》、世界经济论坛的《全球竞争力报告》和世界银行的《世界发展报告》等。一些学者根据这些测评和报告对各国腐败状况进行评议,进而生成十分制的腐败感知指数即 CPI。CPI 的取值范围为 0—10,0 分表示最腐败,10 分表示最清廉。而 0—10 可以分成四个层次:0—2.5 表示严重腐败;2.5—5 表示比较腐败;5—8 表示轻度腐败;8—10 表示比较廉洁。

被称为"民意调查中的民意调查"(Poll of Polls)的 CPI,其数据源于权威报告,反映的内容比较真实可信。自 1995 年首次公布以来,CPI 的数据每年都在更新,纳入测评的国家也在不断增加,因而具有长期的连续性和稳定性,自创建起就被各国政府、学者和跨国公司广泛使用和借鉴,成为当今使用最广泛的腐败衡量指数。

(2) TI 的行贿指数(Bribe Payers Index,BPI)

BPI 反映的是各国企业在国外行贿的意愿。自 1999 年开始,TI 开始力求描述腐败的供给方,即从事商业活动的企业本身的行贿倾向,于是产生了行贿指数即 BPI。BPI 的数据主要来源于对跨国企业、会计事务所、商会、商业银行、法律事务所等的高级主管人员进行的访谈,以获得企业在国外从事商业活动时贿赂该国官员的主观意愿。BPI 与 CPI 一样,取值范围是 0—10 分,分数越高,代表各国企业在海外行贿的可能性越小。

BPI 与 CPI 是有明显差异的指数：CPI 反映的是各国政府官员在商业活动，尤其是跨国商业活动中向企业索取、收受贿赂的行为，即企业在从事商业活动时面临的制度环境，某种程度上描述的是腐败的需求方；BPI 反映的则是各国企业在进行跨国商业活动时向国外官员行贿的行为意愿，描述的是腐败的供给方。从调查方法上讲，由于 BPI 针对的是特定的腐败现象与特定的人群，所以比 CPI 的内容更直接，不会产生主观与客观的较大差异。但是 BPI 也有本身的局限性，即在界定什么行为是行贿时，无法克服文化差异对于贿赂的不同理解。

（3）世界银行的"腐败控制指数"（Control of Corruption Index, CCI）

自 1996 年起世界银行发布的"腐败控制指数"是"世界治理指数"六个二级指标中的一个。这一指数的评估数据来源于专家、记者、商业高管等知情人的打分。相比之下，询问调查对象对腐败的感知评价相对于询问个人实际的腐败经历更为容易，CCI 就是通过众多被调查者的感知情况来评估一国腐败程度的。

这些腐败指数的发布推进了人们对腐败的认识，尤其是为大样本的数理统计分析提供了理想的数据基础，使得历时和跨国比较成为可能，大量比较研究应运而生。但是，这些指数对于真实的腐败水平的度量仍然是不完美甚至有错误的。其中最主要的质疑在于，这些腐败指数都为聚合指数，因采用多种数据来源而备受争议。

首先，聚合数据测量的准确性还有待提高。不同调查的研究目的不同，关注腐败的方面就不同，变量操作化、题干的设计也不同，还要加上受访者理解的不同，每一个过程都有偏差的可能，而聚合数据采用十多种来源就可能导致最后的腐败指数谬之千里。

其次，聚合数据的方法众多，采用不同的方法，结果就不同。根据全球清廉指数团队和腐败控制指数团队的公开资料，两者避免使用单一数据来源，是希望通过扩大数据来源以减少测量误差。但是，扩大数据来源并不会消除测量误差，反而可能引入了人为误差。例如，数据总是存在缺失，尤其是数据来源中包含的区域性测量，在其他地区就全部缺失了。

最后，更核心的问题是，以上三种指数都是基于专家或民众对腐败的感知，它们与一些理论上重要的预测变量相关性尚可，如经济发展程度、民主程度、新闻自由程度等，但是与实际的腐败经历的相关性却不佳，这种不一致表明感知测量和客观实际之间存在着一定的距离。个人的腐败经历对个人的腐败感知的预测作用有限，更不用说不同文化语境中的系统性的感知差异。

2. 客观指数

由于主观感受与真实状况之间的距离，腐败的主观衡量指数无法避免测评的偏差性，为了克服这种缺陷，更多的学者开始摒弃上述各个研究机构建立的腐败指数，转而探求更加客观的腐败衡量指数。客观数据的来源主要有两种渠道：

第一种是官方数据，主要为司法部门发布的腐败案件数据，操作化方案包括职务犯罪的立案数或者查处数、每万名公务员中的腐败案件数、每万名居民中的公务员腐败案件数。戈尔（Rajeev K. Goel）和尼尔森（Michael A. Nelson）开创了这一腐败测量模式，使用美国各州每十万人的联邦公共腐败数度量腐败，发现了腐败的邻居效应。[①] 相似的

---

① See Rajeev K. Goel & Michael A. Nelson, "Are Corrupt Acts Contagious?: Evidence From the United States", *Journal of Policy Modeling*, Vol. 29, No. 6, 2007, pp. 839-850.

操作化方法在国内研究腐败的经济学者中得到广泛应用,他们采用的数据来源于人民检察院每年立案侦查贪污受贿、渎职案件数,即职务犯罪立案数、职务犯罪立案数与公职人员数之比、职务犯罪立案数与当地人口数之比。

第二种是研究者自建的各种案例库和样本库,主要包括腐败案件、腐败官员。王一江等整理了 130 个腐败官员案例,考察了影响官员腐败金额的因素。① 乔德福收集了 1983—2012 年来自人民网、新华网、《人民日报》、《中国纪检监察报》、《检察日报》等官方媒体的 142 个市级四套班子"一把手"腐败案例,分析了腐败状况、特征及趋势,并探讨了腐败的根源。②

利用客观数据进行研究的优点显而易见,数据直接反映腐败某一方面的实际状况,因而显得更为真实可信,但一些问题也严重困扰着研究者。针对官方发布的腐败案件数据,可能因法律的修订而导致统计口径发生变化。贪污一万元在几十年前可能已经是大案要案,但在今天可能还达不到立案的最低数额。而第二种数据往往通过公开资料收集,首先数据的收集可能有缺漏,其次数据已经是三手资料,大量细节已经损失掉了,对其的使用与引用都需要多加小心。

(二)国内腐败治理评估研究现状

相对而言,国内关于腐败指数的研究起步较晚,目前尚未形成本土化的综合性腐败治理评估指数。不过近年来学界开始尝试基于客观数据的定量分析,并取得了一定进展。宋林飞认为,可以采用腐败案件数

---

① 参见王一江、迟巍、孙文凯:《影响腐败程度的权力和个人因素》,《经济科学》2008 年第 2 期。
② 参见乔德福:《改革开放以来市"一把手"腐败案例研究报告——基于 142 个市"一把手"腐败案例分析》,《理论与改革》2013 年第 5 期。

量、涉案金额、受惩干部人数和比率、受惩干部的平均职务等指标的变动度来建立腐败指标体系。① 何增科认为,中国转型时期的政治腐败可以用腐败频度(腐败行为主体的层级分布和数量分布的状况)和腐败规模(腐败案件的数量及其经济损失)来进行测量。② 方晋在衡量腐败程度时,参考的是一国的法治水平和经济自由度。③ 杨海民则认为衡量腐败程度的理想指标包括被滥用的专项资金占总额的比例、被虚报的统计数字的份额、逃税(覆盖范围和金额)的覆盖率、低质量的公共工程数量、公共支出的偏斜程度等。④ 倪星、王立京提出结合客观指标和主观指标来测量腐败的状况,客观指标包括腐败案件数量与涉案金额的变动、腐败案件涉案人数的变动、涉案县处级以上官员人数的变动,而主观指标则借鉴"透明国际"的腐败感知指数、世界经济论坛公布的贿赂和腐败指数、国际管理发展学院公布的贿赂和回扣指数以及世界银行公布的腐败控制指数。⑤

有学者对特定行业与区域的腐败情况进行了实证分析。谢平、陆磊建立的中国金融腐败指数(CFCI)是目前较为完整的行业腐败衡量指标体系。该指数由金融腐败认知与反腐败信心指数(FCPI)、银行业腐败指数(BCI)和证券业腐败指数(SCI)等三部分组成,共27个指标,其中包括4个客观指标和23个主观感知指标,数据来源于问卷调查。他们采用最简单的算术平均法处理三类指数,并形成类似 CPI 的十分制,得分越高代表金融腐败程度越严重。利用该指数,他们对全国、

---

① 参见宋林飞:《中国社会风险预警系统的设计与运行》,《东南大学学报》(社会科学版)1999年第1期。
② 参见何增科:《反腐新路:转型期中国腐败问题研究》,中央编译出版社2002年版。
③ 参见方晋:《腐败决定因素的实证分析》,《经济科学》2004年第1期。
④ 参见杨海明:《建立腐败程度测评体系的思考》,《北京统计》2004年第1期。
⑤ 参见倪星、王立京:《中国腐败现状的测量与腐败后果的估算》,《江汉论坛》2003年第10期。

华北、东北、华中、华东、华南、西部等的金融腐败状况进行了量化描述。[①] 项凤日建立了一个比较完整的区域腐败衡量指标体系。该体系由客观指标和主观指标两大部分组成,其中客观指标包含13个子指标,下设7个案件类指标、3个重点廉政制度指标、3个背景指标,在评分中占60%的权重,数据来源于纪检监察机关的统计数据;主观指标共16个,来源于中央纪委2004年的党风廉政建设民意调查问卷,在评分中占40%的权重。[②]

总体而言,国内腐败评估研究虽然在方法上定量衡量已然成为主流趋势,但大都限于构建腐败指标体系的理论探索,在构建完备指标体系的同时又进行实践尝试、实证分析的研究依然凤毛麟角。或许由于时间、人力、经济等因素的制约,现有国内研究大多强调客观可获取数据的使用,而相对较少运用大众的主观感知、满意度调查数据,这样不免会把腐败治理的评估等同于政府反腐投入的评估,易造成测量结果的偏误。另外,对腐败与腐败治理测量或是缺乏综合、系统、完备的评估维度与指标体系构建,或是在指标设计上不够具体、实际,导致可操作性不足。

二、国家治理视野下的腐败治理评估指标体系构建

为了弥补既有腐败评估研究的不足,下文尝试在国家治理的视野下建构一套既符合中国国情又可以在世界范围内进行跨国比较的腐败治理评估指标体系,希望借此重新测量与评价一个国家内各主体在腐

---

① 参见谢平、陆磊:《中国金融腐败指数:方法论与设计》,《金融研究》2003年第8期。
② 参见项凤日:《腐败指数测量:以台州为例》,浙江大学2003年硕士学位论文。

败治理中所做出的努力与取得的成效。

（一）国家治理视野下腐败治理的评估维度

建立腐败治理评估体系的目的主要是为反腐工作提供参考，为控制公共权力、保持政府廉洁、提高行政效率提供着眼点与指导方向。而在国家治理视野之下，腐败治理的意义已经被提升到了增强国家能力、维护政权权威的高度。因此，对腐败形势与腐败治理的评估必须立足于其在反腐治理体系与治理能力层面的差异。

人类历史发展至今，已经形成了一套由立法、行政、司法、审计、监察、公务员系统、媒体、舆论、私人部门、国际社会等多方面构成的现代腐败治理体系。结合治理对象与治理方式的差异，可以将其划分为国家、社会与个人三个层面的治理主体，基于这三大主体可以评估一个国家的腐败治理水平。

国家意味着公共权力与公共利益代表者，它既是腐败治理的对象，又是腐败治理的执行者，这个层面主要包括政党、政府和专门监督机构。政党可分为执政党与参政党，执政党在议会中的地位决定了其在政策发起作用中的重要性。为了保障党的各级对全体党员与选民负责，只有建立有效的选举问责机制，将党内民主与人民民主结合在一起，才能保证执政党的纯洁性与清廉度。参政党或在野党对执政党有一定制约作用，根据不同的政党结构，它们可能具有政策参议权和政策审议权，或者可以参与弹劾、选举政府首脑，从而起到对执政党行为与决策的监督作用，减少决策的失误与权力的滥用。

中央与地方的政府行政机关、公职人员、公共部门是公共权力的执行者，其清廉程度对整个廉政体系来说非常重要。对于央地政府的腐败评估，重点在于政府是否滥用受委托的权力去谋取私人的利益，换言之,需要考察政府是否能处理好行政机关和人员的个体利益与其所代表的公共利益之间可能存在的冲突。对于公职人员系统的廉洁而言,能否自愿遵守廉洁从政行为准则是评估公职人员是否腐败的关键。公共服务人员的道德准则需要与干部人事管理体制相结合,从考试录用、绩效考核、素质培训、升降奖惩等制度环节综合评价。就公共部门(如国企)来讲,是否建立透明的、问责的治理结构和财政体制是能否保证自身抵御腐败侵蚀的重点。

专门监督机构在现代国家廉政体系中发挥着重要的专业化监督和监察作用。审计机关通过独立审计并公布审计报告推动政府发起反腐行动,利用机关监督和社会监督实现财政问责。监察机构作为监督政府腐败与否的重要手段,只有和信访机构的功能相结合,才能实现下情上传,才能针对腐败的盲区实施精准打击。司法机关作为专职的反腐败机构,只有保障其审判权和监督权的独立性,才能使其在不受其他组织机构干扰的条件下有效运转腐败治理功能。

现代腐败治理的主体除了国家层面的党政机关和监督机构之外,还包括以社会为主体的廉洁支柱。新闻媒体与网络媒体是当今社会与人民监督党和政府的重要机构和载体,只有享有一定的新闻报道和批评性言论的表达自由,媒体才能发挥舆论监督的作用。市场经济下的民营企业是国家经济发展的重要组成部分,评估其所处的环境可以一定程度上反映该社会的廉洁程度。只有形成反垄断、反不公平竞争、取消不合理市场准入门槛和歧视性政策的社会环境,企业和社会组织才能远离商业贿赂,消除寻租动机。

个人是衡量腐败与腐败治理水平的微观主体,每一个公民有着对其所处世界的感知,而这些个体所构成的整体感知一定程度上能反映一个国家真实的清廉程度。只有享有充分的知情权和参与权,公民才能在监督党和政府及其官员方面发挥重要的作用。

以上国家、社会与个人三个主体构成了评估腐败治理的纵向维度，其中国家既是腐败治理的对象又是治理的执剑人，而社会和个人虽然也会成为腐败行为的制造者，但更多地作为承受者出现，其反映出人们对周边腐败环境的认知。此外，公民权利与社会环境是否得到国家廉洁制度的保障，客观上验证了该国家或地区的腐败治理能力。

结合腐败治理的目标，腐败治理在横向维度上应当包括腐败的现状和腐败治理的绩效两个层面。一方面，腐败治理的评估需要看到其当前的腐败真实水平，从绝对值角度认知清廉现状；另一方面，也要注意到党和政府在腐败治理过程中所付出的努力，一个重视腐败治理的政府可以为民众提供积极、乐观的目标图景，有理由相信一个重视腐败治理的国家会更容易、更迅速地进入清廉守正之列。

（二）国家治理视野下腐败治理指标体系设计

基于上述分析，国家治理视野下腐败治理评估体系分别由国家、社会与个体三个层面的一级评价指标构成，其中每个一级指标都包括客观和主观具体指标。结合国内外主要腐败指数的指标设计与本章的主旨，这三个层面的腐败治理评估体系具体包含的指标如表3-1所示。

表3-1 腐败治理评估体系

一级指标	评估维度	具体指标	数据来源
国家层面	客观	1. 万名公务员中因贪污、贿赂等腐败行为而受处分官员所占比例	纪检监察机关和法院数据
		2. 大案、要案占当年查处的贪污贿赂等腐败案件的比例	检察机关数据

(续表)

一级指标	评估维度	具体指标	数据来源
国家层面	客观	3. 因贪污、贿赂等腐败案件受起诉官员中的高官(县处级以上)比例	检察机关数据
		4. 腐败案件涉及金额数量(美元)与当年GDP比值	检察机关数据
		5. 有无官员家庭财产申报的法律法规及核查机构	各国公布情况
	主观	1. 专家对执政党清廉程度的总体评价	CCI
		2. 专家对政府机构清廉程度的总体评价	CCI
		3. 专家对专门监督机构工作的总体评价（分为独立性与公开性）	CCI
社会层面	客观	1. 新闻媒体和网络媒体揭发、通报的腐败案件数比例	法院统计数据
		2. 公共部门、社会组织的财务公开水平	TI
	主观	1. 企业经营者对经济市场公平竞争程度的总体评价	企业经营者问卷调查
		2. 专家对新闻网络媒体反腐作用的总体评价	CCI
		3. 民众对法治水平的总体评价（包括立法公平、平等适用、司法公正等）	WGI
个体层面	客观	1. 通过公众信访举报所揭发的腐败案件数比例	法院公布数据
		2. 对政府机构的信任程度	WVS
	主观	1. 民众对当前反腐工作的满意程度	入户问卷调查
		2. 民众对当前政府清廉程度的评价	入户问卷调查
		3. 民众对自身公民权利保障程度的评价（分别包括知情权、参与权与言论自由）	入户问卷调查

其中部分指标数据来自国际上具有较大影响力的腐败评估指数或数据库,这些廉洁程度测量和排名主要由专业性的非政府组织进行,或由独立于政府的商业化和专业性的投资风险咨询公司进行,因而具有一定的客观性。而且这些指标由于掌握了世界范围内许多国家的腐败治理数据资料而为我们提供了跨国比较的可行性,尽管这些数据存在各种不尽如人意之处,但通过对多种数据的整合与汇编,将在一定程度上提升指标的可信度与中立性。

部分数据来源于国家法院、检察机关对外公布的反腐情况报告,这些报告提供了一些常人难以获得的内部数据,尽管存在失之偏颇与从政府角度出发的中立性问题,但通过纵向历史比较依然能在一定程度上反映该国清廉程度所发生的变化,因而也应当被考虑为可参考的数据之一。

还有一部分数据源自对政府部门职员、企业经营者、普通民众的实地民意调查。民意调查应采取随机抽样的方法,可以电话访谈的方式进行。调查样本应包括不同的年龄、性别、职业、收入层次人群,同时应有一定数量的常住本地的外来人口。问卷调查应采取调查员面对面访谈受访者的形式,同时需做好受访者保密工作。

主观指标属于定序测量,可以采用"五分法"的语意差异量表进行测量,将清廉程度或满意程度划分为五个等级,可以转化为1到5的定序指标。客观评价的指标也是定距测量指标,同样可以转换为定序数据。三类指标都转换为定序数据且方向相同,可以由三个维度的具体指标加权平均得到腐败治理评估体系的数值,据此可以进行一国乃至世界范围内各国的廉洁程度评估。

第四节　腐败治理的实践与经验

党的十八大以来,中国共产党逐步意识到了腐败治理与国家治理之间的紧密联系。治国必先治党,党的二十大报告指出,腐败是危害党的生命力和战斗力的最大毒瘤。这些年全党致力于严厉打击党内腐败现象,对相关涉案人员及时进行党纪处分,结合新时代新形势制定与修改了党内相关规定,历经数年发展至今已取得了一些初步成果。不过结合各腐败指数对世界各国腐败现状的调查,当前我国政府的清廉程度与发达国家之间仍有一定差距,在通向国家治理体系与治理能力现代化的道路上依然需要有所选择地借鉴他国成功经验。

一、国外腐败治理举措与经验

(一)"进步时代"美国的腐败治理

腐败是人类历史发展演进中遇到的一个不可回避的政治和社会问题,特别是在许多国家的社会转型时期,腐败往往呈现出上升趋势,美国也不例外。在 19 世纪和 20 世纪中后期,美国联邦政府也曾经历过两次腐败高发时期。在"进步主义"思潮与运动的影响下,为了有效地应对和治理腐败,美国政府出台了《彭德尔顿法》和《职业道德法》等两项重要法律。通过立法的形式,特别是通过强化法治观念和严格执法,美国不仅有效遏制了政府腐败,而且为后来世界其他国家提供了反腐防腐的成功经验,同时也留下了一些值得总结的教训。

1.《彭德尔顿法》与官员选任腐败治理

在19世纪中后期,伴随西方技术革命的强劲势头和资本主义的迅猛发展,美国经历了一个重要的社会转型时期,其明显的标志是:在工业化和城市化顺利展开与完成后,虽然美国国内经济的发展和对外扩张为美国成为世界大国奠定了基础,但冲击了美国的传统价值观和道德准则。在追逐利润的驱使下,宗教和道德逐渐失去了约束力,物欲膨胀,贪腐横流,已成为惯常之事。与此同时,社会转型还使美国陷入了一个政治腐败时期。这一时期的美国政治腐败,源于政党对政府的操控,集中表现在"政党分赃制"(the Spoils System)下的选官腐败及其造成的官场乱象。因为"政党分赃制"下的行政官员选任过多强调候选人的政治倾向和党派属性,所以必然影响政府选贤任能,久而久之,造成冗员,政府缺少稳定性且效率低下。其具体表现是:第一,大量的政府官职被总统和政党垄断,作为犒赏和馈赠的"礼品",分发给那些同党亲信和追随者;第二,卖官鬻爵猖獗,特别是内战以后,出钱购买政府官职的事例比比皆是,甚至国会议员手中也有大量的联邦政府职务可以出售和馈赠;第三,官员贪污腐化盛行,私人利益集团不惜重金收买政府官员,而许多官员往往把公职权力作为交换条件,中饱私囊。

针对这种严重的政治腐败,美国政府改革家和政治家都开始寻求解决之道。政府改革家伊顿(Dorman B. Eaton)结合对英国文官系统的考察,撰写了数十万字的《伊顿报告》。他在报告中指出了美国政府管理的弊端,并提出建立严格法律机制以规范文官系统的改革建议。1880年,在《伊顿报告》发表不久,美国参议员彭德尔顿(George Hunt

Pendleton)便提出了文官制度改革议案。虽然议案因为遭到顽固派的反对而被搁置两年多,但在1881年加菲尔德(James Abram Garfield)总统遇害的残酷现实面前,国会的多数议员最终对改革议案投了赞成票,表示支持在美国建立常任文官制度,这就是1883年1月16日阿瑟(Chester Alan Arthur)总统签署的美国文官制度改革法律,即《彭德尔顿法》。《彭德尔顿法》规定了文官选任必须通过公开竞争考试,依据"功绩制"决定奖惩升降;而且文官系统自身成立文官委员会,通过将自身与党派"政党分赃"相脱离从而实现政治中立。[1]《彭德尔顿法》的通过,使美国联邦政府最终摆脱了"政党分赃制"的困扰,把行政官员的选任真正纳入了法制的轨道,从而一定程度上治理了美国政府腐败,抑制了腐败的继续蔓延。

2.《职业道德法》与官员道德腐败治理

1883年《彭德尔顿法》通过后,美国联邦政府暂时解决了官员选任过程中的腐败问题,此后几十年内腐败呈下降趋势。但20世纪中后期以来,伴随美国经济、政治与社会的演进,特别是伴随联邦政府规模与职能的扩大,政府管理过程中官员的道德腐败问题日趋严重。于是,在法律层面上对政府官员进行职业道德规范,便成为20世纪后期美国联邦政府腐败治理的一项重要内容。尽管美国政府关注官员职业道德问题并非始于20世纪后期,甚至早在19世纪末文官制度建立后,政府就注意规范官员的行为,特别是防范他们贪腐行为的发生。但是,在一个相当长的时期里,政府对待官员职业道德问题,基本停留在正面引导和道德教化层面,并没有出台较为强制的法律法规。1958年国会通过的

---

[1] See Paul P. Van Riper, *History of the United States Civil Service*, Evanston Ill: Row, Peterson & CO., 1958.

《政府部门道德法规》(Code of Ethics of Government Services),可以看作美国政府在法律层面上规范官员职业道德的开端。此项法律一方面重申了政府在职业道德上限制官员卷入的许多活动,另一方面从法律上对这些限制加以规定。但需要指出的是,当时政府还没有应对职业道德腐败的充分思想准备和具体措施。所以,《政府部门道德法规》出台后,在实际执行中效果并不十分明显,甚至有些条款并没有能够有效地实施。这一状态一直延续到尼克松(Richard Milhous Nixon)政府"水门事件"曝光,随着卡特(Jimmy Carter)政府上台,新的职业道德法——1978年《职业道德法》方才出台。

1978年《职业道德法》规定,政府官员必须严格遵守职业道德——《荣誉法典》;为了防止官员贪污腐败或涉嫌政治丑闻,法律规定联邦政府文官需向政府定期提供个人收入和财产说明,法律还特别强调"财产情况申报适用于联邦政府立法、行政和司法三个主要部门所有的高级文官"。[①] 要求官员定期向政府申报财产,一方面有利于政府及时掌握官员的个人收入变化,另一方面有利于对官员贪污腐败防患于未然。为了对付"旋转门"现象,1978年《职业道德法》又有针对性地规定:官员离开政府以后,在一定的时期或者永远不允许以企业代理的身份与先前供职的政府部门往来。此外,法律还进一步规定:一旦政府官员退休或者辞职离开政府,禁止他们再对其曾经有决策权的政府部门的政策施加任何影响。

从法律文本上看,1978年《职业道德法》较之1958年《政府部门道德法规》,在官员职业道德的界定和规范上更加明晰,也更有针对性。首先,1978年《职业道德法》明确地把政府官员的职业道德提升到法律高度来认识,突出政府官员职业身份和地位的特殊性,强调政府官员遵

---

① See Robert D. Lee Jr., *Public Personnel Systems*, Baltimore: University Park Press, 1981.

守职业道德与政府信誉和威望之间的关系,特别是强调官员的形象直接代表政府,所以要求他们必须有荣誉感和责任感。其次,《职业道德法》在具体法律规定上更为严格和细致。例如,通过法律形式建立的政府官员定期申报财产制度,是美国政府对官员实行高标准职业道德要求的一个明显标志,即由前期的宽泛提倡发展到在法律上严格界定。对"旋转门"现象的具体限制和法律规定也进一步说明美国政府越来越重视官员的公共道德问题,为反腐防腐构建重重屏障。从法律实施上看,1978年《职业道德法》的实际操作和执行力度更大。为了更有效地实施《职业道德法》,国会还专门在新法律中增加一款新内容,即成立管理官员道德的新机构——独立检察官制度。[①] 独立检察官制度使政府对官员特别是高级官员犯罪行为指控的调查更具独立性和权威性,当然也更便于排除政府内外各种势力的干扰,从而有效地执行《职业道德法》和治理政府腐败。

3. 对中国的启示

通过对1883年《彭德尔顿法》和1978年《职业道德法》从文本规定到实施效果的阐释与分析,首先,我们看到:强有力的立法对美国联邦政府治理腐败起到了关键作用。进一步说,如果没有1883年《彭德尔顿法》的及时出台和在实际中的有效实施,19世纪后期美国的官场乱象和政府腐败就不会得到遏制和治理;如果没有1978年《职业道德法》的及时制定和有效执行,美国以"水门事件"为代表的一系列道德腐败案及其所造成的恶果,也不会得到很好的治理和消除。强化法治观念,制定出有针对性的反腐防腐法律,并在政治实际中严格执法,是

---

① 参见周琪、袁征:《美国的政治腐败与反腐败——对美国反腐败机制的研究》,中国社会科学出版社2009年版。

美国治理政府腐败的成功经验。从这个意义上说,严格立法和执法,不仅是美国人的经验,而且是人类社会治理腐败的有效武器。

其次,美国人的经验也昭示:腐败治理是一个长期过程,需要历经一个从制度设立到观念转变的过程。对腐败进行治理,不仅要打攻坚战,还要打持久战。虽然19世纪后期美国通过《彭德尔顿法》的出台,治理了政府在官员选任过程中出现的腐败问题——官场乱象,在一个时期里,腐败呈下降趋势;但到了20世纪后期,政府在官员管理过程中又出现了新的腐败问题——职业道德腐败,于是,美国国会又通过《职业道德法》,进一步对官员道德观念进行管控,可以说腐败治理取得了又一个阶段性的成功。

(二) 新加坡腐败治理模式

在腐败蔓延的东南亚,新加坡是一个例外。自2003年以来,"透明国际"的排名显示,新加坡不仅是亚洲最清廉的国家,而且一直都是世界上最清廉的五个国家之一。今天的人们已经很难想象腐败曾经是新加坡1959年自治前和1942年到1945年日本占领时期的常见问题。

在1959年6月获得自治地位之前的近140年里,新加坡一直都是英国殖民地。新加坡继承了英国的威斯敏斯特议会民主制度,在建立了一整套包括国会代议制、绩优官僚制在内的民主制度的同时,英国殖民政府还成立了一个反腐机构,即隶属于新加坡警察部队的反贪污局(Anti-Corruption Branch, ACB)。1952年10月,由于新加坡警察部队自身腐败猖獗以及反贪污局的失败,英国殖民政府成立了独立于新加坡警察部队的贪污调查局。然而,即使在贪污调查局内部,腐败依然猖獗。[①] 腐败在

[①] See J. S. T. Quah, "Good Governance, Accountability and Administrative Reform in Singapore", *American Journal of Chinese Studies*, Vol. 15, No. 1, 2008, pp. 17-34.

当时俨然已经成了新加坡人的一种生活方式。此外,新加坡人口、种族群体以及宗教的多样性也大大增加了政府惩治腐败的难度。考虑到其复杂的历史、政治与社会环境和以往反腐的失败经历,新加坡根除系统性腐败并在相当短的时间内一跃成为世界上最清廉国家之一,可谓一个真正的奇迹。这一奇迹得益于人民行动党领导下的政府强有力的政治意愿以及其设计和采纳的一系列制度和管理措施。

新加坡的反腐模式主要有下面三个关键点:强烈的政治意愿、零容忍的法律政策以及独立的贪污调查局。

1. 强烈的政治意愿

政治意愿是政治领导人根除腐败的决心和承诺。强有力的政治意愿被认为是持续而有效的反腐计划中具有决定性作用的第一步。尽管几乎世界各国包括最腐败的国家都在实施反腐败项目和政策,然而真正决定反腐措施有效性的是政治意愿,而不是口头承诺。

在新加坡,自从人民行动党 1959 年走上政治舞台,打击腐败的坚定承诺就是其最重要的政治纲领之一。1959 年 5 月,人民行动党以"保持清廉,消除贪污"的竞选承诺赢得了大选。1965 年新加坡独立之后,人民行动党领导层将建立清廉高效政府的承诺作为其治理支柱之一。新加坡开国总理李光耀在他的回忆录里说道:"我们厌恶许多亚洲领导人身上的贪婪、腐败与堕落,我们有建立廉洁高效政府的强烈使命感。当我们宣誓就职时……在 1959 年 6 月,我们所有人都穿着白衣白裤以象征着我们个人行为和公共生活的纯洁和诚实。"[①]

在强烈的反腐败政治意愿的约束和影响下,人民行动党的领袖,特

---

① K. Y. Lee, *From Third World to First: The Singapore Story 1965-2000*, Times Editions, Singapore: Singapore Press Holdings, 2000, pp. 182-184.

别是李光耀,不断强调在治理腐败过程中的道德领导权的重要性。在他的影响下,新加坡的最高层领导者们随时准备接受对其诚实与正直的审查。1986年,国家发展部前部长郑章远(Teh Cheang Wan)因接受私人房产开发商贿赂而被调查。在试图寻求与李光耀进行私人会谈的请求被拒绝后,他自杀身亡并留下一封书信,信中他向人民行动党领袖和全体新加坡人民道歉。正是通过多年政策实践,人民行动党领袖向政府官员和公众发送了强有力的信息——他们将毫不犹豫地对腐败分子采取强硬的行政和法律行动,不论他们是谁和他们职位的高低。

2. 零容忍的法律政策

人民行动党领导的政府意识到,挽救新加坡于系统性腐败泥潭的唯一方法就是采用"零容忍"政策,铁拳整治腐败。政府不对腐败报以任何同情,颁布和执行了严格的法律和政策,报告并处罚包括轻微行为不端在内的一切腐败行为。1960年,新加坡政府用《预防腐败法》(Prevention of Corruption Act)替换了英国殖民政府颁布的效果不佳的《预防腐败条例》(Prevention of Corruption Ordinance)。随着时间的推移,为了适应新的环境,解决新的挑战,《预防腐败法》已先后于1963年、1966年、1981年修改了三次。除了向执行机构授予充分的法定权力外,人民行动党政府在这部法律中通过以下几个方面显示了其对腐败的零容忍:(1)发生在公共领域和私人领域的腐败都要接受调查,贿赂者与行贿者都将受到惩罚;(2)对腐败做最狭窄意义上的定义,令人印象深刻的是,形容词"任何"用来指代任何形式的报酬,如"任何礼品、借款""任何职位、雇佣和合同""任何赠与、关于报酬的任何保证与许诺";(3)无法解释所得来源的嫌疑人可被假设为腐败分子;(4)公务人员虽未实际接受任何利益,但只要其显示出这种意图,仍可被视为有罪;(5)除了罚款和有期徒刑外,罪犯需要归还其接受的所有货币收益;(6)新加坡公民也应接受新加坡境外实施的腐败指控,并且只要犯罪行为发生在新加坡境内,他们就将受到处理。1989年,议会颁布《腐败、贩毒和其他严重犯罪(没收所得)法案》,授权法院没收任何腐败所得的金钱和财产。即使罪犯已去世,法院仍可以对其财产签发没收令。除了严厉的反腐败法律外,新加坡政府同样针对公务员、部长和议员行为建立了各种规则、政策和准则,禁止他们及其家庭成员向公众收受任何好处、礼物以及娱乐服务。①

3. 独立的贪污调查局

严厉的反腐败法律仅仅是任何反腐败举措成功的必要条件之一。新加坡反腐败的成功很大程度上可归功于其贪污调查局的有效性。新加坡贪污调查局是新加坡唯一被授权调查腐败行为的机构。英国殖民政府于1952年在新加坡建立贪污调查局。借助《预防腐败法》,人民行动党领导的政府持续而显著地强化了贪污调查局的独立性、权力和资源。1969年,贪污调查局从总检察长办公室转移到总理办公室。贪污调查局局长直接向总理汇报。机构人员也从1952年的5个增加到2011年的138个,同时总预算也从124万新加坡元增长到3400万新加坡元。与之相随,新加坡政府也逐渐成为世界上最清廉的政府之一。② 最重要的是,作为新加坡犯罪司法系统的一部分,《预防腐败法》授予了贪污调查局实施强有力措施调查腐败行为的充足权力。例如,《预防腐败法》第15款规定,"局长或任何特定的调查者可以无逮捕证逮捕以下对象:任何涉及本法中犯罪行为而受注意的人;那些已经受到

---

① See T. H. Koh, *Corruption Control in Singapore*, presented at the 13 th International Training Courseon the Criminal Justice response to Corruption, UNAFEI, Tokyo, 2009.

② See Ministry of Finance, 2011, Singapore budget.

合理指控的人;已收到针对其不法行为的可信信息的人;有合理理由怀疑其为受到注意的人",以及"除了女性以外,局长或特定调查者在逮查一个人时,可以搜查并没收他持有的所有有理由相信是赃物或是其他犯罪证据的物品"。

除了可以同时调查公共和私人部门的腐败行为外,贪污调查局还与政府机构合作,审查政府行政流程与实践以减少腐败行为产生的机会。此外,贪污调查局还负责对即将被新加坡政府各部委录用的公务员和那些即将被晋升或任命到新加坡各部和法定机构(新加坡政府独立监管机构)领导层的候选人进行背景审核。与中国香港的廉政公署执法、预防和社区教育三管齐下打击腐败的做法略有不同,新加坡的贪污调查局职责更为集中,其目标主要指向腐败投诉。[①] 因此贪污调查局仅仅雇用了约香港廉政公署十分之一的人员,却取得了同样引人注目的成就。

4. 对中国的启示

对于中国的反腐政策而言,新加坡反腐模式中的几大要素——强烈的政治意愿、零容忍的法律政策、独立的贪污调查局——都可以为中国借鉴和吸收。新加坡模式对当今中国最具有实际意义的借鉴价值在于相似制度背景下的成功经验。

由于中新两国在政治体制、社会文化、经济发展方式上有诸多相似之处,在新加坡被证明行之有效的反腐模式,也被很多中国学者认为是目前较为适合中国的反腐经验之一。首先,新加坡反腐模式的核心在于体制内(党内)反腐,通过反腐提高政府行政与政党执政的清廉和高

---

① See J. S. T. Quah, "Defying Institutional Failure: Learning From the Experiences of Anti-corruption Agencies in Four Asian Countries", *Crime, Law and Social Change*, Vol. 53, No. 1, 2009, pp. 23-54.

效程度,从而获得更高的政治合法性和执政能力。可以说,中国政府的反腐目标也正是如此。在此一前提下,中国也应如新加坡执政党那样坚定反腐的政治意愿不动摇,整合党内或政府体制内的反腐机构,特别是进一步提高纪委在党内的地位,提高纪委反腐的独立性和权威性。其次,在法律和政策上,逐步减小对轻微腐败的容忍度。目前,我国的反腐败法律制度更多地限定在党内制度上,而真正属于法律范畴内的反腐败法律法规相对而言比较薄弱。借鉴新加坡的经验,只有将党内制度转化为国家的法律法规,才能增强这些制度的强制性和约束力。因此,完善制度反腐与法治反腐的严格性和可操作性,制定类似于新加坡《预防腐败法》的中国反腐败专门法律,在预防和监督潜在腐败行为的制度化、法治化上迈出实质步伐。

二、中国腐败治理模式变迁与最新趋势

中华人民共和国成立至今已有70多年。在这几十年的发展历程里,中国共产党和中国政府高度重视党风廉政建设和反腐败斗争,围绕着如何在长期执政条件下搞好反腐倡廉建设的中心问题,经历了从运动式反腐到制度化反腐的治理模式变迁,逐步探索出了一条中国特色反腐倡廉道路,完成了惩治与预防腐败体系基本框架的构建,初步展现了党和国家的腐败治理能力和廉政建设成果。十八大以来党和政府所做出的的一系列反腐措施与努力,显示出党中央坚定的反腐意愿与决心,因而在短短数年内腐败治理取得了不错的成效。但如何把这种即时的反腐有效性保持、延续下去,并形成长期的腐败治理机制,仍有待进一步实践与观察。

1. 反腐败运动

反腐败运动自1949年以来就成为中国治理腐败的一种重要方式。曼宁(M. Manion)将其概括为"短时间内通过党内纪检行动集中惩处贪污官员"。魏德曼(A. Wedeman)则认为中国的"运动"一词有着非常复杂而特殊的政治含义。[①] 魏德曼认为"运动"这个词在改革开放前意味着群众运动。在改革开放之后,"运动"是指政府依靠各种党政机构在短时期内突然发起的具有较高强度的执法行动,缺少了群众动员的含义。曼宁也持相同的观点,她指出"在今天的反腐败运动中,动员群众的含义已经不再有了,与以往的历史场景中的含义不同"[②]。

自1978年以来先后有四次主要的反腐败运动:第一次反腐败运动始于1982年,主要打击的是经济犯罪行为。自改革开放之后,腐败日益严重且不断见诸报端,走私、投机、欺诈、贿赂盛行。针对这种日趋恶化的情势,1982年《中共中央、国务院关于打击经济领域中严重犯罪活动的决定》出台。这个决定对包括腐败在内的犯罪活动进行了最大程度的惩处和打击。例如侦办了136 024宗经济犯罪案件,其中44 000宗受到审判。[③]

第二轮打击腐败的运动始于1983年,结束于1987年。这次运动的主要目的在于整顿党纪。在此次运动中,一大批违反了党纪或从事腐败活动的共产党员受到惩处,包括35 616名县处级以上的中高层官

[①] See A. Wedeman, "Anti-corruption Campaigns and the Intensification of Corruption in China", *Journal of Contemporary China*, Vol. 14, No. 42, 2005, pp. 93–116.

[②] M. Manion, "Corruption by Design: Bribery in Chinese Enterprise Licensing", *Journal of Law, Economics and Organization*, Vol. 12, No. 1, 1996, pp. 167–195.

[③] See T. W. Lo, *Corruption and Politics in Hong Kong and China*, Buckingham: Open University Press, 1993.

员。① 根据卢铁荣的分析,这次运动在打击腐败之余还有两个目标,一是矫正党内的"左"倾和右倾路线;二是加强党内民主集中制,防止分裂主义、帮派主义和自由主义。②

第三次运动始于1988年,结束于1989年。在这次运动中,大批腐败官员被查处。政府通过推行各种经济和行政改革去解决腐败问题。例如,建立监察部,实行价格监控,整治国企,遏止离退休干部的腐败问题,整治军队的腐败问题,设立经济犯罪举报热线,等等。

第四次反腐败运动始于1993年,止于1996年。这次运动的目标在于强调高级干部的自律,不仅集中惩处了一批涉案数额较高的腐败官员,同时打击了党内的不正之风。自1993年以来,国务院每年都会召开关于治理腐败的会议,治理腐败的机构和法律不断增多,但是腐败的问题依然严重。③

运动式反腐败除了具有周期短、集中性强的特点外,还伴有经常性的政治教育活动。党内整风运动一直在反腐败中占据重要位置。江泽民同志在1995年11月提出"讲学习,讲政治,讲正气"的"三讲"教育活动。其中"讲正气"就是要求共产党员保持优良传统,杜绝腐败活动。党的十六大之后,除了坚持邓小平理论以及江泽民同志的"三讲"和"三个代表"重要思想之外,新的"保持共产党员先进性教育活动"开始落实。另一个政治教育活动是"深入学习实践科学发展观",它也用于指导反腐工作。这两项政治教育活动实际上都非常重视反腐败工作的地

---

① See Z. K. He, "Corruption and Anti-corruption in Reform China", *Communist and Post-Communist Studies*, Vol. 33, No. 2, 2000, pp. 243-270.

② See T. W. Lo, *Corruption and Politics in Hong Kong and China*, Buckingham: Open University Press, 1993.

③ See X. B. Lu, *Cadre and Corruption: The Organizational Involution of the Chinese Communist Party*, Stanford, California: Stanford University Press, 2000.

位和作用。

显然,在历次反腐败运动中,国家主导的治理思路非常明显。由于国家能够在短时期内集中各种资源进行打击,因此这种形式起到了重要的震慑作用,同时也彰显了国家坚决打击腐败的决心。然而,也存在着一旦运动结束,就会导致资源减少,放松警惕,继而腐败再现的情况。

2. 制度反腐

进入20世纪90年代,一方面,腐败的问题日益严重;另一方面,反腐败运动的成效也不断退减。鉴于这两方面的原因,党和政府开始寻求新的腐败治理策略。

自1990年开始,党和政府的制度建设得到加强。2002年党的十六大之后,在腐败治理方面也加速了制度建设。具体的措施表现如下:

首先,建立了法律基础。中央纪律检查委员会审阅了1600多项关于腐败治理的规定和文件,确定其中1100多项有效。党的十五大之后,江泽民同志提出反腐败工作从侧重治标转向标本兼治、逐步加大治本力度。这也标志着腐败治理的原则正逐步发生转变。为了标本兼治,新的条例和法律陆续出台,例如《关于实行党风廉政建设责任制的规定》《中国共产党纪律处分条例(试行)》《中国共产党党员领导干部廉洁从政若干准则(试行)》《中华人民共和国行政监察法》《关于党政机关厉行节约制止奢侈浪费行为的若干规定》。党的十八大以来,习近平总书记多次指出,要善于用法治思维和法治方式反对腐败,加强反腐败国家立法。十八大至今已制定了《监察法》《公职人员政务处分法》《监察官法》《监察法实施条例》,修改了《刑法》《刑事诉讼法》,实现了改革成果的法治化,扎紧防治腐败的制度笼子。

除此之外,巡视制度也成为一项日益重要的腐败治理制度。党的十五大之后,中国共产党中央纪律检查委员会建立起巡视制度。1996年开始,中共中央下发文件要求各地政府加强党内监督,具体要求加强监督高层领导干部在党内和国家机构中的行为。中央和各省、直辖市、自治区的党委建立相应级别的巡视制度。2015年8月,中共中央发布了《中国共产党巡视工作条例》,进一步规范、健全巡视工作的体制机制和责任体系。巡视制度的最大特征是中央巡视组可以直接向中央纪委负责,不受任何其他部门的干扰。因此,在一定程度上,它具有非常独立的监督权力。

其次,出台了新的规划。2004年,在党的十六届三中全会和中央纪委第三次全会上提出建立健全与社会主义市场经济体制相适应的教育、制度、监督并重的惩治和预防腐败体系。这一体系强调了预防和教育在腐败治理中的重要作用。在一些学者看来,这样的明确提法实际上表明了反腐败正在向制度反腐倾斜。[①] 2008年5月23日,中纪委发布了2008—2012年惩治和预防腐败体系工作规划。这个五年规划包括8章、64节、150个任务,具体集中在教育、制度、监督、改革、整治和惩处六个方面。这一规划的出台也表明了腐败治理的思路从单一的惩处转向预防策略。2023年9月,中共中央办公厅印发了《中央反腐败协调小组工作规划(2023—2027年)》,明确今后五年反腐败组织协调工作的指导思想、基本原则、目标任务和重点工作等。这是对党的二十大部署的反腐败任务的进一步细化落实。

3. 最新趋势:以网络为中心的多元主体治理

治理理论认为治理是"一种由共同的目标支持的活动,这些管理

---

① See Q. W. Zhu, "Reorientation and Prospect of China's Combat against Corruption", *Crime, Law & Social Change*, Vol. 49, pp. 81-95.

活动的主体未必是政府,也无须依靠国家的强制力量来实现"[1]。在治理理论深刻影响转型中国的过程中,基于网络视角的治理理论充分挖掘出了治理的多元内涵,即强调政府与民间、公共机构部门与私人部门之间的合作与互动,以及建立在信任与互利基础上的社会协调网络。[2]

基于网络视角的治理理论所强调的这种多元主体的属性在控制腐败方面也日益得到国际社会的认可。《联合国反腐败公约》第 13 条就指出,各缔约国均应"推动公共部门以外的个人和团体,例如民间团体、非政府组织和社区组织等,积极参与预防和打击腐败,并提高公众对腐败的存在、根源、严重性及其所构成的威胁的认识"[3]。在各国普遍采用的反腐模式中,肃贪机构是一个多元的网络系统,强调公民社会或其他主体在打击腐败方面的积极参与。

在转型中国,随着市场经济的深入发展,国家与社会的分离也日渐清晰。在国家与社会的频繁互动之中,公民个体的参与意识与社会组织以及以新技术为代表的互联网相结合,催生了日益崛起的社会力量的发展。"善治是国家的权力向社会的回归"[4],因此,在多元治理理论框架下,当下中国参与反腐的治理主体是多元的,如官方角色主要包括法院、检察院、纪检监察机关、审计部门、人大等,非官方角色主要有网民、企业经营者、社会组织、社团等。多元治理理论为我国反腐模式转型提供了重要指导和富有新意的理论借鉴。

---

[1] J. N. Rosenau & E. O. Czempiel, *Governance without Government: Order and Change in World Politics*, Cambridge: Cambridge University Press, 1992.

[2] 参见〔英〕罗伯特·罗茨:《新的治理》,木易编译,载俞可平:《治理与善治》,社会科学文献出版社 2000 年版。

[3] 《联合国反腐败公约》,载联合国网站,https://www.un.org/zh/documents/treaty/A-RES-58-4。

[4] 俞可平:《治理理论与中国行政改革(笔谈)——作为一种新政治分析框架的治理和善治理论》,《新视野》2001 年第 5 期。

在日益兴起的多元主体反腐过程中,网络反腐模式成为最受关注的模式。网络反腐最早起源于官方模式,即通过中央纪委、国家监委、最高人民检察院等官方网站进行实名举报或提供线索。但随后出现的所谓民间网络反腐模式更加受到关注,即民间自发以网民和反腐网站为主体,借助互联网庞大的网民群体,依托 QQ 群、网络论坛、微博、专业性反腐倡廉网站等新兴媒体进行反腐。例如,近年来的"房叔"蔡彬、"表哥"杨达才、"天价烟局长"周久耕、四川省委原副书记李春城、重庆市北碚区委原书记雷政富等都是网络反腐的典型案例。[①]

网络反腐作为一种新型的反腐模式受到了学者们的肯定和认同。网络反腐被认为促进了中国腐败治理的多元化,是有效预防、遏制、惩戒腐败行为的一种全新方式。作为日益兴起的社会监督力量,已有研究发现网络反腐的监督效果已经凸显。自 2008 年以来,公民参与网络反腐的监督对象已经由处级以下官员逐渐延伸至厅局级,甚至涉及四川省委原副书记李春城这样的副部级高官。如 2012 年连续爆出的雷政富、单增德事件,厅级以上官员在网络反腐案件中的比例甚至占到了 2008 年以来所搜集 39 个案例中的三分之一。[②] 但网络反腐是一把双刃剑,无法解决腐败治理的根本问题。此外,网络反腐也连带牵涉出了散布网络谣言、利用信息网络实施诽谤和敲诈、"人肉搜索"侵害公民信息安全等诸多乱象。因此党的十八大以来,国家在高度重视网络反腐影响力的同时,也持续推进网络反腐的制度化建设,逐步加大制度反腐和网络反腐的合作力度。近年来,网络反腐已经呈现出理性和平静

---

① 参见程宇:《从技术治理到制度建设:网络反腐的路径选择》,《山东行政学院学报》2014 年第 2 期。
② 参见李显峰:《十八大后三厅官因网络举报落马》,《京华时报》2012 年 12 月 12 日。

的趋势。①

上述分析表明,治理的网络视角强调的是参与的多元主体性,它依托于公民社会的良性发展。网络反腐成为腐败多元治理主体的典型代表,它顺应了治理理论的逻辑发展,也显示出一种全新的腐败治理模式的出现。在这个意义上,治理理论对于腐败治理思路的影响日益深刻。网络反腐虽然开启了我国腐败治理的多元主体模式,但就目前的发展现状而言,还无法"充分纳入到反腐败斗争的组织体系中去",也无法"真正有效地承接政府部门让渡的管理权能"。②

---

① 参见肖扬伟:《中国网络反腐发展历程及趋势探析》,《北京社会科学》2017年第11期。

② 丛玉飞:《反腐模式转型之社会向度——基于多元治理视角的理解》,《吉林师范大学学报》(人文社会科学版)2014年第3期。

第四章
福利篇*

第一节　国家治理与社会福利

社会福利旨在使人们在其社会环境中能够有效地享有基本权利并发挥作用,首先帮助人们满足最基本的生存需要,进而可以为人们提供心理上的社会交往需要,包括"为使人们参与经济建设而提供充分教育,提供咨询以认识并处理个人所遇到的困难,提供就业门路和其他社会活动"①。对社会主义中国来说,以人为本是党的执政之基、力量之源,党的二十大报告再次强调"治国有常,利民为本",必须坚持在发展中保障和改善新生,不断实现人民对美好生活的向往。② 可以说,社会福利是现代国家治理的根本目标,是国家治理现代化的题中之义,也是

---

* 本章作者:牛玲玲,北京大学政治学理论与方法专业博士,中国社会科学院民族学与人类学研究所民族理论研究室助理研究员。主要研究方向为民族事务治理体系、中国共产党民族思想史。王禹漭,北京大学政府管理学院政治学博士。研究领域包括中国政治与治理、反贫困与乡村振兴、县域治理等。

① 〔美〕威廉姆·H.怀科特、罗纳德·C.费德里科:《当今世界的社会福利》,解俊杰译,法律出版社2003年版,第30页。

② 参见习近平:《高举中国特色社会主义伟大旗帜　为全面建设社会主义现代化国家而团结奋斗——在中国共产党第二十次全国代表大会上的报告》,人民出版社2022年版,第46页。

衡量国家治理效能的重要指标。

一、社会福利是国家治理的根本目标

满足社会成员的基本生活需求是政治的本质要求。从古希腊政治中追求城邦的善到中世纪上帝之城中的慈善,再到现代政治对机会平等的正义的追求,社会福利一直都是衡量一个国家治理是否良善的重要指标。正如阿萨·布里格斯(Asa Briggs)指出的那样,一个福利供给良好的国家至少在三个方面对社会不良状况做了矫正:一是保证个人和家庭的最低收入,不管其工作和财产的市场价值如何;二是降低个人和家庭因应对突发危机导致不安全的程度;三是不歧视公民地位或等级,确保他们能够在社会认可的社会服务范围内获得可得的最高水平的服务。[①] 可以说,社会福利治理水平是现代国家治理的根本目标。

二、社会福利是国家治理现代化的题中之义

尽管一般认为,"从摇篮到坟墓"的福利国家政策是欧债危机的罪魁祸首,甚至一些新自由主义者宣称高社会福利水平会以损害国家经济发展为代价,从而影响国家竞争力。[②] 然而,20世纪末,一些西方学者进一步研究发现,福利国家政策不但没有拖经济增长的后腿,反而能够增强国家竞争力。在全球化时代,有效的社会福利保障,不仅能促进

[①] 参见丁开杰、林义选编:《后福利国家》,上海三联书店2004年版,第1页。
[②] 参见〔美〕米尔顿·弗里德曼:《资本主义与自由》,张瑞玉译,商务印书馆1999年版,第183页。

社会团结,还能推动经济良性运转。① 不但如此,社会保护政策还可以在维护国内政治经济业绩方面发挥重要作用,可以为提高技能和生产效率提供刺激和资源,更全面地提升经济竞争力。② 近几年我国学者也发现,社会福利非但不是福利国家的负担,反而是帮助福利国家走出危机的救命稻草。因为社会福利服务不但可以提供更多的工作岗位,而且可以帮助那些失业人群甚至行为能力受限者重新工作,满足他们的基本生活需要,这样不仅可以使他们获得幸福感,让他们能够以更好的状态投入工作,从而提高效率,创造更多的价值,还可以增强他们的国家认同,使整个国家更加团结。③ 通过各个民族国家社会福利发展的实践以及深入的具体研究可以发现,社会福利不只扮演分蛋糕的角色,还有做大蛋糕的功能。因此,可以说,社会福利并不意味着国家财政的白白付出,良好的社会福利保障蕴含着巨大的增长能力,社会福利治理是国家治理现代化的题中之义。2019年,党的十九届四中全会通过的《中共中央关于坚持和完善中国特色社会主义制度推进国家治理体系和治理能力现代化若干重大问题的决定》将"坚持和完善统筹城乡的民生保障制度,满足人民日益增长的美好生活需要"列为推进国家治理体系和治理能力现代化的一项重要任务。

---

① 参见张世鹏:《德国左派知识分子费舍论西欧社会福利国家的危机》,《国外理论动态》1996年第30期。
② 参见[意]莫瑞吉欧·费雷拉:《欧洲福利国家:黄金般的成就与白银般的前景》,张文成编译,《经济社会体制比较》2008年第4期。
③ 参见奂平清:《福利制度是西方国家危机的根源吗?——兼论中国社会福利研究的理论自觉》,《教学与研究》2014年第2期。

三、社会福利是衡量国家治理的试金石

近代以前的社会福利主要依靠亲戚和邻里之间的互助或宗教组织（如中国的寺院和欧洲的教会），政府的社会福利功能仅限于对鳏寡孤独的救助和对因突发灾疫导致民众受灾的赈济，底层社会的稳定性往往成为观测社会福利状况的晴雨表。工业革命以来，人口流动性急剧增强，既有的社会救助系统无法满足由五湖四海的陌生人构成的较大规模社区的社会福利需求，由政府主导的社会福利制度由此产生。社会福利状况也逐渐成为衡量政府治理能力的重要指标，甚至有时候成为关键性指标。党的二十大报告再次将"增进民生福祉，提高人民生活品质"作为重要奋斗目标，深入推进国家治理体系和治理能力现代化，在未来五年实现"基本公共服务均等化水平明显提升，多层次社会保障体系更加健全"①。

社会福利作为人类政治生活的永恒主题，在维持社会稳定和政治合法性、增强国家认同、提高经济效益以及国家竞争力等方面发挥着重要的功能。可以说，一个国家社会福利状况的好坏是其国家治理水平和治理能力的试金石。

---

① 习近平：《高举中国特色社会主义伟大旗帜　为全面建设社会主义现代化国家而团结奋斗——在中国共产党第二十次全国代表大会上的报告》，人民出版社2022年版，第25页。

第二节　社会福利治理的内涵

一、社会福利概念

在西方社会,福利(welfare)一词与道德伦理相关,有慈善、救济和施舍等含义,认为社会应该向老人、孤儿和行为能力受限的人给予衣食及其他生活必需品的救济和帮助。在汉语中"福利"一词原有福报、获利之意,如《汉语大词典》和《辞海》通常将其解释为幸福或利益。民国以后,"福利"才与生活待遇和救济等相关联,即指与帮助有特殊困难的群体有关的工作和服务。今天,我们讨论时所采用的社会福利概念基本是现代社会福利概念。

东西方学者依据不同的经济发展和社会制度等提出的社会福利概念还是有一定差别的。在西方学者那里,社会福利一般被理解为具体的公共援助或社会补贴项目。[①] 如巴克尔(Robert L. Backer)认为,社会福利就是帮助人们满足经济、社会、教育和健康等需要所推行的项目、津贴和社会服务体系。[②] 扎斯特罗(Charles H. Zastrow)从社会福利设置(指社会福利项目和社会服务机构)出发,直接把社会福利看作有关项目、利益和服务的国家体系,帮助人们满足经济、社会、教育和健康

---

① 参见陈银娥主编:《社会福利》,中国人民大学出版社2004年版,第1页。
② 参见王思斌主编:《社会工作导论》,高等教育出版社2004年版,第54页。

等方面的需要,并强调这些需要被满足对一个社会的稳定有着重要意义。①

相较于西方学界,中国学者对社会福利概念的认识体现了在"节制"中发展的观念特点,以及从注重特殊群体到全体公民、从注重物质到兼顾精神发展需求的认知过程。如王思斌较早提出社会福利就是指在解决人们基本生存需要前提下,更好地生存和发展的一种状态,旨在提高全体社会成员的生活质量。②张建民认为,社会福利主要指国家和社会为保障其成员的基本生活而采取的措施及服务。它的对象是全体社会成员,但福利惠及范围仅限于社会成员的基本生活,具体包括社会救济、社会保障、社会服务等子系统。③随着国家经济发展,社会福利向全民和精神领域拓展。郑杭生认为,社会福利是国家和社会为提高社会成员的物质和精神生活水平而采取的制度或措施的总称。④彭华民给出了广义和狭义的社会福利定义。狭义的社会福利是国家为帮助弱势群体或社会边缘群体、解决社会供给不足而担负的责任;广义的社会福利指的是国家依法为全体公民提供旨在保证一定生活水平和尽可能提高生活质量的奖金、物品、机会和服务的制度,主要包括基本生活保障(如社会救助、社会保险和社会津贴)和社会福利服务(如在劳务、机会等方面服务)两种形式。⑤

---

① 参见〔美〕查尔斯·H.扎斯特罗:《社会工作与社会福利导论》,孙唐水等译,中国人民大学出版社2005年版,第5页。
② 参见王思斌主编:《社会工作导论》,北京大学出版社1998年版,第9页。
③ 参见张建明、龚晓京:《社会福利与社会保障的关系刍议》,载窦玉沛主编:《重构中国社会保障体系的探索》,中国社会科学出版社2001年版,第53页。
④ 参见郑杭生主编:《社会学概论新修》,中国人民大学出版社2003年版,第450页;刘继同:《社会福利与社会保障界定的"国际惯例"及其中国版涵义》,《学术界》2003年第2期。
⑤ 参见彭华民:《中国组合式普惠型社会福利制度的构建》,《学术月刊》2011年第10期。

东西方因文化和经济社会发展进度等方面的差异所形成的社会福利概念不尽相同。然而,全球化趋势日益增强,工业化带来人口高速流动,城市人口急剧增加,低生育率、人口老龄化以及经济形势不确定性风险等等,正成为人类共同面对的难题。这也使得东西方国家的社会福利观念趋同。如即使在中国最偏远的一个乡村的农民上缴的养老保险,都可能通过某种渠道汇入全球金融资本的运作,从而受到全球经济波动和国际政治形势的影响。大社会福利观就是在这一背景下形成的。它是指国家为改善国民的物质文化生活条件,提高国民生活质量,向国民提供各种津贴、公共设施和社会服务等政策和制度安排的总称,主要包括住房、医疗、教育和养老等涉及民生问题的各方面。[①] 即便东西方国家在社会福利理念上均朝向大社会福利观发展,但因发展程度、政治文化和社会生活理念等方面不同,也会形成不同类型的社会福利供给模式或称社会福利治理模式。

二、社会福利治理模式

社会福利治理模式可以简单理解为社会福利制度,主要指国家、市场和家庭在社会福利供给中分别扮演何种角色。[②] 目前对社会福利制度类型划分通常是以威伦斯基(H. Wilensky)和李宾士(C. Lebeaux)在《工业社会和社会福利》一书中提出的"补缺型"和"制度型"二分法为基础的,根据不同国家的政府介入程度和基本福利政策,可将社会福利制度划分为补缺型、普惠型和适度普惠型。

[①] 参见陈元刚主编:《社会保障学》,东北财经大学出版社2019年版,第278页。
[②] 参见周沛:《社会福利理论:福利制度、福利体制及福利体系辨析》,《国家行政学院学报》2014年第4期。

1. 补缺型社会福利制度

补缺型社会福利制度也被称作剩余型社会福利制度。这种社会福利制度认为社会福利不是一种必需的社会制度，人们对社会福利的基本需求主要通过市场和家庭来满足，只有在市场和家庭供给失效时，政府才作为社会福利机构出面弥补市场和家庭之不足，为弱势群体或无行为能力的人提供最低的物质救助，从而保障他们最基本的生存所需。① 采用补缺型社会福利制度一般有两种情况：一种是在经济社会不太发达的国家，政府无力实施覆盖人群更广泛和项目更健全的社会福利供给。如在资本主义尚不发达的某些西方社会或一些发展中国家，通常采用这种社会福利制度。另一种和政治文化有关，如美国以补缺型社会福利制度为主，辅之以工业成就型，这与美国崇尚个人主义和鼓励自我奋斗的政治文化有很密切的关系。这类社会福利制度有利于激发社会成员自力更生的品格，尽量通过个人努力为社会创造更多价值，同时满足自身生存和发展需求，还可以节约国家财政成本，但其弊端是造成一种冷漠的社会氛围。如在社会福利供给机制方面实行严格的资产调查程序，且救助标准较低，容易使受助者产生一种被"施舍"的心理感受和形成某种污名效应。

2. 普惠型社会福利制度

普惠型社会福利制度是指实行不以个人特质为转移的福利保障制度。② 这种社会福利治理模式以平等、安全和人道主义为宗旨，强调社会福利供给是现代社会基本的社会制度，是个人、家庭和社区满足社会

---

① 参见黄晨熹：《社会福利》，格致出版社、上海人民出版社2009年版，第57页。
② 参见王思斌：《我国适度普惠型社会福利制度的建构》，《北京大学学报》(哲学社会科学版)2009年第3期。

需要的基本方式,而不只是为了弥补家庭和市场福利供给的不足。① 普惠型福利制度主要施行于欧洲福利国家,采用的是不同于补缺型福利制度的福利治理类型。瑞典是普惠型社会福利制度的典型。瑞典社会福利施行省政府和市政区分工负责的体制,中央政府下设24个省政府,省下辖279个市政区,医疗服务由省政府负责,教育和其他由市政区政府负责。瑞典的社会福利支出额度较高,约占国家年度财政预算的三分之一。每年由中央政府制定社会福利政策,再向国会提出议案,通过后再向省及市政区支付补助金,有关社会福利发放标准和程序等具体事务均由社会福利保障厅负责。② 其他欧洲国家如英、法、德、意等的社会福利制度也属普惠型,但英国普惠型社会福利方案较欧洲大陆国家多。21世纪以来,随着经济稳步发展及现代化程度不断提升,中国社会福利制度也出现向普惠型发展的趋势。

3. 适度普惠型社会福利制度

2006年,党的十六届六中全会做出"逐步建立覆盖城乡居民的社会保障体系"的战略决策,③意味着从补缺型福利向普惠型福利过渡将成为推进我国社会保障体系现代化的核心。2007年中国民政部第一次提出建设"适度普惠型社会福利"。王思斌认为,适度普惠型社会福利是由政府和社会基于本国的经济和社会状况,向全体国民提供涵盖其基本生活主要方面的社会福利,如失业保险、贫困救助、医疗保险、住

---

① 参见黄晨熹:《社会福利》,格致出版社、上海人民出版社2009年版,第57页。
② 参见[日]国际社会福利协会日本国委员会编:《各国的社会福利》,张萍译,华夏出版社1988年版,第113—114页。
③ 参见李洪峰:《〈中国共产党章程〉集注》(中),党建读物出版社、中国方正出版社2013年版,第636页。

房保障及老人、残障服务等。① 这里"适度"意味着在社会福利项目占国家预算比重、社会福利政策领域和满足人们基本生活需要程度等方面,较普惠型福利制度体现出"量体裁衣"和节制的特点。这一方面与中国经济社会发展程度和人口众多等密切相关,另一方面也是汲取了福利国家"从摇篮到坟墓"式福利制度经验教训的结果:如果社会福利支出占国家预算比重过大,会减少国家用于发展的资金投入,不但会影响到国家经济发展速度,也不利于激发个人创造财富的主动性和积极性。因此,对中国来说,构建适度普惠型社会福利模式是适合国情的、科学合理的选择。

社会福利制度还有多种分类方式,上述只是较早提出和最常用的一种分类。目前,普惠型已经成为有经济实力的国家的社会福利制度的发展取向。一个国家采取何种类型,与这个国家的经济发展水平、社会现代化程度和政治文化等有密切关联。但无论选择哪种类型,能否兼顾效率和公平,平衡好一个国家的积累投资和发展投资,最终提升全体公民稳定的可持续的幸福感,充分体现国家治理的根本目标,应该是衡量一个国家社会福利体系的关键。

第三节 社会福利治理的评估体系

随着世界各国社会福利制度由补缺型向普惠型发展趋势的增强,

---

① 参见王思斌:《我国适度普惠型社会福利制度的建构》,《北京大学学报》(哲学社会科学版)2009年第3期。

社会福利供给成为各国政府的重要职能,社会福利治理状况也成为衡量一国国家治理能力的关键性指标。构建一套能够较系统反映国家治理能力的指标体系,必要且有意义。本节将在对既有社会福利指数评析基础上尝试构建适用于评估国家治理能力的新指标体系。

一、既有社会福利指标评析

一般来讲,对社会福利的测量最初来自于福利国家的福利经济学领域。福利经济学对社会福利的测量沿着两大脉络展开:一是以经济效益为中心的测量理路;二是围绕可行性能力的多元互动理路。这两种测量理路同时也可以被看作社会福利测量方法的两个发展阶段。

(一) 以经济效益为中心的社会福利指数

古典经济学家亚当·斯密(Adam Smith)提出,保障社会福利和人类幸福是经济增长的目的。① 福利经济学家发展出一套数理分析方法,即用精确数字指标计算,得出可以用精确数字表示的社会福利水平。20世纪五六十年代,社会科学中实证主义方法兴起,经济学家开始用可量化的数据指标来测量一个国家的福利水平。70年代石油危机引起福利国家危机以后,西方学界开始重视对福利国家的福利理论和政策研究,特别是社会福利水平与经济发展之间关系的评估理论逐渐产生。②

福利经济学家庇古(Arthur C. Pigou)提出"福利等于国民收入"的

---

① 参见戴建兵、曹艳春:《社会福利研究述评》,《浙江社会科学》2012年第2期。
② 参见朱荣科:《社会主义福利经济学》,黑龙江教育出版社1998年版,第168—170页。

理论,即假设社会福利水平与政府支出总规模及其结构体系存在必然的内在关联,以 GDP 指标或 GDP 修正指标为衡量社会福利的重要指数。1972 年,美国经济学家诺德豪斯(William Nordhaus)提出"经济福利尺度"(MEW)的概念,即通过对 GDP 的矫正得出经济福利指标。萨缪尔森(Paul Samuelson)提出"净经济福利"(NEW),修正 GDP 指标:一是从 GDP 中减掉那些使国民福利造成损失的费用,如环境污染、城市噪音等造成的损失;二是把 GDP 中不包括的一些项目加进去,如计入家庭主妇的劳务、增加闲暇的价值等。NEW 的不足之处是未能涵盖福利增加的诸多因素,如自杀率、疾病发生率下降和教育普及等。将反映福利增加的变量纳入指标,可以得出综合性的福利指标,更能反映出国民福利变动情况。[1] 这些福利指数的总体特征是将单一经济福利作为社会综合福利替代,却忽略了其他社会子系统,如政治、环境、文化等变量对福利的影响。但主要运用经济指标来测量社会福利水平这种"用数字说话"的方法,得到了较广泛的应用。宁亚芳用公共社会开支占 GDP 的比例、年度 GDP 增长率、劳动力就业率三项指标,比较测量了瑞典、德国、英国和美国的社会福利水平,得出高社会福利水平并不必然损害国家竞争力的结论。[2] 韩国学者金渊明根据国家财政与社会保障性支出的关系来构建社会福利函数(见表 4-1,其中国民负担率=税收负担率+社会保障缴费负担)。其测算结果表明,韩国无缘跻身福利国家行列,非西方国家中只有日本一个国家可以被称为福利国家。"二战"前,没有能充分完成工业化基础的国家很难进入福利国家的

---

[1] 参见刘长生、郭小东、简玉峰:《社会福利指数、政府支出规模及其结构优化》,《公共管理学报》2008 年第 3 期。
[2] 参见宁亚芳:《高社会福利水平创造强国家竞争力——基于瑞典的实证研究》,《中州学刊》2013 年第 5 期。

阵营。①

表 4-1　2012 年各类型福利国家的主要财政指标占 GDP 的比率（单位:%）

福利类型	国民负担率	税收负担率	社会保障缴费	政府总支出	社会保障支出
北欧国家	43.7	35.4	8.3	52.7	27.3
中欧国家	40.5	25.7	14.8	50.8	27.8
南欧国家	34.9	23.9	11.0	50.0	26.5
英美国家	29.3	25.8	3.5	41.3	21.1
韩国	24.8	18.7	6.1	32.7	9.6
经合组织（OECD）平均	33.7	24.7	9.0	45.0	21.6

另外，还有学者将社会福利水平与经济效用挂钩的逻辑运用于测量拉低社会福利水平的因素，如社会分配不平等和社会机会不公平等经常成为社会福利水平的减分项。胡志军建立了一个基于基尼系数的社会福利分析框架，分析收入分配和经济增长对社会福利变动的影响。② 欧阳葵等认为，收入分配的不平等程度将会严重地影响社会福利水平。一般地探讨不平等与社会福利之间的联系主要是通过"平均分配等价收入"（EDEI）将社会福利函数与不平等度量明确对立起来，建立所谓的 ASK 指数，很好地体现了不平等度量的"规范显著性"，即当平均收入相等时，更加不平等的收入分布意味着更低的社会福利。③

---

① 参见〔韩〕金渊明：《韩国社会福利国家的未来：自由主义+南欧福利体制？》，《社会保障评论》2017 年第 2 期。
② 参见胡志军：《基于分组数据的基尼系数估计与社会福利：1985—2009 年》，《数量经济技术经济研究》2012 年第 9 期。
③ 参见欧阳葵、王国成：《社会福利函数与收入不平等的度量——一个罗尔斯主义视角》，《经济研究》2014 年第 2 期。

(二) 以可行性能力为中心的多元互动指数

20世纪下半叶,学界对社会福利的理解和测量均发生了明显变化(见表4-2),即从经济因素拓展到非经济因素,从考虑福利手段(如食物供给)到分析结果(如营养水平),从辨识"需求"到主张"权利",从无指标到多指标。

表4-2　20世纪下半叶社会福利主要含义及测量方法的演变

时期	福利含义	福利测量方法
20世纪50年代	经济福利	GDP增长
20世纪60年代	经济福利	人均GDP增长
20世纪70年代	基本需求	人均GDP增长+基本物品供给
20世纪80年代	经济福利	人均GDP,但出现非金钱因素
20世纪90年代	人类发展/能力建设	人均发展和可持续性
21世纪初	全民福利、生存权和自由	千年发展目标和新领域:风险和增权

资料来源:黄晨熹:《社会福利》,格致出版社、上海人民出版社2009年版,第10页。

如澳大利亚的克拉克(M. Clarke)等用调整GDP指数测量1997至1999年泰国社会福利状况(见表4-3),结果与单纯GDP指数大相径庭,由此得出社会是由社会、政治、环境和精神子系统组成的,任何子系统变动都会引起其他子系统变动,同时,也不能简单地将某一子系统的提高视为整个社会福利水平的提高。[①] 运用这一测量方法的关键在于如何确定那些非经济变量。

[①] See M. Clark & S. Islam, "Measuring Social Welfare Application of Social Choice Theory", *Journal of Socio-Economics*, Vol. 32, No. 1, 2003.

表 4-3　克拉克等构建的社会福利指标体系

子系统	测量指标
社会子系统	收入水平
	上下班交通费用
	健康方面私人开支
政治子系统	腐败指数
环境子系统	水污染指数
	空气污染指数
	不可再生资源耗费
	长远的环境破坏
精神子系统	色情业状况

20世纪90年代,公共选择理论被运用到社会福利函数之中,社会福利指数发生较大变革。1998年诺贝尔经济学奖得主阿玛蒂亚·森(Amartya Sen)提出可行能力理论,开创了福利经济学新局面。社会福利指数开始由注重功能向注重能力如政治、经济、环境等多维变量集合转变。森将自由价值引入社会福利测量范畴,指出自由是享受人们珍视的生活的可行能力,创造福利的并不是财富和商品本身,而是由商品所带来的那些机会和活动。这些机会和活动是以个人能力为前提和基础的,因此森重新将社会福利定义为"个人在生活中实现各种有价值的功能的实际能力组合",它是人们不断扩大自身选择范围和不断提升自身能力过程的反映。[①]学界称森衡量社会福利方法为"可行能力方法",可将该方法概括为,福利可以通过个人生活质量判断。生命中的活动可以看作一系列相互关联的"生活内容"即"功能性活动"。它

[①] See A. Sen, "Well-being, Agency and Freedom", *Journal of Philosophy*, Vol. 82, No. 4, 1985.

是一个人处于怎样的状态和能够做什么的结合。与功能相关的是可实现生活内容的能力，该能力表示，人们能够获得的各种生活内容的不同组合，是实现功能所必须具备的条件和机会。"如果说已实现的生活内容构成了福利，那么，实现这些生活内容的能力，则构成了实现福利的自由。"①不仅在经济层面的成就，在社会其他层面如知识技能、社会保障、健康长寿、民主自由等领域的成就也反映了不同方面的能力水平，这些能力的集合共同构成了社会福利。

国内外相关机构和学者基于森的"可行能力方法"，构建了若干多元互动的福利指数体系。如美国海外开发委员会制定的"物质生活质量指数"（PQLI）、美国社会保健协会（ASHA）制定的指数、联合国开发计划署制定的人类发展指数（HDI）②和国民幸福总值指标（GNH）等。

PQLI（Physical Quality of Life Index）即物质生活质量指数，是美国海外开发委员会开发的用以测量物质福利水平的一套综合指数，主要由婴儿死亡率、预期寿命和识字率三个变量组成。PQLI 主要用于测量世界上最贫困国家在满足其人民基本需要方面所取得的成绩。作为社会福利测量指数，PQLI 的优势是计算简单、易于理解和操作以及方便多国比较等。它的测量结果可以为一个国家调整发展战略或检测既有战略目标实现程度等提供有效参考。③ 但是，PQLI 仅选取婴儿死亡率、预期寿命和识字率三个变量作为衡量一个国家社会福利状况的指标，省去了其他广泛影响社会福利的变量如教育和医疗等，并不能完整反映一国社会福利水平。同时，它因侧重社会变量，忽略了社会与经济

---

① Amartya Sen, *Inequality Reexamined*, Oxford: Oxford University Press, 1992.
② 1990 年开始，联合国开发计划署每年都发布世界各国经济发展中的国民福利状况报告。
③ 参见李连友等:《中国社会发展指数的构建与实证:面向全面小康社会》，中国市场出版社 2016 年版，第 49 页。

之间的关联性指标,因此也不能很好反映一个国家经济发展水平与物质生活质量之间的真实情况。

ASHA 是美国社会保健协会(American Social Health Association)的英文缩写。ASHA 指数是该机构提出的一套用来测量一个国家特别是发展中国家的社会经济发展水平及其在满足人民基本需要方面取得的成就的指数。ASHA 指数是用就业率、识字率、平均预期寿命、人均国民生产总值增长率的乘积,除以婴儿出生率和死亡率的乘积而得到的测量结果。[①] 和 PQLI 相比较,ASHA 指数的优势是不仅反映发展中国家在满足人民基本需要方面所取得的成绩,同时还测量了该国的经济社会发展水平。

HDI 是联合国开发计划署在 1990 年首次发表《人类发展报告》中公布的人类发展指数(Human Development Index)的简称,用以对各国在人类发展的不同领域所取得的成就做出整体评价,测量范围涵盖联合国 192 个成员国以及中国香港和巴勒斯坦。HDI 从健康长寿、知识以及体面生活三个维度衡量一个国家人的发展所取得的平均成就。这三个维度由四个指标构成,用"出生时与其寿命"表达"健康长寿"维度,用"平均受教育年限"和"预期受教育年限"共同反映"知识维度",用人均国民总收入(GNI)表达"体面生活水平维度",最终结果由四项指标合成得出。[②] 该指数的优势是数据易得,不仅能反映一国经济增长规模,还能反映是否为良性增长,有助于发现一国经济发展的薄弱环节,为采取有效经济调节措施提供参考。但仅用三个指标难以反映一国人的发展整体情况,且不同国家文化传统对"体面生活"等理解不尽

[①] 参见任兰兰:《中国老龄事业发展指标体系研究》,知识产权出版社 2017 年版,第 98 页。

[②] 参见李连友等:《中国社会发展指数的构建与实证:面向全面小康社会》,中国市场出版社 2016 年版,第 32—33 页。

相同，难以整齐划一。

GNH 是 20 世纪 70 年代不丹王国在"人生基本的问题是如何在物质生活和精神生活之间保持平等的"政治理念下提出的"国民幸福总值"指数，由政治善治、经济增长、文化发展和环境保护四级组成，将包括满意等主观指数涵盖在内。强调"发展的目的是幸福"，判断一个政府的合法性，必须看它的政策和行动在增进人民幸福方面的成绩怎么样。[①] GNH 是衡量一个社会是否良性运转的重要指标，较前述其他指标的优势是在经济发展与人民生活质量的基础上，对生活质量测量超出物质单一维度，提出生活质量本质上是一种主观体验，其测量结果成为一些发达国家调整社会政策的重要依据。但其局限性是所适用国家范围有限，可想而知，在一个人民温饱问题都难以解决的极度贫困国家中，是很难在"幸福主观体验"方面有所作为的。

我国学者在上述福利指数基础上构建出诸多福利指数。如刘长生等在森和 ASHA 指数的基础上，提出了社会福利指数（SWI），包括九个项目：实际人均国内生产总值增长率（RG）、收入分配（G）、环境污染程度（RI）、资源消费度（RR）、就业率（RE）、识字率（RK）、平均预期寿命增长率（ARY）、人口出生率（RB）、婴儿死亡率（RD）。其中婴儿死亡率、基尼系数、资源消费度、环境污染程度、收入差距等与社会福利指数呈负相关关系，实际人均 GDP 增长率、就业率、识字率、平均预期寿命增长率等指标与社会福利指数呈正相关关系。[②] 杨爱婷等基于森的可行能力理论构建了社会福利指数（见表 4-4），对中国、瑞典、英国、德

---

① 参见姚巧华编著：《幸福中国》，北京工业大学出版社 2012 年版，第 6 页。
② 参见刘长生、郭小东、简玉峰：《社会福利指数、政府支出规模及其结构优化》，《公共管理学报》2008 年第 3 期。

国、日本、加拿大、韩国和印度 8 个国家的福利状况做了比较测量。①

表 4-4 社会福利的指标体系

福利	功能指标	能力指标
收入	人均可支配收入(+)(反映居民在收入方面实现的功能)	人均收入增长速度/人均 GDP 增长速度(+);GINI 系数(−)(反映在经济高速增长的情况下,我国居民特别是穷人提高其收入水平的能力)
消费	全国居民消费水平(+)(反映居民在消费方面实现的功能)	最终消费支出占 GDP 比重;居民消费支出/政府消费支出(+)(反映我国社会总体消费能力,尤其是相对于政府消费而言,我国居民自身的消费能力)
健康	出生时的预期寿命(+)(反映居民在健康方面实现的功能)	卫生总费用占 GDP(+);居民消费支出/卫生总费用(+)(反映居民在医疗卫生方面的支出以及政府对此所提供的保障)
教育	成人识字率(+)(反映居民在教育方面实现的功能)	国家财政性教育经费/GDP(+)(反映国家财政在教育方面为人们提供的教育机会和教育保障)
社保	农村贫困发生率(−)(反映居民在社会发展和社会保障方面实现的功能)	社会保障支出/GDP(+)(反映居民,尤其弱势群体得到扶持和帮助的机会,以及获得生存和发展的能力)
环境	碳排放(−)(作为代表性指标反映居民在环境方面实现的功能)	碳生产率(+)(反映在资源和环境的约束下,我国经济的可持续发展能力)

注:括号内为指标性质和指标解释。各评价指标对功能和能力的影响程度也不同,有必要对每一个指标赋以权重,以真实反映其对福利的作用程度。为了使所得的权重具有一定的客观性,选用专家打分法对指标权重进行估算。

梁辰和陈谦明也根据森的思想,设计了测度中国社会福利水平的指标体系(见表 4-5)。用这一指标体系测量 1978—2011 年中国社会

---

① 参见杨爱婷、宋德勇:《中国社会福利水平的测度及对低福利增长的分析——基于功能与能力的视角》,《数量经济技术经济研究》2012 年第 11 期。

福利水平,得出中国社会福利功能指标上升幅度较大,能力指标上升非常有限;中国经济增长与福利水平脱钩;与发达国家甚至印度的福利水平相比,中国仍存在很大差距。①

表4-5 福利水平衡量指标

福利水平	功能指标	能力指标
收入水平	人均可支配收入	人均可支配收入增长速度
消费状况	人均消费绝对量	消费增长率
健康状况	预期寿命	政府医疗支出比重、居民医疗支出比重
教育水平	受教育年龄	国家教育经费支出比重、居民教育经费支出比重
保障体系	居民社保收入绝对量	政府社保支出占国民收入比重
就业状况	就业绝对量	就业率变动情况
社会环境	碳排放总量	碳生产率

这些多维框架的指标提供了更为全面的衡量社会福利的方法。然而,上述指标体系存在以下明显的问题。第一,森的可行性能力方法应用很广,但也因能力的模糊性而广受诟病。第二,只考虑平均成就水平,掩盖了由人的差异性等导致的成就分布不平等对社会福利的影响。因此,应该将平等因素融入多维社会福利指数的构造中。加入这一维度后,周义等给出了测量中国城市社会福利水平的指标体系,包括物质生活水平、知识技能、健康状况和环境状况四个维度。其中,物质生活水平由城市居民可支配收入分布和受收入不平等影响的物质生活构成;知识技能由城市居民受教育年限和教育不均衡影响的知识技能水平构成;健康状况是由居民预期寿命并考虑不同地域、民族和类别的居民差异性构

---

① 参见梁辰、陈谦明:《比较域下中国社会福利水平及动态模拟测度》,《统计与决策》2014年第12期。

成;环境状况是由以地表水质达标率为代表的水环境和以城市空气质量达标率为代表的大气环境构成。以此指标体系测量2000—2011年中国城市社会福利状况,得出不平等是造成中国城市社会福利损失不可忽视的因素。[①] 第三,没有考虑国与国福利制度的差异性,不利于形成国际比较的指标体系。第四,缺乏社会福利治理的维度。

二、国家治理视域下社会福利治理评估指标

抛开社会福利理论,单就社会福利指标体系来说,其经历了从单纯的经济效益,到以国民生产总值或国民总收入或人均可支配收入等为代表的经济福利指标,以及20世纪80年代以来的国际组织(联合国开发计划署、世界银行、国际货币基金组织等)倡导的非经济福利指标,再到20世纪90年代开始于阿玛蒂亚·森的可行能力指标体系(社会福利水平可以通过功能性指标和能力指标两个维度来测量)的变化。目前中国大多数社会福利测量都是根据"可行能力方法"的逻辑来设计的。但是,由于对"未来实现自由能力"的指标选择和估算的模糊性,这一理论的解释力大大受限。

(一)以政府为核心的社会福利测量

如同单独探讨社会福利概念是空泛的和没有意义的一样,直接从测量方法的科学性和合理性着眼,评估各个国家的社会福利水平,也是徒劳的。因为世界各国的社会福利置于各自不同的社会福利文化体系之中,具有不同的底色和表现形式。因此,设定评估各个国家社会福利

[①] 参见周义、李梦玄:《基于多维不平等的中国城市社会福利测度与比较研究》,《中国科技论坛》2013年第11期。

水平的指标体系,也必须在比较的视域下展开。换句话说,只有在具有可比性的意义和维度上对各国的社会福利进行评估,才是本章的目标。

对社会福利水平的评估取决于对社会福利含义的理解。笔者认为,社会福利是指政府(大政府意义)为了满足全体公民的基本生活需求,并弥补个体家庭和市场的不足,而提供的一整套政策、物质和服务体系。它既包括对弱势群体和不能自足者的救助与帮扶,也包括对全体公民的基本生存发展权利的考量。涉及社会福利的跨国比较,势必要涉及可比性问题。各国的社会福利体制差异性较大,即使欧洲各福利国家之间也具有显著差异。

当今世界上,除了少数有争议的地区以外,民族国家是一种普遍的现象,而且随全球化而来的国与国之间的竞争日益激烈,国家内部随着工业化、现代化而来的人口流动趋势加剧,原有的社会结构和社会福利体制被冲破,无法满足社会福利的需求。因此,国家在社会福利领域扮演着越来越重要的角色。在这一大背景下,各个国家的社会福利水平比较问题,其实就是各个国家在社会福利领域中做了什么以及做得怎么样的问题。正如埃斯平-安德森(Gøsta Esping-Andesen)批判单纯从权利赋予角度来理解福利国家时所主张的,福利国家必须考虑国家活动如何与市场和家庭在社会提供中的角色相结合。[①] 在国家治理经验意义上,国家在社会福利领域做了什么以及做得怎么样的问题,就是国家在社会福利领域所提供的政策、物质和服务的数量和质量问题。下文从国家治理的整体视角比较各国的社会福利水平,打破埃斯平-安德森和科尔皮(Walter Korpi)等的福利国家分类框架,比较国家在社会福利领域做了什么以及做得怎么样。

[①] 参见〔丹〕哥斯塔·埃斯平-安德森:《福利资本主义的三个世界》,苗正民、滕玉英译,商务印书馆2010年版,第31页。

（二）比较视野中的社会福利治理评估指标体系

要测量政府在社会福利领域做了什么以及做得怎么样，则需要将之换化成具体的维度和可测量的指标。首先，沿着政府做了什么和做得怎么样两个维度选择社会福利的几个重要方面。其次，根据社会福利所覆盖的公民群体，将社会福利分成针对不能自足群体的社会救济类、针对一般公民的社会保障类和针对全体公民的公共资源与环境类三类。最后，在两个维度、三个类别的框架下，基于数据可获得性和各国之间的可比较性，笔者在前人设计的社会福利指标体系基础上，选择各国常见的且最为学术界所关注的测量指标。基于这三点考虑，建立了可比较的社会福利治理评估指标体系（见表4-6）。

表4-6 比较社会福利治理水平的指标体系

主体	社会福利投入	社会福利产出
社会救济	1. 社会救济项目的种类：生活救济、住房救济、教育救济、医疗救济 2. 社会救济支出占GDP的比重	1. 养老院、福利院数量，福利院收养儿童与失孤儿童比重 2. 享受社会救济的残疾人占全部残疾人的比重、残疾人就业率
一般居民社会福利	1. 医疗：医疗保障支出占GDP比重、政府医疗支出与私人医疗支出比重 2. 教育：教育支出占GDP比重、政府教育支出与居民教育支出比重 3. 就业：就业支出占GDP比重 4. 消费：人均可支配收入 5. 住房：政府住房福利支出占GDP比重 6. 社保：政府社保支出占GDP比重、政府社保支出与私人社保缴费比例	1. 医疗：预期寿命、婴儿死亡率（一千个新生儿的死亡率）、每百万人拥有医院数、每千人中卫生技术人员数 2. 教育：15岁以上人口识字率、儿童失学率、人均受教育水平 3. 就业：劳动力就业率 4. 消费：消费基尼系数 5. 住房：住房拥有量、人均房贷占家庭收入比重 6. 社保：居民社保收入占总收入比重、贫困发生率

(续表)

主体	社会福利投入	社会福利产出
全民的环境与安全	1. 自然环境与资源：空气治理支出占GDP比重；水治理支出占GDP比重；资源补贴支出占GDP比重 2. 社会环境：政府交通支出占GDP比重；政府通信支出占GDP比重；食品和药物安全治理支出占GDP比重，是否有统一独立的食品安全监管机构；社会安全治理占GDP比重、每万人拥有警察数	1. 自然环境与资源：碳排放量、空气污染指数；水污染指数；不可再生资源耗费率 2. 社会环境：运营铁路密度、公路网密度（单位为千米/万平方千米）；通信工具普及率；食品安全事件发生率；暴力事件发生率、犯罪率
主观指标	总体生活满意度（调查数据可从OECD"世界价值观调查"获得）	

注：表格中，政府的社会福利投入包括社会福利项目、相应财政支出和具体服务提供三个方面，多为客观测量指标；政府社会福利产出，即政府社会福利治理效果，包括客观成绩和公民主观感受两个部分。

第一，社会救济类别的指标选择。在政府社会福利治理投入方面，之所以择社会福利项目的种类（主要分为生活救济、住房救济、教育救济、医疗救济四类）和社会救济投入，是因为可以通过这两个指标对一个国家的社会救济体制健全情况和社会救济力度进行观测。同时，社会救济的主要对象是失能或半失能老人、失孤儿童和残疾人，因此，在评估一个国家社会救济效果的时候，笔者选择了"失能与半失能老人贫困发生率""福利院数量、福利院收养儿童与失孤儿童比重""享受社会救济的残疾人占全部残疾人的比重、残疾人就业率"三个具体指标来测量。政府社会救济投入方面的两个指标和产出方面的三个指标，可以在各国的政府网站和统计机构网站获得。

第二，针对一般居民的社会福利治理评估的指标选择。笔者比较分析了埃斯平-安德森所界定的福利国家和非福利国家旨在提高全民生活质量的社会福利项目，并结合学界测评的最受关注的社会福利指标,发现医疗、教育、就业、消费、住房、社保是一个国家最重要的社会福利领域,也是最能体现一个国家社会福利治理水平的考核指标。简言之,就是党的十七大报告提出的"努力使全体人民学有所教、劳有所养、病有所医、住有所居"全面建设小康社会的总体目标。在政治哲学意义上,生存和发展也是政治共同体成员最基本、最重要的两项自然权利。医疗、就业和社保三项是保障人的基本生存权利的主要指标,而教育、消费和住房则是满足人的发展需求的主要指标。就具体指标而言,考虑到指标的客观有效性和数据的可获得性,在政府社会福利投入方面多选择政府资金投入占 GDP 的比重,而在政府社会福利产出方面则选择以下指标:

医疗一项,婴儿死亡率和预期寿命可以检测一个国家的医疗福利的水平和有效性,同时,"每百万人拥有医院数"和"每千人中卫生技术人员数"可以测量医疗社会福利的可获得性。各国的相关数据都可以从各国的统计年鉴[①]和世界卫生组织网站[②]获得。

教育一项,用"15 岁以上人口识字率""儿童失学率"和"人均受教育水平"三个指标来替换以往衡量教育福利水平的"识字率"。这较此前更能进一步准确反映教育资源投入的有效性和公平性。简单的识字率比较无法做到这一点。这些指标数据可以从各国政府历年统计数据中比较容易地获得。

就业一项,采用了此前惯用的指标"劳动力就业率"。各国的劳动力就业率可以从 OECD 官网统计数据库获得。[③]

消费一项,用森的视角来看,消费最能反映一个公民获得好的生活

[①] 一般发达国家的统计年鉴(year book)都可以从该国政府网站获得,如加拿大的统计年鉴(Canada Year Book)可以从 http://www.statcan.gc.ca/11-402-x2010000-eng.htm 获得。

[②] http://www.who.int/whosis/databasecorecore-select-process?countries=all indicators=nha.

[③] http://stats.oecd.org/.

的能力。学界常用人均 GDP 或人均国民总收入（GNI）来衡量居民的消费水平。但是，由于有些国家贫富差距悬殊和隐性收入的存在，人均 GDP 和 GNI 无法准确反映一国居民获得好的生活的能力，用消费基尼系数则可以弥补这一不足。阿特金森（Anthony B. Atkinson）认为消费基尼系数具有更为丰富的社会福利含义，它对于考察消费分布对社会福利的影响具有现实意义。基尼系数满足"庇古-道尔顿转移支付原理"，即如果富裕者向贫困者转移收入，但不至于改变富裕者和贫困者原来的经济地位，那么整个社会的不平等就会减少。这样，社会的不平等就与整个社会的福利状况相关。① 各国总体的消费基尼系数可以通过居民收入家庭调查获得，如中国的可以通过"中国家庭追踪调查"（CFPS）、"中国综合社会调查"（CGSS）、"中国劳动力调查"（CLDS）等调查数据测算。

住房一项，在以往社会福利测量指标中很少得到反映。住房是衡量居民社会福利水平的一项重要指标，尤其对中国这样一个有着深厚安土重迁传统的国家，一般人民只有安居才能乐业，只有拥有稳定的住所，才能做进一步的财富积累和自我实现的努力。因此，笔者选择"住房"一项作为衡量社会福利水平的重要指标，可以具体转换成"住房拥有量"和"人均房贷占家庭收入比重"两项来评估一个国家住房方面的社会福利治理效果。其中，住房拥有量可以从房产部门公布的数据中得到，人均房贷占家庭收入比重可以通过公积金管理中心数据和人均 GDP 的比值获得。各国住房一项的统计数据可以从联合国发布的"发展和融合社会及人口统计数据的框架"（FSDS）统计数据库得到。②

---

① 参见孙豪、胡志军、陈建东：《中国消费基尼系数估算及社会福利分析》，《数量经济技术经济研究》2017 年第 12 期。

② 联合国自 1979 年开始发布"发展和融合社会及人口统计数据框架"指标体系，其中包括各国的人口、家庭成员、学习和教育、收入分配、社会保障、卫生保健、住房环境、公共秩序和安全、闲暇和文化、社会阶层和流动情况等 12 个指标。

社保一项,随着人口老龄化和现代经济发展的高风险性,社保成为一个社会不可或缺的稳定器。因此,社保福利治理的水平事关一个国家社会的稳定。政府在社保方面做得怎么样,可以通过"居民社保收入占总收入比重"和"贫困发生率"两项反映出来。因为不同国家的社保体制不同,如中国社保最大矛盾之处在于私人社保缴费与未来的社保收入不挂钩。进一步说,就是个人所缴纳社保费用的多少与未来获得的社保收入不存在正相关关系。社保收入占总收入的比重,可以反映出一个国家社保的可持续能力,而贫困发生率则可以反映社保的保障基本生活水平的效果。各国的贫困发生率可以从 OECD. statExtracts. 网站①获得。

第三,全民的环境与安全这一类别社会福利治理的指标选择。测量全民的环境与安全的政府投入和产出的具体指标主要分为自然环境与资源和社会环境两个方面。

从社会福利投入维度来看,自然环境与资源方面主要是通过政府对空气、水和不可再生资源的保护三项资金投入占 GDP 的比重来衡量;社会环境则主要通过与人们生活密切相关的交通、通信、食品和药物安全、社会安全治理方面的投入占 GDP 的百分比来测量。将这七项指标汇总,可以获得一个国家在自然和社会环境治理方面的投入或重视程度。

从社会福利产出维度来看,自然环境与资源方面通过碳排放量、空气污染指数、水污染指数和不可再生资源的耗费率三项来测量国家在自然环境与自然的社会福利治理方面的客观性效果。社会环境方面的社会福利治理效果的测量,主要通过与投入相对应的运营铁路和公路

---

① 网址:http://stats.oecd.org/。

网的密度(千米/万平方千米)、通信工具普及率、暴力事件发生率、犯罪率四项指标获得。

通过上述七项指标,可以评估各国在治理事关全民的社会环境与资源方面大致做了什么和做得怎么样。

第四,比较各国社会福利治理的主观指标。本章多选用客观指标来衡量各国的社会福利治理水平,考虑到数据的可获得性,降低评估的技术难度,只采用一项较容易获得的"总体生活满意度"主观指标,用来辅助客观指标的测量结果。各国居民的"总体生活满意度"数据,可以在OECD的"世界价值观调查"数据中获得。这一项考核指标,刚好也可以为我们进一步回答,社会福利水平与居民生活满意度是否为正相关的关系。

上述比较各国社会福利治理的指标体系,是在比较分析各国主要的社会福利项目以及既有测评指标体系的基础上,按照社会福利对象的覆盖率将政府的社会福利治理分为针对"不能自足者"的社会救济、针对一般居民的社会福利和针对全体居民的环境与安全。与以往的指标体系相比,该指标体系主要增加了如下几个方面的考虑。基于比较评估各国社会福利治理水平的目标,本章按照社会福利的投入和社会福利的产出(效果)相互对应的两个方面来设计社会福利测评的具体指标,以便对政府社会福利治理的行为和效果进行评估。如表4-6所示,在针对"不能自足者"的社会救济类别中,在政府社会福利投入一栏考量社会救济项目的种类和社会救济支出占GDP的比重,在政府的社会福利产出一栏则评估社会救济的项目和财政支出所产生的相应社会福利效果,通过失能老人贫困发生率、失孤儿童得到救助的数量和残疾人享受社会救济的比重及其就业率三方面具体指标来衡量。在具体指标选择方面,本指标体系在国家社会福利治理相关性、各国可比较性、指标的准确性和数据的可获得性四点上具有一定优势。

第四节 社会福利治理的实践与经验

西方福利国家为我们提供了福利的经验。如在社会福利水平与经济发展关系、社会福利支出与国家竞争力关系以及社会福利与人的工作积极性的关系等理念方面,在如何避免社会福利资源浪费、确保社会救济精准性的"家计调查"、平衡效率等做法方面,都可以得到西方经验的启示。与此同时,中国作为有着深厚儒家文化传统的国家和社会主义国家,二者的结合生发出一种渐进保守型的社会福利模式,也成为世界福利国家经验的贡献者。本节将从比较的视角提炼各国社会福利在理念、体制和具体机制方面的共识性知识。

一、社会福利理念的转变

社会福利理念指的是一个国家对于社会福利的基本看法,其决定着一个国家社会福利模式的选择,进而决定社会福利的治理效果。社会福利理念的核心问题就是如何看待社会福利。是将社会福利看作国家财政的负担?或将其看作悲天悯人之心的产物?或将其看作国家建设的必备机制?抑或把社会福利作为振兴经济的必要手段?简言之,社会福利理念的关键是把社会福利看作国家财富的创造者还是消费者,即看作"蛋糕分享者"还是"蛋糕贡献者"。

传统观点仅从财政支出的视角看待社会福利,单纯把国家的社会福利支出看作国家的财政负担。其对福利国家的批评主要集中三个方面：一是社会福利成为人们的基本权利，而"福利刚性"使得社会福利支出日益膨胀，成为经济发展的负担。二是高福利、高税收提升了劳动力成本，使得福利国家经济竞争力与活力不足，从而加剧失业问题。三是普遍的福利保障使部分人的工作欲望减弱，造成依赖文化和福利依赖群体。[①] 尤其是由于20世纪90年代福利国家危机及近年欧债危机的发生，人们想当然地把福利国家的福利支出看作福利国家经济危机的罪魁祸首，特别是福利国家之外的国家，自以为认识到了福利国家经济衰败的经验，开始缩减社会福利项目。在对当前西方国家经济、社会与政治危机的反思中，有不少中国学者将危机归因于福利制度，并认为中国应该汲取其教训以防范"福利病"。再如还走在福利国家之路上的韩国，1988年开启国民年金制度，实行"低费率—高待遇"的制度目标，后经经济学家预测，这个制度到2036年时将出现财政赤字，到2047年基金将会枯竭。为此，韩国两次进行"年金法改革"，以调整费率标准和待遇水平。[②] 韩国企划财政部2015年12月发布的"2060长期财政展望"以消极眼光看待社会保障与经济发展之间的关系，其中提及韩国社会主流所倡导的社会保障战略为"不再新设社会保障项目，阶段性缩减现行社会保障制度规模，逐渐提升现行社会保障制度的缴费标准并降低其支付标准"[③]。

近年来一大批实证研究发现，不能仅从财政支出的视角看待社会福利，还要从经济运行的整体来看，社会福利是配合经济发展的不可或

---

① 参见奂平清：《福利制度是西方国家危机的根源吗？——兼论中国社会福利研究的理论自觉》，《教学与研究》2014年第2期。
② 参见《国外社会福利模式研究及其对中国的启示——郑秉文研究员访谈》，《国外理论动态》2009年第3期。
③ 〔韩〕金渊明：《韩国社会福利国家的未来：自由主义+南欧福利体制？》，《社会保障评论》2017年第2期。

缺的社会策略,同时,发达的社会福利还能提高创造国家的竞争力。

有学者提出,福利国家是现代社会发展的特殊类型,仅从财政角度来探讨福利国家的未来,只能触及福利国家危机的表象。例如,德国作为福利国家的最大挑战来自最有力地决定着社会不平等的生产要素正日益脱离国家的再分配过程。[①]

根据世界经济论坛公布的 2011—2012 年环球竞争力排名,瑞士、新加坡、瑞典、芬兰、美国、德国、荷兰、丹麦位居前八位,其中除美国外,大多都是高福利水平的国家。[②] OECD 的统计数据也表明,在欧盟,债务危机最严重的国家如希腊、爱尔兰、西班牙和意大利,都并不是福利支出水平最高的国家,从 2007 年政府社会支出占 GDP 比重看,意大利为 24.9%,西班牙为 21.6%,希腊为 21.3%,爱尔兰仅占 16.35%,都远低于法国(28.4%)、瑞典(27.3%)、丹麦(26.1%)和德国(25.2%)。[③] 宁亚芳基于瑞典的实证研究,有力地证明高社会福利水平创造强国家竞争力,因为瑞典通过社会福利制度实现个体生命周期全覆盖,保障和增强了社会成员人力资本的积累。具体讲就是:以家庭政策和工作关联福利制度维系父母一辈人的高劳动力素质和劳动参与率;以家庭政策、教育福利和工作关联福利制度维系新生儿童在不同生命阶段的人力资本的积累和更新;实现了代际人力资本传递的良性循环。这是瑞典的高社会福利水平能够创造强国家竞争力的内在机理。[④] 同时有研究表

[①] 参见〔德〕弗·克·考夫曼:《社会福利国家面临的挑战》,王学东译,《科学社会主义》2006 年第 3 期。
[②] 参见薛涌:《欧洲"福利国家"的范本意义》,载中国新闻周刊网站,http://viewpoint.inewsweek.cn/columns/columns-1904-p-1.html,2012 年 6 月 26 日。
[③] 参见赵力涛:《福利制度并非"福利国家危机"根源》,《中国社会科学报》2012 年 9 月 7 日。
[④] 参见宁亚芳:《高社会福利水平创造强国家竞争力——基于瑞典的实证研究》,《中州学刊》2013 年第 5 期。

明,"前所未闻的韩国发展故事"中,社会福利政策作为经济政策的一个组成部分,是支撑经济发展的一种投资,同时也是把经济发展扩展到包含社会发展的一种工具。① 此外,社会学和心理学的研究也在一定程度上回应了现代经济学津津乐道的"人性自私、贪婪和享乐"的本体论逻辑,人们往往将收入和福利水平与其他参照群体相比较,而不仅仅是在自我纵向上比较。

社会福利制度与社会服务体系既是工业化革命的产物,也是现代社会体系的重要组成部分,又是社会生活与生活方式的基本内容。社会消费、社会政策与经济生产、经济政策平分秋色,共同组成社会生活全貌与社会体系,形成独特的社会福利与社会服务系统结构和制度框架。这要求各国的社会福利理念从"蛋糕的分享者"向"蛋糕的贡献者"转变。

如果说社会福利制度是座福利大厦的话,以社会救济、社会保险和福利津贴为主的社会保障是基础,位于大厦底层,满足贫困救济、基本收入保障、工伤、疾病、失业、养老等需要。其上依次是福利服务、教育服务、住房服务、健康服务和就业服务。社会福利与社会服务的层次越高,扮演社会预防、社会投资和社会发展角色的可能性就越大。社会福利层次越高,说明现代化程度越高,人们生活质量越高,社会发展色彩就浓厚。② 社会福利发展到今天,已经成为社会经济生活不可缺少的部分。它的作用渗透到社会经济生活的每个角落。它是一种社会保障制度,同时也是一种经济制度。③ 作为一种经济制度,社会福利制度充

---

① 参见〔英〕斯泰恩·林根等:《社会福利、有效治理与发展——以韩国为例》,李淑君、岳经纶译,《公共行政评论》2012年第4期。
② 参见刘继同:《国家与社会:社会福利体系结构性变迁规律与制度框架特征》,《社会科学研究》2006年第3期。
③ 参见詹花秀:《国际社会福利制度的变化趋势与中国福利制度模式选择——基于经济学视角的分析》,《湖湘论坛》2017年第4期。

当经济蓄水池的角色,经济繁荣时,政府提高税收,积累社会保障金,经济不景气时再加大福利支出,保障人们生产和生活。同时,社会福利也是保证劳动力再生产和经济运行的基本条件,还是缓解社会矛盾、控制社会风险的可靠安全网。

二、社会福利体系趋向

社会福利体系就是一个国家选择的社会福利供给模式。它是社会福利理念在社会福利供给制度、政策层面的具体呈现。目前,各国的社会福利经历了或正经历着从补缺型到普惠型社会福利模式的转变。

埃斯平-安德森根据劳动力商品化程度、福利权利与需求、缴费或公民权的关系以及在社会福利体系中公共—私人混合的形式,将福利国家分为自由型、保守型和社会民主型三类(如表4-7)。①

表4-7 埃斯平-安德森的福利国家类别分析框架

类别行动者体系	自由型	保守型	社会民主型
政府	边缘的,奉行最小政府主义	辅助的	高度国家化、同质化、阶级差异淡化
市场	核心繁荣,强调工作价值,竞争哲学	边缘的	边缘的
家庭	核心的,强调家庭价值及其照顾功能	核心的	边缘的
典型国家	美国、英国、澳大利亚、新西兰	意大利、法国、奥地利、比利时	挪威、丹麦、芬兰

---

① 参见〔丹〕哥斯塔·埃斯平-安德森:《福利资本主义的三个世界》,苗正民、滕玉英译,商务印书馆2010年版,第13—30页。

科尔皮和帕尔梅(J. Palme)根据社会保险的制度安排,对福利国家的类型进行了新的分类。一是全覆盖型的福利国家,如北欧国家瑞典、挪威和芬兰。北欧国家是全世界社会福利最平均的国家,不会倾向于某一类群体。也只有北欧能做到,因为国家较小。北欧国家并非十分富裕。部分非洲国家很有钱,但是很腐败,社会福利状况不好。印度也很腐败。所以,社会福利水平与经济发展水平不总是正相关。二是法团主义福利国家,如德国和法国。三是基本保障目标定位型的福利国家,如加拿大、英国、澳大利亚和美国。他们的分类方法就是自由式的,其实和埃斯平-安德森的分类方法没有本质区别。①

上述分类体系为我们比较不同福利国家的社会福利体制提供了明了的框架。但是,20世纪晚期欧洲民族国家变化很大,东西德合并、华约解体、北约东扩、捷克与斯洛伐克分裂等等,这些都影响社会福利体制的变革。更重要的是,这些福利国家类型并未涵盖广大的非福利国家的社会福利体制,如非洲特殊的部落国家、典型的亚洲福利国家日本和新加坡等以及特色的社会主义国家中国。笔者认为,一个国家选择特定类型的社会福利体系,是与这个国家的历史文化传统、经济发展模式和党派团体的政治理念密切相关的,它所选择的社会福利模式有其产生的土壤和存在的合理性,也都在各自特定的自然、社会和人文环境中发挥着或发挥过应有的作用。② 但是,需要注意的是,任何国家的社会福利体系都不可能是一成不变的,必然会随着内外环境的变化而做出调整,这就是国家社会福利治理比较的意义所在。

根据上文提出的社会福利概念,从国家社会福利治理的视角来看,

---

① See W. Korpi & J. Palme, "The Paradox of Redistribution and Strategies of Equality: Welfare State Institutions, Inequality, and Poverty in the Western Countries", *American Sociological Review*, Vol. 63, No. 5, pp. 661-687.

② 参见王翔:《北欧国家社会福利制度的观察与思考》,《财经论丛》2003年第6期。

在国家社会福利治理实践中,选择哪种模式,关键在于执政者的抉择。西方福利国家的经验和我国社会福利治理的尝试表明,在国家承担公民的福利职责方面,既可能存在"不及",也可能产生"过度"的问题。① 如何把握国家在社会福利治理中的"度"是一个值得深入探讨的问题。在此,经济发展水平决定论与历史文化决定论这两种观点对解释一个国家选择合适的社会福利模式均有不足之处。前者只盯住社会福利的财政支出,而忽略了社会福利对经济社会发展的间接效用。后者则认为一个国家的社会福利模式是由其特定的历史文化传统决定的,这在一定程度上关上了向其他国家学习的大门。从全球发展趋势来看,人口的流动性加剧、人口老龄化、贫富差距悬殊、经济不确定因素导致的贫困发生风险变高、环境资源问题严峻以及由此而来的食品安全问题和医疗健康问题,是人类面临的共同课题。因此,各国的社会福利治理模式也正由补缺型向普惠型转变,而且政府的社会福利治理越来越趋于国家治理的核心位置,政府已经从简单救助不能自足者的角色,转变成针对特殊群体的社会救济者和针对普通公民的生命、健康、教育、工作、养老全方位保障的政策出台者,以及对人类所生存的环境的主要保护者和统筹规划者的角色。因此,政府应该避免从 GDP 支出的单一眼光看待社会福利供给和产出的逻辑,而要从多元视角看待社会福利的社会和经济功能,从社会整体的视角出发,借鉴别国经验,选择合适的社会福利模式。

---

① 参见杨伟民:《论社会福利与国家福利的关系》,《中国人民大学学报》2008 年第 1 期。

三、社会福利递送机制经验

在开放的社会福利理念指导下,选择合适的社会福利供给模式,最重要的问题就是各项社会福利服务的递送机制。在传统与现代交织的背景下,应该结合具体的社会文化,利用传统资源和新兴资源,发展多元的社会福利递送机制,形成政府与市场、政府与社会、社会与个人互补和互动的合理有效的社会福利递送体系。下文选择几个在社会福利服务递送机制方面做得较好的国家的做法,以供在社会福利服务这一环节面临困惑的国家参考。

(一)以政府强力保证福利服务

根据上文提及的埃斯平-安德森对福利国家的分类,北欧模式属于社会民主型福利国家体系,以普遍受益原则为特征,为各种不同的社会和职业群体提供平等的福利服务。国家通过调节税收获得了强大的财政能力,进而可以向全体公民做出强有力的承诺。福利政策的强制性建立在社会政治民主的基础之上,任何福利措施的出台或者修改,均需经过全社会不同利益群体之间的协商和取得共识,并以法律形式加以确认。[①] 与欧美福利国家相比,北欧福利国家以提供服务而非现金转付著称,典型的例子是那些日托设施、幼儿园和养老院以及地方政府建立的照顾老人或病人的场所。提供服务而非现金的社会福利机制,能够充分拓展就业空间,北欧国家的社会福利部门雇佣了约30%的劳动力。近年来北欧国家又推出时间银行的养老机制,在社会劳动力调节

---

① 参见王翔:《北欧国家社会福利制度的观察与思考》,《财经论坛》2003年第6期。

领域加入了时间维度，更加充分地利用闲散劳动力，并为人的社会价值的实现提供了有效模式。

（二）社会服务"去机构化"趋向

20世纪初，欧美国家针对大型福利机构暴露出的非人性化问题进行了大讨论，并在寻求解决方案的过程中走向了"去机构化"的道路。美国推进"去机构化"的契机是约翰·肯尼迪（John Kennedy）的妹妹被确诊为精神分裂症，1960年肯尼迪当选为总统，热衷于修改针对精神病患者的国家政策。1961年，美国政府授权国家精神健康研究院主导全国精神病的防治工作，目标是提供现代精神医疗服务，以使精神障碍患者能够在社区中维持正常的生活。1963年联邦政府推动《社区心理卫生中心法案》实施，强调精神分裂症患者在六个月之内可以被治疗的，应将其放回社区之中。20世纪80年代初，美国各州政府开始关闭大型残疾人机构，出现了许多州和社区隔离性的保护机制都消失的情况，隔离、集体保护等传统形式的残疾人机构逐渐被小型机构所代替。20世纪50年代，英国也开始了社会福利服务"从机构到社区"的运动，以社区为主的精神障碍患者和老人保护项目日益增多。"去机构化"行动是基于社会整合的理念，为残疾人提供居住环境，保证残疾人生活在制约最少的环境和整合的社区之中。① 社会福利服务"去机构化"的积极效果体现在：身体和精神障碍患者的整体生活质量得到提高，尤其是对精神障碍患者来说，社区治疗在出院后的功能恢复、社会适应等方面效果更好。以美国为例，1955年每10万人拥有339张精神病床，到1994年，降到了每10万人只有29张精神病床。同时，大量

---

① 参见金炳彻：《从机构福利到社区福利——对国外社会福利服务去机构化实践的考察》，《中国人民大学学报》2013年第2期。

慢性精神分裂症患者在转入社区后,获得了全面康复。① 更为重要的是,"去机构化"减轻了政府的公共财政负担。沃尔什(K. K. Walsh)通过对残疾人社区服务和机构服务费用的比较发现,机构服务比社区服务花费要高2.5倍。② 加拿大被称为"残疾人的天堂"。在加拿大,残疾人除享有残疾人福利外,政府还注重通过各种技能培训提升他们的就业能力,通过改善公共设施等维护他们的基本权利。③ 东亚国家日本和韩国的社会福利服务发展也呈现出从以机构福利为主转到以社区福利为主的趋向。中国台湾在身心障碍者的社会福利方面,也从公民权利出发向其提供多元化的社会福利,从而保证其生存、参与和发展等需要的满足。④ 对于中国大陆来说,居家养老是一种传统模式,但至今仍有许多地方将养老院数目或安置的老人数量作为衡量地方福利治理的重要成绩。我们应该从人性的社会需求出发,借鉴"去机构化"的模式,使针对精神或身体能力受到限制者的社会福利服务向人性化和低成本化发展。

(三) 关注儿童社会价值的"包容性增长"模式

人口老龄化与低生育率并存,势必加剧社会劳动力紧缺的问题。基于儿童代表着未来劳动人口数量的考虑,OECD国家提出了以"关注儿童社会价值"为核心的"包容性增长"的新型社会福利模式。包容性增长是指摆脱以往以经济增长为中心的"惯性思维",通过提高社会成

---

① 参见赵环:《从"关闭病院"到"社区康复"——美国精神卫生领域"去机构化运动"的反思及启示》,《社会福利》2009年第7期。
② See Robert J. Flynn & Kathleen E. Nitsch (eds.), *Normalization, Social Integration and Community Service*, Baltimore: University Park Press, 1980, pp. 31-49.
③ 参见潘记永:《浅析加拿大社会福利制度》,《东岳论丛》2013年第2期。
④ 参见彭华民、李倩:《台湾身心障碍者社会福利制度:社会需要与制度构建》,《东岳论丛》2011年第6期。

员的生活质量并消除社会中各种不平等问题,追求阶层之间的公平分配。"包容性增长"模式的要点包括:一是加大对儿童的人力资本投资。实证研究显示,人力资本投资的最佳时期是幼年,尤其在学龄前予以投资对儿童以后的发展更为重要。OECD 国家将对儿童的早期人力资本投资视同公共教育,并通过公共财政予以支持。如爱尔兰、荷兰和英国由政府无偿提供 4 岁以上儿童的普遍性早期教育。美国 46 个州为 4 岁儿童提供公共财政给付教育服务。二是出台基于就业岗位的生产性福利政策。根据"包容性增长"的理念,社会福利政策的主旨并不是"授人以鱼",而是"授人以渔"。为了实现福利制度的可持续,应该培育以劳动者实现自立为目的的就业岗位福利概念。就业岗位福利的核心是创造好的岗位并通过这些岗位实现劳动者的自立。三是制定以资产为本的社会福利政策。以往以生活支持为主的福利政策难以提升受助对象的自立能力,而资产积累成为实现自立的良好基础。如构建低收入家庭的儿童发展账户(Child Development Account)。儿童发展账户是指儿童家长或监护人以儿童的名义储蓄一定金额(一般到 18 周岁),而政府也匹配相同的金额,待儿童成长到 18 周岁以后方能提取并使用,这笔资金将成为儿童成人后的第一笔宝贵资产。[①] 近年来,韩国出现了超低生育率现象,为应对低生育率导致的危机,可以考虑采纳这一社会福利发展模式。

(四)贫困救助的家计调查机制

美国是新教国家,主流价值观认为劳动是人的天职。由此,其作为社会福利制度重要支柱的社会保险门槛较低,费率较低,待遇水平也较

[①] 参见〔韩〕李奉柱:《韩国低生育时代的社会福利模式创新》,金炳彻译,《社会保障评论》2017 年第 4 期。

低,国民福利在市场上获得比重较大,回报率也较高。美国的社会福利一般都是付费的,只有中小学生午餐中的一块三明治面包是免费的。国家财政支出的主要任务是针对贫困阶层的社会救助。这一种目标定位的选择性救助,其有效性靠严格的家计调查(means-test)来保证。这种家计调查机制存在于几乎所有福利项目之中。① 家计调查指的是采取对福利申请人的收入和财产进行评估的方式来确定他们是否有资格获得援助。它是一种社会救助的目标定位机制,在西方福利国家中应用较广。目前中国学界对家计调查的讨论还比较少,甚至有学者指出在中国农村扶贫项目中,家计调查机制是农村低保救助综合效益偏差的重要原因,因为农村身份类别与贫困的关系较为显著,因而以身份类别为核心的目标定位机制才是理想选择。② 笔者认为,在中国社会福利项目落实过程中,家计调查所反映的贫困程度的误差,并非家计调查本身的问题,而是由于中国特殊的社会结构,家庭的经济情况因与调查人员关系远近而有所变化。因此,我们要克服这一弊端,保障家计调查的客观性,而非用一种空泛的身份类别来取代家计调查。

人类的生活保障和福利从最初的个人命运和家庭义务,逐渐成为政府责任和国家行动,而且这一责任和行动经历了从被动到主动,从吝惜、排斥到慷慨、包容,最终在作为一项制度的社会福利与个人应当享有的社会权利这两者之间形成了一种匹配,尽管时至今日,这种匹配还远未达到和谐的水平。③ 重要的是,我们应在对西方福利国家和其他

---

① 参见《国外社会福利模式研究及其对中国的启示——郑秉文研究员访谈》,《国外理论动态》2009年第3期。
② 参见李振刚:《我国农村最低生活保障制度目标定位机制的反思——从家计调查到类别身份》,《广东社会科学》2016年第2期。
③ 参见杨敏、郑杭生:《西方社会福利制度的演变与启示》,《华中师大大学学报》(人文社会科学版)2013年第6期。

国家的社会福利治理水平的评测与经验的寻访中,把握牵动社会福利过去和未来走向的主线索,在当今各国社会福利难题和需求趋同的背景下,凝聚社会福利治理建设的共识。

第五章
安全篇*

第一节 以人为中心的安全观

马斯洛(Abraham Maslow)将人的需求分为生理、安全、归属和爱、尊重以及自我实现这五个层次。低层次的需求被满足之后,高层次的需求才会出现。安全需求位于第二层次,健康的身体、稳定的秩序、强有力的保护人、熟悉的环境等都有助于满足这一需求。安全需求是生理需求满足之后最迫切的需求,也是满足归属和爱、尊重、自我实现等需求的前提。①

安全是人类生存不可或缺的条件,也是学界关注的议题,但是学者们对于安全是否可被定义、如何定义有颇多争议。一类学者认为,"安全"只能作为模糊的符号,不可能被精确定义;②另一类学者认为,"安

---

* 本章作者:刘颜俊,加利福尼亚大学圣巴巴拉分校博士,北京大学政府管理学院政治学系长聘副教授。研究领域包括比较政治学理论与方法、政治心理与行为、政治代表性、身份认同与不平等的政治等。李照青,得克萨斯农工大学在读博士生。主要研究方向为比较政治。

① 参见〔美〕亚伯拉军·马斯洛:《动机与人格》(第三版),许金声等译,中国人民大学出版社2007年版,第21—26页。

② See Arnold Wolfers, "'National Security' as an Ambiguous Symbol", *Political Science Quarterly*, Vol. 67, No. 4, 1952, pp. 481-502.

全"在不同层次上内涵不同,不可能被统一定义;还有一类学者较为积极,他们认为,给"安全"下一个明确且简约的定义仍然是可能的。既有文献对安全的定义不一而足,譬如贾科莫·卢西安尼(Giacomo Luciani)将国家安全界定为抵御外国侵略的能力,劳伦斯·马丁(Lawrence Martin)认为安全就是对未来福祉的保证,约翰·姆罗兹(John Mroz)声称安全就是远离伤害性威胁的相对自由。[1] 值得一提的是,学者热衷于在"安全"前面添加定语,例如国家安全、人的安全、传统安全、非传统安全、共同安全等。这些术语是安全研究的基石,却使得"安全"这一概念更扑朔迷离。幸运的是,巴里·布赞(Barry Buzan)在廓清安全研究既有理论流派的基础上,对安全的概念、层次、范围以及安全研究的分析框架做了整体勾勒。布赞认为,"安全"与"生存"密切相关,"指涉对象"和"存在性威胁"是"安全"这一概念中不可或缺的两个要素。[2] 简言之,安全指的是对特定主体而言不存在生存威胁的状态。

一、从安全到人的安全

安全研究流派众多,每个流派所持的安全观不尽相同。布赞将"二战"后不一而足的安全研究归纳为十一个流派:(1)战略研究,出现于"二战"后,以有关国防安全的政治-军事战略为主要研究对象;(2)和平研究,与战略研究针锋相对,批评武力的滥用,反对过度强调国家安全的做法;(3)早期扩展派,出现于20世纪70年代,仍然以国家

---

[1] 参见〔英〕巴里·布赞:《人、国家与恐惧——后冷战时代的国际安全研究议程》,闫健、李剑译,中央编译出版社2009年版,第21—22页。书中罗列了很多学者对安全的定义。

[2] 参见〔英〕巴瑞·布赞、〔丹〕奥利·维夫、〔丹〕迪·怀尔德:《新安全论》,朱宁译,浙江人民出版社2003年版,第29页。

为研究主体,但是力图超越军事领域,进入经济和环境领域;(4)女性主义安全研究,出现于20世纪80年代中期,关注国家安全政策中的性别议题;(5)后结构主义安全研究,和女性主义安全研究几乎同时出现,采用话语分析工具,批评国家中心主义;(6)哥本哈根学派,出现于20世纪80年代后期,将安全视为一种自我指涉的实践,强调"安全化"的动态过程;(7)批判安全研究,出现于20世纪90年代,采用后实证主义方法,强调个体安全甚于国家安全;(8)人的安全,以联合国于1994年发布《人类发展报告》为出现标志,要求将人作为安全的主要客体;(9)后殖民安全研究;(10)常规建构主义;(11)批判建构主义。[1]

这些理论流派的出现和流行时间清晰地表明,20世纪80年代以来,安全研究领域经历了从传统安全研究向非传统安全研究的转向。第一,就主体而言,传统安全研究以国家为中心,而非传统安全研究则将个体作为指涉对象;第二,就领域而言,传统安全研究关注政治、军事等"高政治"领域,非传统安全研究则将安全议题扩展到了环境、经济、社会等"低政治"领域;第三,传统安全研究将安全视为一种客观状态,非传统安全研究注意到了作为一种主观认知的安全感;第四,传统安全研究关注静止的安全状态,非传统安全研究则从动态变化的视角研究一个议题如何被"安全化"。另外,随着社会科学研究方法的创新,与传统安全研究相比,非传统安全研究在认识论和方法论上也有了显著发展。

学界研究兴趣的转向一定程度上反映了主流安全观的转向,这一转向的发生和现实环境的变迁、理论传统的消长密切相关。在现实环境方面,东欧剧变、苏联解体之后,冷战格局瓦解,此前为政治矛盾、军事冲突所掩盖的环境、经济、社会问题越发凸显;此外,随着全球化深入

---

[1] 参见〔英〕巴里·布赞:《论非传统安全研究的理论架构》,余潇枫译,《世界经济与政治》2010年第1期。

发展,超越民族国家的全球性安全问题浮现出来。在理论传统方面,非传统安全研究很大程度上受到自由主义的影响,偏向个人主义而非社群主义;国际人权话语的盛行也是非传统安全研究的重要理论背景。现实世界和理论环境的剧烈变迁,导致主流安全观从传统安全观向非传统安全观转向。在这一转向潮流中,"人的安全"概念应运而生,这一概念最早由联合国提出,经过诸多国际组织和各国政府的采纳、阐释和推广,逐渐成为安全研究领域的关键概念和理论前沿。

(一) 联合国

"人的安全"(human security)这一说法,首先由联合国开发计划署在1994年发布的《人类发展报告》中正式提出。该报告认为,长久以来,人们对安全的理解过于狭隘。因此联合国呼吁人们从两方面转变安全观:(1)从仅仅强调地区安全转向同时强调人的安全;(2)从仅仅强调军事安全转向同时强调人类的可持续发展。基于这两个转变,联合国主张"人的安全"概念。这一概念包括两部分:免于恐惧的自由和免于匮乏的自由。具体而言,"人的安全"意味着每个个体不受长期的饥荒、疾病和压迫折磨,日常生活轨迹不被突然的恶性事件打乱,无论在家庭中、工作时还是在社群里。"人的安全"包括七个维度:经济安全、粮食安全、卫生安全、环境安全、人身安全、共同体安全和政治安全。该报告还勾勒了这一概念的四个核心特征:(1)普遍,即人的安全超越民族、国家、阶层;(2)相互依存,即随着全球化的深入发展,任何一个地区的安全问题都可能波及全球;(3)早期预防优于事后补救;(4)以人为本,即关注人的生活状态。[①] 2001年,联合国成立"人的安全"信托

---

① See United Nations Development Programme, *Human Development Report 1994: New Dimensions of Human Security*, New York: Oxford University Press, 1994, pp. 22-43.

基金,这一基金的职能是为联合国的相关项目输送资源,其宗旨是三个自由:"免于匮乏的自由""免于恐惧的自由"和"体面生活的自由"。联合国对"人的安全"的定义和描述,被许多其他国际组织和各国政府采用。

(二) 其他国际组织

1999年,"人的安全网"(Human Security Network)成立,成员国有奥地利、加拿大、智利、哥斯达黎加、希腊、爱尔兰、约旦、马里、挪威、斯洛文尼亚、瑞士和泰国,南非则作为观察员加入。这一组织将人的安全定义为:"一个人道的世界……在这个世界中,每个人都将获得免于恐惧和免于匮乏的保障,都有平等的机会充分发展人的潜能……换言之,'人的安全'意味着人们的权利、安全乃至生命普遍不受威胁……因此'人的安全'和'人的发展'是同一事物相辅相成、相得益彰的两个方面。"①

2000年,联合国千年首脑会议上,时任联合国秘书长安南(Kofi Atta Annan)在报告中呼吁全球性的"免于匮乏的自由"和"免于恐惧的自由"。作为对这一呼声的回应,2001年2月,人类安全委员会(Commission on Human Security)在纽约正式成立,该机构致力于在全球范围内消弭威胁人的安全的因素。2003年,人类安全委员会出台题为《人的安全现状:保护和赋权于人民》(Human Security Now: Protecting and Empowering People)的报告,报告指出:"国家一直是基本安全的提供者,但它却往往不能履行自己的职责……这就是为什么我们必须把对安全的关注从'国家安全'转移到'人的安全'上来。"这份报告对"人

---

① 联合国:《人的安全》,http://www.un.org/zh/issues/humansecurity/index.shtml, 2014年3月19日。

的安全"的定义是:"以增进人类自由和成就的方式来保护全人类生活的重要核心。"这份报告对这一定义的进一步阐释是:"人的安全意味着保护最基本的自由,也就是对生命而言不可或缺的自由,意味着保护人民免受严重和普遍的威胁和情势之害,意味着是用以人民的力量和愿望为基础建立的进程,意味着创造综合起来可以构建人们生存、生计和尊严的政治、社会、环境、经济、军事和文化体系。"①

2003年,美洲国家组织在《美洲安全宣言》中纳入"人的安全"概念,提出:"安全的基础和宗旨是保护人民。如果我们给安全注入更深的人情味,安全就会得到加强。人的安全状况可以通过充分尊重人民的尊严、人权和基本自由,通过促进社会和经济发展、社会包容、教育和战胜贫穷、疾病和饥饿的斗争而得到改善。"②2005年,非盟在《非洲联盟互不侵犯和共同防御条约》中将"人的安全"定义为:"个人在满足其基本需要时的安全。它也包括为个人的生存和尊严创造必要的社会、经济、政治、环境和文化条件,保护和尊重人权,实施善政并保障每一个人充分发展的机会和选择。"③这些国际组织对"人的安全"的描述大同小异,所蕴含的人道主义关怀和联合国的定义一脉相承。

(三) 各国政府

联合国将人的安全宽泛地定义为"免于匮乏的自由"和"免于恐惧的自由"。前者侧重于发展,而后者侧重于安全,各国政府在二者之间

---

① Commission on Human Security, "Human Security Now: Protecting and Empowering People", available online at: https://reliefweb.int/report/world/human-security-now-protecting-and-empowering-people.
② 联合国:《人的安全》,http://www.un.org/zh/issues/humansecurity/index.shtml, 2014年3月19日。
③ 联合国:《人的安全》,http://www.un.org/zh/issues/humansecurity/index.shtml, 2014年3月19日。

的权衡取舍,发展出了各具特色的"人的安全"观。譬如加拿大前外长劳埃德·阿克斯沃西(Lloyd Axworthy)认为,人类发展和人类安全是并列互补关系,①但是联合国"人的安全"定义过于强调和欠发达相关的威胁,而对暴力冲突导致的威胁强调不足。②受其影响,加拿大政府在使用"人的安全"概念时往往侧重于"免于恐惧的自由"。而日本政府则倾向于将人类发展和人类安全视为一体,或者说将发展视为安全的重要组成部分,因此日本政府所使用的"人的安全"概念相对而言侧重于"免于匮乏的自由"。我国政府秉持以人民为中心的、统筹发展和安全的安全观。正如习近平总书记在党的二十大报告中所说,党和政府既要贯彻总体国家安全观,建设平安中国,又要贯彻以人民为中心的发展思想,全面提升人民群众的获得感、幸福感和安全感。

二、围绕"人的安全"展开的争议

"人的安全"概念自诞生之初就饱受争议。

(一) 概念定义的争议

联合国在1994年《人类发展报告》中给出的描述是目前为止最权威的说法,但是各个国际组织、各国政府也根据各自的政策偏好给出了五花八门的定义,因此"人的安全"这一概念的内涵和外延仍然较为模糊,具备很强的伸缩性。学者罗兰·巴黎(Roland Paris)就提出:"现有

---

① See David Bosold & Wilfried von Bredow, "Human Security: A Radical or Rhetorical Shift in Canada's Foreign Policy?", *International Journal*, Vol. 61, No. 4, 2006, pp. 829 – 844.

② 参见〔新加坡〕阿米塔夫·阿卡亚:《人类安全:东方对西方》,李增田译,《世界经济与政治》2002年第5期。

的'人的安全'定义是非常宽泛和模糊的,其范围涉及从人身安全到心理健康的一切安全事宜,对决策者进行政策目标的排序和选择,以及对学者们掌握确切的研究内容的指导意义微乎其微。"①

根据亚里士多德提出的"属加种差"定义法,可以将主要争议归为三类。第一类争议是"人的安全"的所属:安全是指"威胁不存在"的消极状态,还是指可持续的生存优态?安全是一种客观的制度结构,还是一种主观的情感认知?第二类争议是"人的安全"和相似概念的区别,例如:"人的安全"和人的发展是什么关系?"人的安全"和人权是什么关系?安全的界限是什么,或者说如何避免泛安全化问题?第三类争议是对"人的安全"的内涵的争议,例如:"免于恐惧的自由"和"免于匮乏的自由"是什么关系?

(二)概念使用价值的争议

巴里·布赞是怀疑"人的安全"概念使用价值的代表人物。他认为,在国际安全研究中,"人的安全"这一分析视角可能引发还原主义和理想主义的误导。所谓还原主义,就是指把个人当作最终的安全指涉对象。所谓理想主义,就是指把安全问题理想化为一种可期望的终极目标。巴里·布赞对将"人的安全"概念引入安全研究的做法有以下四点批评:(1)如果"人的安全"所指涉的对象是"个人"或者说整个人类,那么这一概念和"人权"概念高度重合,因此是不必要的;(2)"人的安全"会混淆不同的安全议程,例如国际安全议程和国内安全议程;(3)个体无法脱离社会孤立存在,人的安全必须通过集体的安全得到保障,而"人的安全"概念抹杀了集体的存在;(4)"人的安全"概念本质

---

① Roland Paris, "Human Security: Paradigm Shift or Hot Air?", *International Security*, Vol. 26, No. 2, 2001, pp. 87-102.

上是对"人权"概念的重构,这一重构行为使得安全成为一种价值追求,把对国际安全的理解推向理想主义的立场。①

巴里·布赞的观点在学界存在一定争议。中国学者崔顺姬认为巴里·布赞对"人的安全"的批评态度是一种保守倾向,并从两个视角度来评判布赞的观点。其一是理论建构的清晰度视角。从这个角度看,"人的安全"没有清晰、明确、一致的定义,较难为严密的安全研究所用,布赞的怀疑态度有一定道理。其二是伦理视角。传统安全研究认为"国家是唯一的安全提供者",国家主权的合法性有赖于对领土的控制和其他国家的承认,而"人的安全"概念包含以人为本的价值判断,隐藏的逻辑是对公民的保障才是国家合法性的来源,因此,"人的安全"的提出带来了一个伦理挑战:当"人的安全"和"国家安全"发生冲突时,如何解决?崔顺姬认为,研究者不应当回避"人的安全"概念带来的学理和伦理挑战,因为随着社会的演变,将"人的安全"纳入安全研究的必要性正在增强。②

本章综合以上争论,将"人的安全"定义为对人类而言不存在生存威胁的状态。生存威胁既包括恐惧,也包括匮乏,因此这一定义和联合国的定义比较接近。这一定义的核心特征是人本主义、以人民为中心,即将人的尊严和价值置于最核心的位置。"人的安全"和"人的发展"的关系是:后者的内涵更宽泛,或者说人的安全是人的发展的一个维度,人的发展意味着拥有更多的选择,而人的安全意味着既有的选择是稳定安全的。因此,人的安全强调保障人民的生存底线,而人的发展则强调实现人民的生存优态;人的安全是人的发展的前提,而实现人的发

---

① 参见〔英〕巴里·布赞:《"人的安全":一种"还原主义"和"理想主义"的误导》,崔顺姬、余潇枫译,《浙江大学学报》(人文社会科学版)2008年第1期。
② 参见崔顺姬:《区域安全复合体理论——基于"传统安全"和"人的安全"视角的分析》,《浙江大学学报》(人文社会科学版)2008年第1期。

展则有助于更好地保障人的安全。"人的安全"与"人权"的关系是：人的安全是对人权的重构，二者较为相近，但是人权的使用语境呈现出政治化的特点，有时成为政治斗争的旗帜，从而在一定程度上丧失了本来面目，而人的安全则重新将重点放回到人的切身福祉上来，是人权概念的一种回归。安全是一种客观状态，也是一种主观体认，但是主观的感官认知往往由客观的外在环境所形塑，因此人的安全存在客观普遍的衡量标准，但也不能忽略安全的主观性、相对性、地方性和情境性。另外，和国家安全相比，人的安全的关键特征在于指涉对象从国家变成了个体，但是这并不意味着从人的安全概念中剔除掉了集体安全，个体永远生活在社会中，个体要安全地生存就离不开集体，因此人的安全的落脚点虽然是个体，但是与社群安全、国家安全休戚相关。

第二节 人的安全与国家治理

为什么必须将人的安全评估纳入国家治理评估中？理由在于：人的安全是国家承担的主要职能，是国家合法性的重要来源，是实现其他国家治理目标的前提，因此是国家治理的基础目标。

一、保障人的安全是国家的主要职能

尽管人的安全这一概念在 1994 年联合国的《人类发展报告》中被正式提出，但是人的安全这种理念绝非新鲜事物，对于人的安全和国家之间关系的论述也是古已有之。早在近代国家形成之前，古希

腊悲剧作家索福克勒斯就写道:"我知道唯有城邦才能保证我们的安全。"①

而到了近代,社会契约理论更是将保护人的安全作为国家形成的主要目的。霍布斯认为,在缺乏能慑服众人的共同权力的自然状态下,人类出于竞争、猜疑和追求荣誉的天性会陷入相互为战的战争状态,为了走出这种悲惨境况,人们订立社会契约,国家应运而生。因此,在霍布斯的理论中,国家诞生的目的就是"抵御外来侵略""制止相互侵害""保障大家能通过自己的辛劳和土地的丰产为生并生活得很满意"②。从结构功能主义视角解读霍布斯,国家合法性在程序上来自权利让渡、社会契约,但是实质上源于它能够发挥保障安全的功能。洛克的观点和霍布斯如出一辙,他认为:"(自然状态中)对财产的享有很不安全、很不稳妥……人们联合成为国家和置身于政府之下的重大的和主要的目的,是保护他们的财产。"③洛克在这里所说的"财产"并非狭义上的物质财富,而是包括"生命、特权和地产"。卢梭的观点亦然,他认为:"政治结合的目的是为了保护其成员,并使他们繁荣昌盛。"④

无论是在奉行社群主义政治伦理的古希腊城邦中,还是在以个人主义为基础的社会契约理论中,保护人的安全都是国家不可逃避的责任。而在中国古代的政治智慧中,保护人的安全同样是国家的重中之重,正如孔子说:"闻有国有家者,不患寡而患不均,不患贫而患不安。盖均无贫,和无寡,安无倾。"相似地,管子有言:"民恶危坠,我存安

---

① 〔古希腊〕索福克勒斯:《索福克勒斯悲剧五种》,罗念生译,上海人民出版社2016年版,第27页。
② 〔英〕霍布斯:《利维坦》,黎思复、黎廷弼译,商务印书馆1985年版,第131页。
③ 〔英〕洛克:《政府论(下篇)》,瞿菊农、叶启芳译,商务印书馆1982年版,第77页。
④ 〔法〕卢梭:《社会契约论》,李平沤译,商务印书馆2011年版,第94页。

之。"在中国古代,保障百姓的粮食安全对统治者而言尤为重要,孟子向梁惠王谏言:"养生丧死无憾,王道之始也。"魏徵对唐太宗上疏称:"脱因水旱,谷麦不收,恐百姓之心,不能如前日之宁帖。"这些言论都是在劝告上位者重视粮食安全。

由此可见,人的安全固然是一个晚近概念,但是在古今中外的国家治理理论和实践中都可找到起源。这表明在人类历史的长河中,在世界范围内,保障人的安全一直都是国家的核心职能之一。

二、保障人的安全是实现其他国家治理目标的前提

安全需求对人类而言是基础需求,因为只有安全得到保障,人类才有精力去追求更高层次需求的满足。相对应地,人的安全在国家治理体系中具有基础地位,因为只有在人的安全得到保障的前提下,国家才能够真正实现其他治理目标。如果一个国家武装冲突频发,恐怖袭击连连,违法犯罪乱象迭出,人民挣扎在温饱线上,那么民主、法治、发展都是空中楼阁。

我国政府也把保障安全作为国家治理的重中之重。习近平总书记在党的二十大报告中强调,"国家安全是民族复兴的根基,社会稳定是国家强盛的前提。必须坚定不移贯彻总体国家安全观,把维护国家安全贯穿党和国家工作各方面全过程,确保国家安全和社会稳定"①。在《关于〈中共中央关于全面深化改革若干重大问题的决定〉的说明》中,

---

① 习近平:《高举中国特色社会主义伟大旗帜 为全面建设社会主义现代化国家而团结奋斗——在中国共产党第二十次全国代表大会上的报告》,人民出版社2022年版,第52页。

习近平总书记指出："当前，我国面临对外维护国家主权、安全、发展利益，对内维护政治安全和社会稳定的双重压力，各种可以预见和难以预见的风险因素明显增多。"[①]安全的重要性和紧迫性从党和国家领导人的讲话中可见一斑。

三、人的安全的实现有赖于多元主体治理格局

治理和统治最重要的区别之一就在于权力主体不同。统治的权力主体单一，往往就是政府；而治理的权力主体多元，政府、社会和个人都参与其中。要保障人的安全，只有通过多元主体协同参与才能够实现。这是因为，人的安全包含三个层次：(一)国家层面的安全，例如国际形势和平、国家经济独立、能源和粮食自给；(二)社会层面的安全，例如违法犯罪稀少、贫富差距小、政治信任充足、环境可持续、社会保障体系完善；(三)个人层面的安全，例如基本生活需要得到满足、政治权利得到保障、身体健康水平良好。正是因为人的安全包含三个层次，所以只有以多元参与、沟通协调、信任互赖为特征的国家治理体制才能够最大限度地调动和整合政府、社会、个人的资源与力量，从而保障人的安全，实现善治。

在以保障人的安全为基础目标的国家治理实践中，政府应当扮演的角色是：(一)履行应尽职能，动用财政资源，提供相关公共物品，例如警察、基础设施、医疗保障体系、社会保障体系；(二)通过立法等途径设置良好的制度安排，以最大限度地保障人的安全；(三)提升危机防御和应对能力，及时、有效地处理突发性事件，避免事态扩散和严重

---

① 习近平：《关于〈中共中央关于全面深化改革若干重大问题的决定〉的说明》，《人民日报》2013年11月16日。

化,将社会的损失控制在最小范围;(四)引导、协调社会和个人参与到保障人的安全的国家治理实践中来,并提供资金技术、场地设施、政策优惠、行政许可等方面的支持。

社会应当扮演的角色是:(一)非政府组织在法律的框架内积极从事环境保护、社会救济、医疗卫生等领域的社会公共事业,直接与失业、贫困、环境污染等威胁人的安全的因素做斗争;(二)市场主体要坚守行业准则和法律法规,不应当为了商业利益做出危害公共安全的行为,而应当主动承担社会责任,为节能减排、慈善救济等公共事业贡献力量;(三)居民(村民)自治组织应当履行好保障社区安全的职能,切实解决社区内百姓的生活问题,配合和辅助政府政策的落实,宣传弘扬安全理念、增强居民(村民)的安全防护意识。

个人应当扮演的角色是:(一)强化安全意识、学习安全知识、掌握安全技能,保护好自己和家人的安全;(二)知法懂法,做遵纪守法的公民,坚决抵制违法犯罪行为,自觉维护社会安定;(三)配合政府和社会的治理实践,向政府建言献策,参与非政府组织和自治组织的工作,为维护人的安全做贡献。

总而言之,维护人的安全不单单是政府的职责,社会和个人作为国家的一部分,都应当参与到国家治理中来,相互信任、协调与共。只有这样,才能够真正捍卫人的安全,保障社会成员过有尊严、有底线的生活,从而为社会的进一步繁荣发展打下基础。

第三节　人的安全的评估体系

一、已有的指标体系

不同于民主、自由、清廉等概念,"人的安全"是一个相对"年轻"的概念,直到 2008 年才出现专门的人的安全指数(Human Security Index,简称 HSI)。在人的安全指数发布之前,有两种测量安全的指标,一种是单维度的安全指数,另一种是多维度的安全指标。

(一) 单维度的安全指数

例如全球和平指数(Global Peace Index)[1]、全球网络安全指数(National Cyber Security Index)[2]、全球食品安全指数(Food Security Index)[3]、全球健康安全指数(Global Health Security Index)[4]、能源安全

---

[1] Vision of Humanity, Global Peace Index Map, available online at: http://visionofhumanity.org/indexes/global-peace-index.
[2] e-Governance Academy, National Cyber Security Index, available online at: https://ncsi.ega.ee/ncsi-index/.
[3] Corteva Agriscience, Global Food Security Index, available online at: https://foodsecurityindex.eiu.com/Index.
[4] Johns Hopkins Center for Health Security, Global Health Security Index, available online at: http://www.centerforhealthsecurity.org/our-work/current-projects/global-health-security-index.html.

指数(Energy Security Risk Index)①,这类指数仅仅测量单一维度的安全状况。特别值得一提的是,盖洛普治安指数(Gallup Law and Order Index)②建立在民意调查的基础上,测量的是各国家和地区公民对治安状况的主观评价。

(二) 多维度的安全指标

例如,世界正义工程法治指数(World Justice Project, Rule of Law Index)中的"秩序和安全指数"(Order and Security)从三个维度衡量安全:犯罪、政治暴力和私刑。③ 全球城市安全指数(Safe Cities Index)包含的维度是数字安全、卫生安全、基础设施安全和人身安全。④ 优利系统安全指数(Unisys Security Index)包含的维度是国防安全、金融安全、网络安全和人身安全。⑤ 妇女、和平和安全指数(Women, Peace and Security Index,简称 WPS 指数)中的安全指数包括三部分:有组织的暴力、社区安全和亲密伴侣暴力。该指数的特殊之处在于,侧重于衡量妇女的客观生存处境和主观安全感。⑥

安全不仅意味着免于恐惧的自由,还意味着免于匮乏的自由。尽管

---

① Global Energy Institute, Energy Security Risk Index, available online at: https://www.globalenergyinstitute.org/energy-security-risk-index.
② Gallup, Law and Order Report, available online at: https://www.gallup.com/analytics/356963/gallup-global-law-and-order-report.aspx.
③ World Justice Project, Rule of Law Index, available online at: https://worldjusticeproject.org/our-work/wjp-rule-law-index/wjp-rule-law-index-2017% E2% 80% 932018/factors-rule-law/order-and-security-factor.
④ The Economist, Safe Cities Index 2021, available online at: http://safecities.economist.com/.
⑤ UNISYS, Unisys Security Index, available online at: https://www.unisys.com/unisys-security-index.
⑥ GIWPS, Women Peace and Security Index, available online at: https://giwps.georgetown.edu/the-index/.

这四个安全指标区分了安全的不同维度,但是都偏重免于恐惧的自由,而相对忽视免于匮乏的自由。而且,除了关怀女性群体的 WPS 指数,其他三个指数都指向国家或地区的稳定状态,而非人或群体的安全处境。

(三) 人的安全指数

人的安全指数由大卫·黑斯汀(David Hastings)在 2008 年举办的"国际地球及相关科学空间基础设施发展地理信息学会议"(GIS-IDEAS)上首次发布。2009 年联合国亚洲及太平洋经济社会委员会发布了精简版。2010 年 HSI 2.0 发布,涵盖 232 个国家。

大卫·黑斯汀构建这一指标体系的初衷是弥补人类发展指数(HDI)[①]的不足,测量家庭、社区、国家和地区中人和团体的安全状况,他的核心关切是:"是否每个人都受到良好的待遇,过着一种免于被剥夺教育、健康与和平的生活?"人的安全指标体系以大卫·黑斯汀对"人的安全"的界定为基础。他将"人的安全"界定为"无论是穷是富,是中产阶级还是工人阶级,无论在家庭中、社区里还是世界范围内,个体都能过有质量保障的生活"。这一概念和幸福的区别在于,当测量幸福程度时,人们往往关心中产阶级及以上;而"人的安全"关注所有人的生存状态。因此在相对平等的社会中,"人的安全"这一概念的关注面是"幸福"的两倍,而在不太平等的社会中,"人的安全"概念的覆盖面就比"幸福"广得多。

在大卫·黑斯汀的界定中,人的安全不仅是物质意义上的安全,也是心理和精神意义上的安全。基于此种界定,人的安全指数被区分为三个维度:经济、环境和社会。经济结构指标衡量每个人拥有的经济资

---

① 于 1990 年由联合国开发计划署发布,用预期寿命、教育水平和生活质量三个变量来衡量联合国各成员国的经济社会发展水平。

源水平,包括人均GDP、收入分配平等程度和应对经济灾难的能力;环境结构指标衡量环境脆弱性、环境保护力度和环境可持续性;社会结构指标包括社群多元性、教育和信息的可及性、粮食安全、身体健康、和平和政府治理水平。

人的安全指数的发布,虽然弥补了既有安全指数的不足,但是也存在一些缺陷。如前文所述,人的安全包含国家、社会和个人三个层次,实现人的安全也需要政府、社会和个人这三方治理主体共同努力。所以,衡量人的安全应当区分这三个层次,这是已有人的安全指数的缺陷,也是本章所构建的指标体系的创新之处。

二、国家治理视角下人的安全指标体系的建构

我们考虑到围绕人的安全概念展开的各种论争,对已有的指标体系取长补短,最终建构起一个横向有维度、纵向有层次的综合指标体系。这一指标体系包括1个一级指标和18个三级指标。二级指标横向上可划分为经济安全、政治安全、公共安全、环境安全、粮食安全、健康安全六个维度,纵向上可划分为国家、社会、个体三个层次。

(一) 一级指标

一级指标即人的安全指数。更确切地说,本指标体系建构的人的安全指数应该被称为威胁指数,威胁安全的因素越少,安全程度就越高。我们之所以测量威胁,而不直接测量安全,是因为:(1)威胁是安全的反面,安全是不存在威胁的消极状态,定义和测量威胁也就等同于定义和测量安全;(2)建构人的安全指标体系,不仅仅是为了做横向比较,更是为了找出威胁人的安全的因素,从而有针对性地解决问题、提

升安全程度,通过测量威胁来建构人的安全指数反映了本指标体系的问题导向性。为了便于直接解读,部分二级指标通过反向编码后,一级指标人的安全指数得分越高,安全程度就越高。

(二) 二级指标

1. 横向

横向上,人的安全指数包括经济安全、政治安全、公共安全、环境安全、粮食安全、健康安全六个维度(见表5-1)。

表5-1 二级指标:按维度

一级指标	二级指标	权重	三级指标	权重	数据来源
人的安全	A1 经济安全	25	B1 政府债率	5	IMF
			B2 财政赤字率	5	CIA
			B3 外汇储备	5	IMF
			B4 基尼系数	5	WB
			B5 社会保障指数	5	ILO
	A2 政治安全	10	B6 政权稳定性风险评级	5	ICRG
			B7 法治和秩序指数	5	ICRG
	A3 公共安全	20	B8 武装冲突威胁	5	UCDP
			B9 谋杀率	5	NM
			B10 交通事故死亡率	5	WHO
			B11 自杀率	5	WHO
	A4 环境安全	15	B12 能源进口依存度	5	WB
			B13 环境脆弱性指数	5	SOPAC
			B14 环境因素致病死率	5	WHO

(续表)

一级指标	二级指标	权重	三级指标	权重	数据来源
人的安全	A5 粮食安全	15	B15 粮食安全指数	15	EIU
	A6 健康安全	15	B16 人均预期寿命	5	WHO
			B17 孕产妇死亡率	5	WHO
			B18 婴儿死亡率	5	WHO

(1) 经济安全

经济安全的核心是资源的获取和分配。本指标体系用五个指标来衡量经济安全：政府债率、财政赤字率、外汇储备水平、基尼系数和社会保障指数。

政府债率、财政赤字率和外汇储备是国际上评估主权信用的三个核心指标。政府债率指的是政府总债务占 GDP 的比重，财政赤字率指的是政府财政赤字占 GDP 的比重，二者衡量的是政府陷入债务和财政危机的可能性。政府债率和财政赤字率越高，则越有可能陷入债务和财政危机。外汇储备是一个国家的中央银行或货币当局持有并可以随时兑换外国货币的资产，相当于一国政府偿还外债的能力。一个国家的政府债率和财政赤字率越高，外汇储备越少，说明该国政府能够自主支配的国内经济资源越少，越可能发生债务危机，应对全球性经济危机的能力越低。因此，这三个指标衡量的是经济体的抗风险能力。

基尼系数是衡量一国之内居民收入差距的常用指标，取值介于 0 和 1 之间。基尼系数越大，说明居民收入的不平等程度越高；基尼系数越小，说明这个国家的收入分配格局越接近平等。如果说政府债率、财政赤字率、外汇储备水平衡量的是政府所能支配的经济资源的多少，那么基尼系数衡量的就是一国之内经济资源的分配状况。资源分配越趋向不平等，社会发生动荡的可能性就越高。国际上一般把 0.4 作为贫富差距的警戒线。

社会保障指数衡量的是一国之内社会保障的质量。社会保障是指政府通过健康保险、失业保险、医疗保险、社会援助等手段转移支付,将经济资源转移到贫困人口手中的财政手段。换言之,社会保障的范围和程度衡量了一国之内贫困人口所掌握的经济资源。罗尔斯在《正义论》中提出"最小受惠者的最大利益"原则,根据这一正义原则,要衡量一个国家之内个体的经济安全,不应当看经济条件最优越的那一部分人,而应当看经济条件最为拮据的人是否处在温饱线之上。如果一个国家的总体经济水平很高,但是社会保障制度欠缺,贫困人口无法获得基本生活保障,那么这个国家不能被称为一个经济安全的国家。反之,有些国家的经济水平并不处于最前列,但是社会保障体系完备,那么生活在其中的个体都能享有基本的经济安全。

一般而言,基尼系数和社会保障水平负相关。例如北欧国家社会福利体系发达,基尼系数较低。与之相反的国家例如塞拉利昂,社会保障体系极为欠缺,穷人生活极度贫困,同时贫富差距悬殊,基尼系数极高。但是,基尼系数和社会保障水平之间的负相关关系并不绝对,例如美国和乍得的基尼系数都在 0.45 左右,但显然美国的社会保障水平远超乍得。这说明基尼系数和社会保障水平虽然存在相关性,但是二者衡量的是国家经济安全的两个实质不同的侧面,因此并不存在概念重叠的问题。基尼系数衡量的是一国经济资源的分配格局,而社会保障水平衡量的是穷人所掌握的维持体面和有尊严生活的经济资源的多寡。美国虽然贫富差距大,经济资源分配不平等,但是社会保障体系相对完善,穷人能获得基本生活保障。而阿富汗虽然基尼系数仅有 0.29,但是局势动荡,甚至谈不上社会保障体系,民众普遍贫困。

（2）政治安全

习近平总书记在十九届中央国家安全委员会第一次会议上强调："政治安全是国家安全的根本。"[①]政治安全是指国家主权、政权、政治制度、政治秩序免受威胁、侵犯、颠覆、破坏的客观状态，可以划分为两方面。一方面是公共权力格局的稳定，另一方面是公民私人权利的保障，这二者相辅相成。只有主权、政权稳定，没有被颠覆的危险，政府才有能力提供法律、军队、警察等公共物品，以维护公民的私人权利；只有公民的私人权利受保障，民众才会支持政府、配合政府，共同维护主权和政权的稳定。为了分别衡量政治安全的这两个方面，本指标体系采用了相对应的两个指数。第一个是政权稳定性指数，用来衡量公共权力的稳定性；第二个是法治和秩序指数，用来衡量公民权利是否受到保护。

（3）公共安全

公共安全指的是一国公民的生命不受威胁的状态。威胁可能来自很多方面，本指标体系采用的指标包括武装冲突威胁、谋杀率、交通事故死亡率和自杀率。理由在于：各国的国家统计局在统计当年本国内死亡人数时会按照死因区分正常死亡和非正常死亡。正常死亡一般指内在原因导致的死亡，例如病逝或自然寿命终结；非正常死亡一般指外部作用导致的死亡，例如工伤、医疗事故、火灾等等。根据世界卫生组织的统计，在各种非正常死亡原因中，道路交通死亡、自杀、谋杀和武装冲突是主要原因，因此我们也选取了这四种死亡率作为衡量公共安全的指标。

（4）环境安全

环境安全指的是生态环境的宜居性和可持续性。"绿水青山就是

[①] 《习近平：全面贯彻落实总体国家安全观　开创新时代国家安全工作新局面》，《人民日报》2018年4月18日。

金山银山",不安全的生态环境意味着资源匮乏、自然环境脆弱、生态破坏严重,不仅人们的安全受频发的自然灾害威胁,而且人们的身体健康也为环境污染所害,难以实现可持续的生存和发展。随着工业的发展,人类对大自然的开发力度越来越大,环境恶化程度也逐渐提高,出现了很多全球性的环境问题,例如资源衰竭、全球气候变暖、臭氧层破坏等等,这些环境问题迫使人们认识到环境安全的重要性。本指标体系采用能源进口依存度、环境脆弱性指数和环境因素致病死率来衡量环境安全。能源进口依存度衡量的是一个国家自身的自然资源满足其经济社会发展的程度。能源进口依存度越高,表明这个国家的受到的资源约束越多,对其他国家的依赖程度越高,在危机发生时自保能力越差。环境脆弱性指数指的是自然环境在承受人类社会经济活动的同时维持动态平衡的能力,尤其是环境受损的程度和自我修复的能力。而环境疾病负担则直接评估环境给人类带来的损伤,一般用环境因素致病死率来衡量。

(5) 粮食安全

粮食安全指的是所有人都能够获得足够食物的稳定状态。中国古语道:"民以食为天。"在马斯洛的需求层次理论中,包括饮食在内的生理需求就是需求层次塔的基础。如果粮食需求无法得到满足,个体将面临直接的生存威胁,也就没有精力和意愿去满足其他需求。个体如此,国家也是如此。如果一个国家不能保障公民的粮食供给,那就无法获得健康的劳动力,无法开展正常的经济生产活动,最终无法实现国家的发展和人民生活水平的提高。因此,粮食安全对于人的安全而言至关重要。粮食安全具体分为三个维度。第一个维度是购买能力,即消费者购买食物的能力。购买能力不仅应衡量消费者应对粮食价格冲击的能力,还应当衡量在价格冲击发生时国家的应对和保障措施。第二个维度是粮食可用性,即国家粮食供应的充足程度,主要指的是国家自产粮食的能力。有些国家的粮食购买能力强，但是粮食可用性差。比如，新加坡经济发达、人均收入高，消费者有较高的粮食购买能力，但其国土面积小、粮食生产能力差，只能依赖粮食进口，很容易受国际粮价波动的影响，在发生粮食危机时首当其冲，粮食安全受到极大影响。第三个维度是质量和安全，质量指的是膳食的多样性和均衡性，而安全指的是食物不受污染、不会威胁身体健康的状态。中国是农业大国，粮食购买能力和粮食可用性都较好，但是食品安全问题仍然亟待解决。三聚氰胺事件、苏丹红事件、地沟油事件等敲响了警钟，食品安全问题越来越受到公众、媒体和政府的关注。可以说，光有足够的食物不能充分实现粮食安全，健康无害的食物是保障粮食安全的必需品。

（6）健康安全

健康安全，指的是人们的身体健康得到保证的状态。本指标体系采用了国际常用的衡量一国居民健康水平的三大指标：人均预期寿命、孕产妇死亡率和婴儿死亡率。人均预期寿命指的是，在当前分年龄死亡率不变的情况下，同一时期出生的人预期能继续生存的平均年数。据世界卫生组织发布的《2022世界卫生统计》报告，全球预期寿命从2000年的66.8岁增加至2019年的73.3岁。估计全球人口的平均预期寿命为72岁。人均预期寿命能够有效反映社会经济条件、卫生医疗水平对居民寿命的限制。孕产妇死亡率指的是死于妊娠和分娩期间及分娩后并发症的孕产妇比例。孕产妇死亡率是衡量一个国家或地区医疗卫生状况的常用指标。衡量健康安全的第三个指标是婴儿死亡率，这同样是衡量医疗卫生状况的常用指标。

2. 纵向

在纵向上，人的安全指标体系可以按照国家、社会、个人三个层次来重组(见表5-2)。

表 5-2 二级指标:按层次

一级指标	二级指标	权重	三级指标	权重	数据来源
人的安全	C1 国家层次	30	B1 政府债率	5	IMF
			B2 财政赤字率	5	CIA
			B3 外汇储备水平	5	IMF
			B6 政权稳定性风险评级	5	ICRG
			B8 武装冲突威胁	5	UCDP
			B12 能源进口依存度	5	WB
	C2 社会层次	35	B4 基尼系数	5	WB
			B5 社会保障指数	5	ILO
			B7 法治和秩序指数	5	ICRG
			B13 环境脆弱性指数	5	SOPAC
			B15 粮食安全指数	15	EIU
	C3 个人层次	35	B9 谋杀率	5	NM
			B10 交通事故死亡率	5	WHO
			B11 自杀率	5	WHO
			B14 环境因素致病死率	5	WHO
			B16 人均预期寿命	5	WHO
			B17 孕产妇死亡率	5	WHO
			B18 婴儿死亡率	5	WHO

在18个指标中,政府债率、财政赤字率、外汇储备水平、政权稳定性风险评级、武装冲突威胁和能源进口依存度属于国家层次,这6个指标的计算以主权的存在为前提。政府债率、财政赤字率、外汇储备水平衡量的是国家经济安全。要特别指出,本指标体系没有采用人均GDP

来衡量国家的经济安全,这是因为国家经济安全指的是一个国家的国民经济发展和经济实力不受根本威胁的状态,和国家经济繁荣有着本质区别。繁荣指的是经济总体走势趋于良好,而安全是经济总体走势稳定、均衡或者不至于恶化到发生严重经济萧条的状态。从这个意义上讲,国家经济安全等价于国家的抗经济风险能力。在全球化时代,随着全球范围内的贸易联系日益紧密,一个国家的经济形势极易受到国际经济波动的冲击,抗冲击抗风险能力尤其重要。政权稳定性风险评级衡量的是国家政权的稳定性。武装冲突威胁衡量的是国防安全。能源进口依存度衡量的是国家能源安全。

基尼系数、社会保障指数、法治和秩序指数、环境脆弱性指数、粮食安全指数这5个指标属于社会层次,分别衡量了社会的经济格局、公共秩序、环境安全和粮食安全。如果一个社会的收入分配相对平等,贫困人口能得到基本的生活保障,法治氛围浓厚,生态环境可持续,居民能获得充足、安全、均衡的食物,那么这个社会就是较为安全的。

谋杀率、交通事故死亡率、自杀率、环境因素致病死亡率、人均预期寿命、孕产妇死亡率、婴儿死亡率这7个指标直接衡量个体面对的生命威胁,属于个人层次。

(三) 三级指标

18个三级指标都是客观指标,原始数据来源于世界银行、国际货币基金组织、世界卫生组织等国际组织,这使得本指标体系具备在全球范围内展开评估的可能性。

1. 政府债率

指的是用本国货币计算的政府总债务占 GDP 的百分比。数据主要来自国际货币基金组织(International Monetary Fund,简称 IMF)公布的 2018 年数据①，但是 IMF 没有提供 2012—2018 中任一年份斯里兰卡的政府债率数据，因此使用 tradingeconomics.com 网站上 2018 年 12 月斯里兰卡政府债务占国内生产总值比重数据予以补充。

2. 财政赤字率

指的是财政赤字占 GDP 的百分比。数据来自美国中央情报局（Central Intelligence Agency，简称 CIA）2017 年出版的《世界概况》（*The World Factbook*）。②

3. 外汇储备

严格意义上的外汇储备指的是国家中央银行和货币当局持有的外币存款，不包括黄金。本指标体系的外汇储备资产还包括黄金储备、特别提款权和 IMF 储备头寸，所以也可以叫作国际储备。③ 数据来自国际货币基金组织的数据，由于 IMF 更新各国数据的时间并不统一，所以时间从 2014 年到 2019 年 4 月不等。

4. 基尼系数

指的是一个国家洛伦兹曲线的量化表示，用以衡量经济体内收入分配偏离完全平等分配的程度。数据来自世界银行（World Bank，简称 WB）的数据，由于 WB 更新各国数据的时间不一致，所以时间从 2009

---

① International Monetary Fund, IMF Data, available online at: https://www.imf.org/en/Data.
② CIA, *The World Factbook*, available online at: https://www.cia.gov/the-world-factbook/.
③ International Monetary Fund, IMF Data, available online at: https://www.imf.org/en/Data.

年到 2017 年不等。①

5. 社会保障指数

数据来自国际劳工组织(International Labour Organization,简称ILO)发布的 2013 年社会保障指数。② 这一指数旨在测算一个国家还需要投入多少经济资源以达到设定的社会保障底线。或者说,这一指数测量的是这个国家离达到社会保障底线还存在多大差距。这一指数的操作化定义是指还需投入的财政资源占国民生产总值的比重。

6. 政权稳定性风险评级

来自国家风险国际指南(The International Country Risk Guide,简称ICRG)2016 年发布的数据。③ 政权稳定性风险评级包含三个子指标:政府内聚力、立法力量和大众支持。每个子指标满分 4 分,最低 0 分。因此政治稳定性的风险评级总分 12 分,得分越高,则风险越低。在 2016 年的数据中,法国得分最低(4.75),而卡塔尔得分最高(10.50),中国在 140 个国家和地区中排升序第 13 位(8.88),政治稳定性好,发生变更的风险小。

7. 法治和秩序指数

来自国家风险国际指南 2016 年发布的法治和秩序指数④,这一指

---

① World Bank, World Bank Open Data, available online at: https://data.worldbank.org/.
② ILO, Statistics on Social Protection, available online at: https://ilostat.ilo.org/topics/social-protection/.
③ PRS Group, The International Country Risk Guide (ICRG), available online at: https://www.prsgroup.com/explore-our-products/icrg/.
④ PRS Group, The International Country Risk Guide (ICRG), available online at: https://www.prsgroup.com/explore-our-products/icrg/.

数包括两个子指标,即法律体系的公正性和法律体系的有效性。每个子指标满分 3 分,最低 0 分。因此法治和秩序指数总分 6 分,得分越高,说明法律体系越完善。

8. 武装冲突威胁

数据来自乌普萨拉冲突数据计划(The Uppsala Conflict Data Program,简称 UCDP),指的是 1989—2017 年间一国之内因有组织的暴力而死亡的总人数。[①] 有组织的暴力包括三类:国家间冲突、非国家冲突和单方面暴力。国家间冲突指的是国家之间发生的武装冲突,非国家冲突指的是非国家武装团体之间发生的冲突,单方面暴力指的是有组织的武装团体对平民施加的暴力。

9. 谋杀率

指的是每 100 万人口中被谋杀的人数,数据来自国家大师(Nation Master,简称 NM)数据库,时间从 2008 年到 2011 年不等。[②]

10. 交通事故死亡率

指的是每 100 万人口中因道路交通事故死亡的人数,数据来自世界卫生组织(World Health Organization,简称 WHO)发布的 2013 年数据。[③]

11. 自杀率

指的是每 100 万人口中因自杀死亡的人数,数据来自世界卫生组

[①] UCDP, Uppsala Conflict Data Program, available online at: https://ucdp.uu.se/.
[②] Nation Master, Nation Master Database, available online at: https://www.nationmaster.com/.
[③] World Health Organization, Data at WHO, available online at: https://www.who.int/data.

织发布的 2016 年数据。①

12. 能源进口依存度

指一国能源消费对其他国家的依赖程度。计算公式是:能源进口依存度=净能源进口÷能源使用×100%。净能源进口若为负值,则表明该国是净出口国;能源使用特指一次能源的使用,计算方式是本国生产加上进口和库存变化,减去出口和向从事国际运输的船舶与飞机提供的燃料。净能源进口和能源使用都按照石油当量计算。数据来自世界银行 2014 年发布的数据。②

13. 环境脆弱性指数

指自然环境在承受人类社会经济活动的同时维持动态平衡的能力,尤其是环境受损的程度和自我修复的能力。数据来自南太平洋应用地球科学委员会(South Pacific Applied Geoscience Commission,简称 SOPAC)提出的环境脆弱性指数(Environmental Vulnerability Index)。③ 这一指数的计算基于 50 个子指标,包括:风速、干旱期、潮湿期、炎热期、寒冷期、海表温度、火山爆发、地震、海啸、滑坡、土地面积、边界破碎程度、大陆隔离程度、海拔高差、低地面积、国界线数量、水体富营养化、环境开放程度、物种迁徙、物种多样性、物种引进、濒危物种、已灭绝物种数、植被覆盖、植被覆盖变化率、栖息地破碎程度、土壤退化、陆地储量、海洋保护区、集约化养殖、肥料使用、农药使用、转基因使

---

① World Health Organization, Data at WHO, available online at: https://www.who.int/data.
② World Bank, World Bank Open Data, available online at: https://data.worldbank.org/.
③ SOPAC, Environmental Vulnerability Index (EVI), available online at: http://gsd.spc.int/sopac/evi/index.htm.

用、渔业捕捞量、渔民数量、可再生水资源、SO_2排放量、垃圾排放、垃圾处理、工业用电量、石油和有害物质泄露、采矿强度、安全卫生设施、车辆密度、人口密度、人口增长率、国际游客数量、滨海地区人口密度、环境条约数量、冲突。根据环境脆弱性指数,美属萨摩亚环境问题最为严重,而法属圭亚那的环境问题最轻,中国在234个国家和地区中排第194名,意味着环境非常脆弱,面临的环境问题比绝大多数国家严重。

14. 环境因素致病死率

指的是环境因素造成的死亡百分比。数据来自世界卫生组织发布的2012年数据。① 环境因素致病死率和自杀率、谋杀率、道路交通死亡率的区别在于较难直接测量,因此世界卫生组织发布的这一数据是根据流行病学得到的估算值。

15. 粮食安全指数

数据来自经济学人智库(Economist Intelligence Unit,简称EIU)2018年对113个国家粮食安全的测算结果。② 这一指数包括3个子指标:购买能力、粮食可用性、食品质量和安全。购买能力根据以下6个指标进行测算:(1)食品支出占家庭总支出的比重;(2)在全球贫困线以下的人口比例;(3)按照购买力平价计算的人均GDP;(4)农业进口关税;(5)食品安全网计划;(6)为农民提供的融资。粮食可用性根据以下8个指标进行测算:(1)粮食供给的充足程度;(2)花费在农业研究和发展上的公共财政支出;(3)农业基础设施;(4)农业生产的波动

---

① World Health Organization, Data at WHO, available online at: https://www.who.int/data.

② Economist Intelligence Unit Global Insights & Market Intelligence, available online at: https://www.eiu.com/n/.

性;(5)食物损耗;(6)城市吸纳能力;(7)腐败;(8)稳定供应风险。食品质量和安全根据以下 5 个指标进行测算:(1)膳食多样性;(2)营养标准;(3)微量营养素可用性;(4)蛋白质质量;(5)食品安全。

16. 人均预期寿命

指的是估算出的一个国家的人口平均寿命。数据来自世界卫生组织 2016 年发布的数据。[①]

17. 孕产妇死亡率

指的是每 10 万活产中死亡的孕产妇人数。数据来自世界卫生组织 2015 年发布的数据。[②]

18. 婴儿死亡率

指的是每 1000 活产中婴儿的死亡数。数据来自世界卫生组织 2018 年发布的数据[③],但是每个国家的数据收集年份不一。

三、测评方法

(一) 指标无量纲化

测评方法借鉴联合国人类发展指数的测量方法,对每个子指标进行无量纲化,再结合权重加总成人的安全指标。无量纲化的目的是消

[①] World Health Organization, Data at WHO, available online at: https://www.who.int/data.

[②] World Health Organization, Data at WHO, available online at: https://www.who.int/data.

[③] World Health Organization, Data at WHO, available online at: https://www.who.int/data.

除原始变量因量纲不同造成的不可比。本指标体系采用阈值法进行无量纲化处理，对于第 i 个子指标原变量 X_i，上限阈值是所有参评单位在该指标上的最大取值 X_{max}^i，下限阈值是最小取值 X_{min}^i。无量纲化后，指数取值范围在 0 和 1 之间。计算公式如下（Y_i 是无量纲化后的子指标）：

$$Y_i = \frac{X_i - X_{min}^i}{X_{max}^i - X_{min}^i}$$

（二）总指数的合成及权重说明

总指数是无量纲化后的子指标（Y_i）的线性加权和，计算公式如下（Z 是总指数，W_i 是子指标 Y_i 的权重）：

$$Z = \sum Y_i W_i \left(\sum W_i = 100 \right)$$

指标体系中一共有 18 个指标。其中，粮食安全指数是一个复合指数，包括粮食购买能力、粮食可用性、食物质量和安全三个维度，因此也应当赋予三倍的权重。所以其他 17 个指标的权重都为 5，粮食安全指数的权重为 15。

第四节　人的安全的评估实测

一、初步测试

为了检验人的安全指标体系的可操作性，我们收集了 81 个国家的数据进行了初步测试。需说明的是,由于各个数据来源的年份有异或最新版本不可得等,我们的初步测试仅用于示例展示本指标体系的操作性,并不能完美刻画当下最新情况。待数据质量和版本等改善后,未来可进行进一步的测试。

表 5-3 和表 5-4 是初步测试的结果。

表 5-3 初步测试结果:按层次

排名	国家	总分	地理区位	国家 30	社会 35	个人 35
1	挪威	82.82	欧洲	20.86	31.73	30.23
2	澳大利亚	75.87	大洋洲	16.52	31.04	28.31
3	瑞士	75.14	欧洲	18.75	28.73	27.66
4	瑞典	74.44	欧洲	14.33	30.93	29.18
5	芬兰	73.52	欧洲	13.26	32.28	27.98
6	丹麦	73.35	欧洲	15.38	29.73	28.24
7	加拿大	73.04	北美洲	15.51	30.73	26.81
8	新西兰	72.91	大洋洲	16.59	29.39	26.93
9	新加坡	71.98	亚洲	17.13	25.73	29.12
10	德国	71.86	欧洲	15.54	28.50	27.83
11	荷兰	71.86	欧洲	14.56	29.89	27.41
12	捷克	70.72	欧洲	16.43	28.26	26.02
13	奥地利	70.51	欧洲	13.35	29.26	27.89
14	爱尔兰	70.08	欧洲	11.95	31.07	27.06
15	英国	69.69	欧洲	13.63	28.36	27.70
16	日本	69.14	亚洲	13.04	26.88	29.22
17	葡萄牙	66.99	欧洲	13.17	27.23	26.59

(续表)

排名	国家	总分	地理区位	国家 30	社会 35	个人 35
18	以色列	66.62	亚洲	12.35	25.13	29.14
19	波兰	66.48	欧洲	16.25	25.76	24.46
20	意大利	66.30	欧洲	13.45	24.22	28.62
21	西班牙	66.26	欧洲	10.39	26.28	29.59
22	法国	65.50	欧洲	10.30	28.33	26.88
23	比利时	65.34	欧洲	12.18	27.59	25.57
24	韩国	64.01	亚洲	14.81	25.97	23.23
25	美国	63.88	北美洲	12.11	28.58	23.18
26	斯洛伐克	62.95	欧洲	12.99	25.62	24.34
27	希腊	62.53	欧洲	11.22	24.07	27.23
28	智利	62.28	南美洲	14.24	24.87	23.17
29	匈牙利	62.07	欧洲	15.14	24.58	22.35
30	白俄罗斯	59.83	欧洲	14.17	25.05	20.61
31	罗马尼亚	59.01	欧洲	13.82	24.02	21.17
32	保加利亚	58.88	欧洲	15.57	20.90	22.41
33	乌拉圭	58.37	南美洲	13.73	23.23	21.41
34	阿根廷	56.86	南美洲	15.01	20.72	21.13
35	哈萨克斯坦	56.06	亚洲	17.73	22.84	15.49
36	阿塞拜疆	55.88	亚洲	15.27	19.17	21.45
37	马来西亚	55.17	亚洲	13.63	21.53	20.02
38	塞尔维亚	54.39	欧洲	10.66	21.01	22.73
39	突尼斯	54.01	非洲	10.94	22.52	20.55
40	俄罗斯	53.80	欧洲	15.18	22.52	16.09

(续表)

排名	国家	总分	地理区位	国家 30	社会 35	个人 35
41	哥斯达黎加	53.66	中美洲	12.50	20.07	21.10
42	土耳其	53.13	亚洲	11.81	19.49	21.83
43	秘鲁	52.55	南美洲	13.66	19.11	19.78
44	摩洛哥	52.27	非洲	12.75	19.24	20.28
45	越南	52.07	亚洲	16.02	19.11	16.95
46	墨西哥	51.84	中美洲	12.16	19.20	20.48
47	巴拿马	50.89	中美洲	10.62	19.88	20.39
48	乌克兰	50.30	欧洲	11.03	21.41	17.86
49	哥伦比亚	49.46	南美洲	14.10	18.29	17.08
50	泰国	47.81	亚洲	12.98	19.11	15.71
51	博茨瓦纳	47.46	非洲	14.76	20.12	12.59
52	厄瓜多尔	46.97	南美洲	12.41	16.88	17.69
53	多米尼加	46.48	北美洲	16.83	16.85	12.80
54	巴西	46.27	南美洲	10.97	17.81	17.50
55	印度尼西亚	46.20	亚洲	13.04	16.70	16.46
56	尼加拉瓜	45.85	中美洲	13.13	17.27	15.45
57	巴拉圭	45.31	南美洲	13.00	17.40	14.91
58	菲律宾	45.11	亚洲	13.12	14.10	17.88
59	斯里兰卡	44.37	亚洲	9.29	17.70	17.38
60	危地马拉	43.87	中美洲	12.43	14.30	17.13
61	孟加拉	43.53	亚洲	13.61	13.37	16.55
62	玻利维亚	43.18	南美洲	13.81	16.17	13.21
63	洪都拉斯	42.40	中美洲	11.82	14.22	16.36

(续表)

排名	国家	总分	地理区位	国家 30	社会 35	个人 35
64	印度	40.77	亚洲	12.09	16.86	11.82
65	巴基斯坦	39.51	亚洲	9.33	15.84	14.34
66	南非	39.43	非洲	11.36	16.74	11.33
67	萨尔瓦多	39.02	中美洲	9.23	15.37	14.43
68	坦桑尼亚	38.08	非洲	13.45	15.31	9.32
69	安哥拉	37.16	非洲	14.28	13.69	9.18
70	加纳	36.80	非洲	9.75	16.30	10.74
71	肯尼亚	36.09	非洲	11.98	12.54	11.57
72	埃塞俄比亚	35.87	非洲	10.82	14.89	10.16
73	塞内加尔	35.45	非洲	9.74	13.69	12.03
74	赞比亚	32.64	非洲	11.46	11.32	9.86
75	尼日尔	31.39	非洲	10.98	10.47	9.94
76	喀麦隆	30.75	非洲	10.91	13.02	6.82
77	尼日利亚	29.60	非洲	12.25	9.94	7.41
78	多哥	29.23	非洲	11.38	9.89	7.96
79	苏丹	29.07	非洲	6.32	13.07	9.68
80	莫桑比克	29.04	非洲	11.25	8.66	9.13
81	海地	22.84	中美洲	8.84	3.12	10.88

依据初步测试结果,总分前5名依次是挪威、澳大利亚、瑞士、瑞典和芬兰。除了澳大利亚,其余4国的共性包括:都位于欧洲,都是发达国家,面积都较小,都以高福利政策闻名。表5-4呈现了这81个国家在6个维度的得分情况。

表5-4 初步测试结果:按维度

排名	国家	经济安全 25	政治安全 10	公共安全 20	环境安全 15	粮食安全 15	健康安全 15
1	挪威	18.23	7.27	16.16	13.11	13.95	14.10
2	澳大利亚	16.40	5.81	15.27	10.51	14.38	13.50
3	瑞士	18.19	7.98	15.44	5.77	14.32	13.44
4	瑞典	17.82	6.36	14.74	7.41	13.95	14.16
5	芬兰	16.24	6.36	14.32	7.82	14.26	14.51
6	丹麦	17.32	6.82	15.79	6.93	13.58	12.91
7	加拿大	15.56	8.54	13.00	8.94	14.23	12.77
8	新西兰	16.31	7.63	15.49	7.49	13.70	12.30
9	新加坡	14.42	8.43	17.18	3.45	15.00	13.49
10	德国	17.44	7.07	14.29	5.85	14.09	13.13
11	荷兰	16.59	7.27	15.17	5.16	14.66	13.01
12	捷克	18.07	6.62	14.73	5.65	12.22	13.43
13	奥地利	15.88	6.36	15.37	5.23	13.92	13.74
14	爱尔兰	13.99	6.82	15.61	5.78	14.89	13.01
15	英国	16.05	7.07	13.92	5.32	14.74	12.59
16	日本	13.73	7.07	15.54	4.96	13.30	14.54
17	葡萄牙	14.04	6.16	14.69	6.21	13.13	12.76
18	以色列	15.02	7.07	13.01	4.98	12.93	13.61
19	波兰	16.92	6.06	14.04	4.60	12.02	12.83
20	意大利	14.78	4.60	16.27	4.47	12.28	13.90
21	西班牙	14.42	5.25	14.03	5.89	12.76	13.90
22	法国	16.11	3.89	12.43	5.90	14.15	13.03
23	比利时	15.72	6.16	12.28	4.77	13.38	13.03
24	韩国	17.96	6.16	10.41	4.38	12.08	13.03

(续表)

排名	国家	经济安全 25	政治安全 10	公共安全 20	环境安全 15	粮食安全 15	健康安全 15
25	美国	13.98	7.07	9.63	7.38	14.74	11.08
26	斯洛伐克	15.62	4.60	14.80	5.41	10.58	11.95
27	希腊	12.88	4.70	16.32	4.37	10.95	13.32
28	智利	14.83	4.24	13.69	6.88	11.94	10.70
29	匈牙利	15.85	5.96	13.96	3.97	11.29	11.05
30	白俄罗斯	16.55	4.49	11.27	5.79	9.27	12.46
31	罗马尼亚	17.33	5.40	12.15	4.36	10.18	9.59
32	保加利亚	16.02	3.94	14.56	4.92	8.93	10.51
33	乌拉圭	14.36	2.93	11.40	8.35	10.86	10.48
34	阿根廷	14.16	2.83	13.73	6.93	10.26	8.95
35	哈萨克斯坦	17.28	5.40	9.51	7.56	7.00	9.31
36	阿塞拜疆	16.43	4.95	13.57	5.96	7.15	7.81
37	马来西亚	14.28	4.60	11.77	5.21	9.95	9.36
38	塞尔维亚	15.59	4.95	10.46	5.09	7.60	10.71
39	突尼斯	14.44	5.25	13.02	5.03	7.91	8.36
40	俄罗斯	17.52	5.30	5.29	6.81	9.64	9.24
41	哥斯达黎加	12.85	2.58	12.93	4.71	10.29	10.30
42	土耳其	15.67	4.39	10.66	3.80	8.82	9.80
43	秘鲁	15.30	4.85	10.25	6.66	7.29	8.21
44	摩洛哥	14.08	5.96	13.43	5.62	6.24	6.94
45	越南	15.38	5.96	13.23	3.01	6.52	7.97
46	墨西哥	15.49	2.27	9.33	6.41	9.47	8.86
47	巴拿马	12.88	3.48	11.37	6.93	8.19	8.03
48	乌克兰	16.38	5.51	8.37	4.44	6.44	9.17

(续表)

排名	国家	经济安全 25	政治安全 10	公共安全 20	环境安全 15	粮食安全 15	健康安全 15
49	哥伦比亚	14.25	3.28	7.48	7.75	8.71	8.00
50	泰国	16.53	3.84	5.64	4.72	7.34	9.73
51	博茨瓦纳	12.39	4.49	10.63	7.50	7.88	4.56
52	厄瓜多尔	13.30	2.47	10.09	6.66	6.18	8.26
53	多米尼加	13.52	6.11	9.48	4.07	6.86	6.44
54	巴西	13.89	1.01	8.46	4.60	10.04	8.28
55	印度尼西亚	15.64	2.93	10.97	4.84	6.18	5.65
56	尼加拉瓜	13.02	6.31	9.05	5.25	5.13	7.09
57	巴拉圭	13.86	2.37	9.44	6.06	6.86	6.71
58	菲律宾	15.43	4.75	11.81	2.18	5.25	5.69
59	斯里兰卡	13.31	4.95	7.55	3.06	6.04	9.46
60	危地马拉	13.23	4.29	9.95	4.64	5.22	6.54
61	孟加拉	15.49	4.19	11.85	3.47	2.92	5.61
62	玻利维亚	13.51	2.47	9.24	7.73	5.02	5.21
63	洪都拉斯	12.10	2.73	10.32	5.14	5.02	7.10
64	印度	15.80	6.52	7.57	1.33	4.85	4.71
65	巴基斯坦	14.79	3.48	10.80	2.50	4.57	3.37
66	南非	12.14	2.37	6.01	5.52	9.22	4.17
67	萨尔瓦多	13.55	1.82	5.54	4.32	5.87	7.93
68	坦桑尼亚	13.15	7.07	8.45	5.38	1.16	2.87
69	安哥拉	14.04	2.93	7.25	9.35	1.59	2.00
70	加纳	12.96	2.47	8.32	4.89	5.08	3.08
71	肯尼亚	12.44	4.19	8.39	5.23	2.52	3.32
72	埃塞俄比亚	13.85	6.97	5.70	5.35	0.85	3.15

(续表)

排名	国家	经济安全 25	政治安全 10	公共安全 20	环境安全 15	粮食安全 15	健康安全 15
73	塞内加尔	12.23	3.48	8.55	4.86	2.52	3.80
74	赞比亚	9.60	4.60	9.10	6.16	0.20	2.99
75	尼日尔	10.93	3.28	9.95	5.49	0.20	1.54
76	喀麦隆	11.89	2.83	6.15	6.23	2.67	0.99
77	尼日利亚	14.20	2.83	6.99	4.18	1.42	−0.01
78	多哥	9.22	4.85	7.39	4.22	1.53	2.01
79	苏丹	11.81	2.47	5.72	4.99	0.96	3.11
80	莫桑比克	7.88	4.85	7.86	6.32	0.57	1.56
81	海地	6.95	0.45	9.67	3.37	0.00	2.41

二、案例：挪威

如表5-4所示，在初步测试结果中，挪威总得分最高，而且六个维度的子得分都很高。因此可以说，在挪威，人的安全得到了高水平且均衡的保障。这一结果和类似国际权威指数的结果相一致。在最新发布的社会进步指数（Social Progress Index，简称SPI）[1]和人类发展指数中，挪威都排名第一。社会进步指数、人类发展指数和本章所构建的人的安全指数都旨在衡量一国公民的福祉，但是各有侧重，具体测算方式不同，甚至包含的国家名单也不尽相同。然而挪威在这些指标体系中都

---

[1] 社会进步指数由非营利组织 Social Progress Imperative 发布，测算的是一国公民的社会需求和环境需求得到满足的程度。SPI所界定的社会需求和环境需求主要包括健康、平等、包容、可持续性、个人自由和安全。有关社会进步指数的资料可见 https://www.socialprogress.org/。

排名第一。这既从侧面证明了本章初步测试结果的可靠性,也说明挪威在保障人的安全方面表现出色,堪为典范。因此,本章选择挪威作为案例,分析它在经济安全、政治安全、公共安全、环境安全、粮食安全和健康安全六个维度上的保障措施。

(一)在经济安全方面,挪威的高经济发展水平、政府的宏观调控政策和完善的社会福利体系保障了经济体平稳运行、社会贫富差距控制在合理范围之内,每个公民都有基本的生活保障。首先,挪威是当今世界上经济最发达的国家之一,根据国际货币基金组织 2018 年发布的世界各国人均 GDP 数据,挪威排名世界第三,人均 GDP 高达 81 695 美元。

其次,挪威政府的宏观调控政策也值得借鉴。在财政预算方面,尽管挪威是高福利国家,但是高福利并未带来高赤字。挪威政府长期以来推行稳健的财政政策,注重经济的平衡发展,2008 年金融危机后财政政策有所放宽,但是仍然处于财政盈余状态。在外汇储备方面,挪威建立了积极管理外汇储备的模式,对外汇储备进行组合式管理,根据不同需求将外汇储备分为货币市场组合、投资组合以及缓冲组合。货币市场组合是高流动性组合,用以满足交易性和预防性需求,由挪威央行下设的货币政策部门(Norges Bank Monetary Policy)放在国内外汇市场管理;投资组合和缓冲组合属于长期资产组合,主要是政府石油基金,由挪威央行下设的专业投资管理部门(Norges Bank Investment Management)投资到不同国家的金融市场。挪威实行的这种积极管理外汇储备的组合模式,一方面能够确保外汇市场的流动性需求,另一方面获得了较高的投资回报,能够保证储备资产稳定的购买力。另外,挪威的外汇收入大部分来自石油出口,挪威政府用基金的方式管理这部分外汇收入,将石油转化为多元的金融资产,从而提高了挪威的经济活力,也有效避免了由初级产品大量出口所带来的"荷兰病",还有助于帮助政府平抑短期石油收入波动造成的经济影响。

最后,除了高经济发展水平和稳健的经济政策,挪威完善的社会保障体系是保障公民基本经济安全的重要因素。1948年,挪威开始建立全民社会保障体系;1967年,通过《全民社会保障法》。根据2019年挪威政府发布的挪威社会保险计划[①],挪威的社会福利体系主要包括国民保险计划、儿童福利计划和育孩家庭现金补助计划。国民保险计划为所有居住在挪威的公民或作为雇员在挪威工作的人强制投保,参保人有权领取养老金、遗属恤金、残疾补助、基本福利金、工作津贴、工伤补助、单亲补助、医疗补助、生育津贴和丧葬补助。儿童福利计划的覆盖对象是18岁以下的挪威居民,每名儿童每年可获得11 640挪威克朗(约合人民币9329元)。单亲家庭可额外领取一份儿童补助金。如果抚养的是三岁以下的婴儿,则可为每一个婴儿领取一份婴儿补助金,一年7920挪威克朗(约合人民币6347元)。育孩家庭现金补助计划的覆盖对象是有23个月以上、13岁以下的孩子的家庭。挪威有许多接受公共补助的日托中心,父母将孩子托给日托中心照管的时间越短,则能拿到的育孩现金补助越多,最高每月可拿到7500挪威克朗(约合人民币6007元)。国民保险计划、儿童福利计划和育孩家庭现金补助计划构成了从摇篮到坟墓的安全网,让每一位挪威公民都获得基本生活保障。

(二)在政治安全方面,挪威实行议会制君主立宪制,政局稳定,法治成熟。根据2018年世界正义工程发布的法治指数,挪威在126个国

---

① Norwegian Ministry of Labour and Social Affairs, The Norwegian Social Insurance Scheme 2019, available online at: https://hdr.undp.org/system/files/documents/hdr1994encompletenostatspdf.pdf.

家或地区中排名第三,仅次于新加坡和丹麦。挪威的法治程度世界领先,首先要归因于完善的法律体系。挪威属于大陆法系国家,以成文法为主,以案例法为补充。现行宪法于1814年通过,是世界上第二古老的成文宪法,宪法确立了三项基本原则:人民主权、分权制衡和人权不可侵犯。随着社会发展,挪威议会进行了多次重大修改,新增了信息自由权、工作权、环境权等条款。其次要归因于公正的司法系统。挪威是世界上继美国之后第二个建立司法审查制度的国家,法院具有独立的司法权,不受议会和政府干预。

(三)在公共安全方面,挪威于1949年加入北大西洋公约组织(North Atlantic Treaty Organization)。另外,尽管挪威并未加入欧盟,但是加入了欧盟共同安全与国防政策(Common Security and Defense Policy)。挪威的安全和防务政策主要受这两个国际组织影响,自"二战"结束后再未参与过大规模武装冲突,总体处于和平稳定的状态。恐怖袭击是造成恐慌的主要公共安全事件。反恐原本在挪威的安全政策中处于边缘位置,但在2001年美国"9·11"事件之后,挪威政府制定了新的反恐法规。2011年7月,挪威首都奥斯陆市发生一起爆炸事件,数小时后于特岛发生一起枪击事件,总共有77人死于这两起恐怖袭击事件,这是挪威自"二战"后遭受的最大规模袭击。在这两起恐怖袭击之后,挪威政府出台了力度更强的反恐法规。

(四)在环境安全方面,由于挪威的经济发展水平较高,人均温室气体排放量和人均能源消耗也较高。但是挪威很早就注意到了环境问题,在1972年设立环境部(现更名为气候和环境部),成为世界上第一个在政府中设立环境部的国家,并出台了一系列环境管理及保护政策。另外,挪威积极参与应对气候和环境变化的国家合作,1997年签署了《京都议定书》,承诺从2005年开始承担减少碳排放量的义务。2017

年,挪威气候和环境部提出了绿色竞争力战略,希望挪威走出一条排放更少、发展更好的经济增长模式。在政府公告中,挪威宣布要在2030年前减少40%温室气体排放,在2050年前成为低排放社会。总之,挪威的自然地理环境本就良好,广泛的民众环保意识、政府的积极环保政策和严格的环境标准更使得挪威的环境保护走在世界前列,使得挪威不仅工业发达、国民富裕,而且居住环境质量优越、生态系统可持续。

(五)粮食安全是挪威在六个维度上相对薄弱的领域。挪威纬度高,热量低,许多农经作物不能生长;又加上多山地,少平原,挪威的农业用地面积也很有限。所以挪威不能够实现粮食自给,而要大量依靠进口。根据联合国粮食及农业组织2012年发布的世界粮食及农业口袋书,挪威的粮食自给率仅为50.1%,这个数字意味着挪威居民每年消费的一半粮食都来自进口。针对粮食不能自给的现状,挪威农业和食品部将保护粮食安全作为农业政策的首要目标,并制定了针对性的解决措施。比如,挪威耕地面积小,仅占全国总土地面积的3%。为此,挪威实施了强有力的长期土地保护政策。2006年,挪威农业和食品部被授予对市政部门的城市规划提出反对意见的权力,这一授权是为了确保耕地资源在城市规划中不会受损。2010年,农业和食品部又同交通部展开合作,制定了《全国2010—2019年交通规划》,以确保交通运输事业的发展在保护农地的前提下进行。另外,农业财产分割是土地资源重新分配或流失的重要原因之一,因此挪威特别重视土地分割案件,以避免农业产业遭到破坏。

(六)在健康安全方面,挪威的医疗保健体系堪为世界典范。在2015年,挪威政府在公共卫生领域的支出占国民生产总值的9.9%,而经合组织国家的平均占比为8.9%。这两个数字说明,挪威对国民的健康安全高度重视,在公共卫生领域投入了大量资金支持。即使是在较发达的国家中，挪威对健康安全和公共卫生的重视程度与支持力度也是较为突出的。在健康安全方面，挪威不仅胜在重视程度和支持力度上，在管理结构和模式上也值得称赞。挪威实行公费医疗制度，目前的卫生保健体系分为两种。第一种是初级卫生保健服务，主要以自治市为单位，由公立的社区医院向当地居民提供母婴服务、养老服务等健康维护服务，满足居民较为日常的健康需求。第二种是专科卫生服务，主要以郡为单位，服务对象主要是病情较为严重的患者。为了提高效率，挪威在专科卫生服务层面引入了市场机制，形成了半政府、半市场的组织管理模式。据世界卫生组织2019年的统计数据，挪威的人均寿命高达81.8岁。挪威的卫生保健体系保障了公民的健康维护和疾病诊治的需求，是挪威人长寿的重要原因之一。

第五节　建设以人民为中心的安全中国

建立人的安全指标体系，立足点在于中国。中国在经济安全方面表现较佳，在政治安全、公共安全、环境安全、粮食安全和健康安全方面还有较大的提升空间，中国政府、社会和公民也都为提升人的安全水平做出了许多努力。

在经济安全方面，中国的总体抗经济风险能力较强，外汇储备更是居于世界前列，财政赤字率也较为稳定。但是目前较大的问题是政府债务负担重、基尼系数大以及社会保障体系尚不完善。因此，中国政府应当进一步约束地方政府的举债行为，尤其要遏制违法违规无序举债的势头；另外，中国还应完善分配制度，健全社会保障体系，巩固脱贫攻坚成果，增加低收入者收入，扩大中等收入群体，扎实推进共同富裕。

在政治安全方面，我国法治体系的完善有较大的提升空间，建设法治社会、实现全面依法治国是题中之义。目前，全面依法治国已经被提到了国家战略的高度。党的十九大报告中提出，成立中央全面依法治国领导小组，加强对法治中国建设的统一领导。党的二十大报告也强调坚持全面依法治国，推进法治中国建设。

在公共安全方面，随着城市化进程的推进，城市安全成为重中之重。城市人群稠密、交通繁杂，隐藏着许多风险点。近年来出现的重大安全事故大多发生在城市里，例如天津滨海新区爆炸事故、上海外滩踩踏事件、郑州特大暴雨灾害等等。除了恶性的公共安全事件，影响中国城市公共安全的一个重要原因是交通事故。中国的道路交通死亡人数排名世界第一，这固然与中国人口基数大有关，但是中国的道路交通死亡率也并不低。针对这些问题，我国在全国范围内推行了平安城市建设，在各个城市建设综合性的安防系统，不仅是为了实现对城市的有效管理，更是为了打击违法犯罪，提升城市的安全防范能力。我国的平安城市建设目前已显成效，保障中国公共安全的下一步是在平安城市的基础上建设平安中国，正如党的二十大报告提出建设更高水平的平安中国，并强调提高公共安全治理水平，建立大安全大应急框架，完善公共安全体系，推动公共安全治理模式向事前预防转型。

在环境安全方面，雾霾等大气污染是近年来中国公民、媒体和政府多方聚焦的环境问题，但这只是中国环境问题的冰山一角。黄河和长江流域的水土流失问题、普遍的地下水污染问题、生物多样性锐减问题、土地荒漠化问题等都在威胁着中国公民的生存环境，并且对人们的身体健康造成了恶劣影响。随着生态环境日渐恶化，生态可持续的重要性日渐凸显。习近平总书记十分重视环境问题，不止一次强调"绿水青山就是金山银山",提出要"加强生态文明建设、划定生态保护红线,为可持续发展留足空间,为子孙后代留下天蓝地绿水清的家园"①。这些指示得到了贯彻落实,例如目前在全国范围内开展的垃圾分类活动。我国的环保事业得到大力推进,也取得了显著成效。比如随着国土绿化和防沙治沙工程强化,我国北方的绿色屏障持续拓展,实现了从"沙进人退"到"绿进沙退"的转变,被外国媒体誉为"中国绿色发展奇迹"。总之,尽管目前中国的环境问题仍较严峻,但是环境保护作为一项基本国策得到了越来越多的重视,生态文明建设也在稳步推进。

粮食安全方面,早在 2006 年,这一问题就已经引起了国家层面的关注。在十届全国人大四次会议上通过的《国民经济和社会发展第十一个五年规划纲要》就明确指出,18 亿亩耕地是未来五年一个具有法律效力的约束性指标,是不可逾越的一道红线。自此以后,中央更是三令五申要守住 18 亿亩耕地红线。近些年来,耕地红线这一概念也频繁地出现在媒体和大众面前。中央之所以提出并且再三强调这一概念,是因为中国是人口大国,14 亿人的粮食问题本就是民生大计;而随着城乡居民收入不断增长,我国粮食消费总量又呈刚性增长趋势。这两点因素结合在一起,使得中国的粮食供给压力较大,如果不守好耕地红线,过于依赖进口,一旦世界粮价波动或者国际格局动荡,就会对我国的粮食安全造成很大冲击。中美贸易摩擦期间,由于我国消费的很大一部分大豆和小麦都来自美国,因此中国即将迎来粮食危机的说法甚嚣尘上,粮食安全问题也备受政府关注。党的二十大报告也强调全方位夯实粮食安全根基,全面落实粮食安全党政同责。

在健康安全方面,"看病难""看病贵"是中国最为突出的民生问题

---

① 《习近平参加黑龙江代表团审议:冰天雪地也是金山银山》,2016 年 3 月 7 日,载新华网,http://www.xinhuanet.com//politics/2016-03/07/c_128779874_5.htm。

之一,每年都有全国人大代表提出相关议案。我国公民的医疗需求得不到充分满足,是损害公民健康安全的重要原因之一。为此,近年来,我国政府推动了对医疗体制的改革,包括推行大病保险全覆盖、整合城乡基本医保制度、扩大公立医院综合改革试点城市范围、加快培养全科及儿科医生、鼓励社会办医等等。

总而言之,中国在经济安全、政治安全、公共安全、环境安全、粮食安全、健康安全这六个领域都有可提升的空间。党和政府一直坚持以人民为中心的发展理念,致力于保障和改善民生,增进人民福祉,为中国人民提供更有安全感的生存环境和状态。近年来,我国的法治建设和生态文明建设取得了显著成效,并且成功打赢了脱贫攻坚战,养老和医疗改革也在稳步推进中。这些持续的努力终将建设出以人民为中心的安全中国,使中国成为一个充分保障人民全方位安全的社会主义现代化强国。

第六章
环境篇*

第一节 环境治理是重要的公共议题

生态环境与人类文明的发展息息相关。生态环境恶化带来的一系列发展问题古已有之,恩格斯在《自然辩证法》中就写道:"美索不达米亚、希腊、小亚细亚以及其他各地的居民,为了得到耕地,毁灭了森林,但是他们做梦也想不到,这些地方今天竟因此而成为不毛之地,因为他们使这些地方失去了森林,也就失去了水分的积聚中心和贮藏库。"①同时,将生态环境治理上升为国家管理制度的传统也源远流长。我国古代就建立了虞衡制度,专门设立掌管山林川泽的机构,制定政策法令,②该制度一直延续到清代。我国不少朝代都有保护自然的律令并对违令者予以严惩,例如,周文王颁布的《伐崇令》规定:"毋坏室,毋填井,毋伐树木,毋动六畜。有不如令者,死无赦。"可见,对生态环境的治理是一个悠久的国家治理议题。

---

* 本章作者:吴旭,法学博士,北京大学政策法规研究室(党委政策研究室)主任、副研究员。主要研究方向为政治学理论、党的建设、高等教育管理。
① 《马克思恩格斯选集》第三卷,人民出版社2012年版,第998页。
② 《周礼》记载,设立"山虞掌山林之政令,物为之厉而为之守禁","林衡掌巡林麓之禁令,而平其守"。

进入20世纪以来,特别是五六十年代西方国家爆发生态危机以来,生态环境恶化表现出严重性、全球性和长远性等诸多特征,人类从来没有像今天这样强烈地感受到环境恶化对自身的生产、生活乃至生存带来的重大威胁,也在不断思考和追问中审视生态环境问题。人们越来越清晰地认识到,"环境问题是一个由多种因素交织而成的,具有复杂而又有复合结构的问题。它要通过生物学、气象学等自然科学与经济学、政治学等社会科学的共同努力进行综合研究才能解决"①。因此,环境问题不仅是自然环境本身的问题,也不仅是通过经济方式、技术手段能够解决的问题,而且是一个需要从政治的视角、从国家治理的视野来分析和解决的问题。环境治理之所以是国家治理的重要组成部分,是由于其显著地关涉到人类生存发展的公共议题。

一、构建利益共同体是环境治理的根本目标

马克思曾经指出:"人们奋斗所争取的一切,都同他们的利益有关。"②但利益往往不是利益主体自行能够实现的,而是需要通过一定的社会途径才能实现;利益实现要求的自我性和实现途径的社会性,是利益内含的最为基本的矛盾。③ 通常情况下,由于存在不同的利益主体,决定了利益必须经过一定的竞争去实现。而竞争的结果,或是一方满足了利益,或是两败俱伤,双方都不能得到利益满足,造成利益矛盾凸显。因此,为更好地实现个体利益,有必要形成一种建立在共同利益

---

① 〔日〕岩佐茂:《环境的思想——环境保护与马克思主义的结合处》,韩立新等译,中央编译出版社2007年版,第7页。
② 《马克思恩格斯全集》第一卷,人民出版社1956年版,第82页。
③ 参见王浦劬主编:《政治学基础》,北京大学出版社1995年版,第55页。

基础上的利益共同体。在利益共同体中,能够通过合理的利益分配,使每个利益主体都能分享利益,达到利益的有效占有。任何实现利益的活动都不会凭空产生,而是必须以一定的生产资料作为基础。这些生产资料、物质要素的根本来源,就是人类所处的生态环境。有什么样的利益需求,就需要有什么样的生产活动,也就需要有相应的要素禀赋作为支撑。因此,环境治理通过对生态资源的调控和配置,实质上支撑着人们对利益的追求,为构建利益共同体奠基。在日益恶化的生态环境中,若缺少有效的环境治理,从要素禀赋到生产活动再到利益实现的链条,就会从源头被掐断,由此必然导致不同群体的利益矛盾,侵蚀利益共同体的根基。

二、拓展公共领域是环境治理的内在要求

生态环境事关每个人的福祉。那么,如何使环境治理在生态环境的改善中发挥应有的作用,更重要的是,如何使人与生态环境的关系由紧张对立转变为和谐共荣?从治理的视角看,关键的因素就是要形成利益主体能够广泛参与的机制,在参与中对利益结构、社会结构进行调整和重塑,为实现环境治理的长效化奠定基础。要实现环境治理的广泛参与,其内在要求就是要发展公共领域。汉娜·阿伦特(Hannah Arendt)认为,人生的意义就是要参与到公共领域(public domain)中,与同类一起行动,从而超越劳动与工作,达到不朽,政治就是教会人们如何达至伟大与辉煌的艺术。① 其中,公共领域是指作为行动(action)实现的场所,是人们平等对话、参与行动的政治空间。在涉及环境治理

---

① 参见〔美〕汉娜·阿伦特:《人的条件》,竺乾威等译,上海人民出版社1999年版,第62页。

的公共领域中，社会主体对共同关注的环境事务进行探讨，在对话、互动、协商中对自身的利益诉求、环保理念等进行反思、塑造，并影响与之相关的环境政策及制度，这实质上就是一个政治参与的进程，是对利益结构进行动态调整并予以认可的过程。

三、提供优质生态产品是环境治理的现实目标

基本的环境质量是一种公共产品，是一条底线，是政府应当提供的公共服务。生态产品总体上是公共所有或公共享有的，它区别于其他产品的一个重要特点就是比较适合集体制造或公共享用，所以它还具有公共属性。从更广义的角度看，生态产品是最公平的公共产品，是最普惠的民生福祉，是全人类的必需品。它不仅关系到当代人利益，还关系到代际公平；不仅关系到一个国家全体人民的根本利益，还关系到全人类的根本利益。当它呈现公共属性时，每个人都有保护环境的责任与义务，政府部门更是要履行好"制造"和提供生态产品的公共服务职责，以优质高效的生态产品惠泽群众、造福百姓。生态环境作为一种特殊的公共产品，比其他任何公共产品都更重要。由于空气、水、土壤质量的保持与维护具有强烈的外部性，在保护它们不受污染的时候，可能会与某些小集体的经济发展产生冲突，而小集体往往只顾自己的局部利益，从而导致"公地悲剧"现象。因此，就需要通过构建有效的环境治理体系，通过各治理主体的协调共治，来克服以邻为壑的状况，为社会整体发展提供充足的生态产品。

第二节　环境治理的内涵

环境治理属于治理理念、治理模式向环境领域的延伸。一定的环境治理行为受到经济发展与环境保护的冲突、合作与竞争关系以及公平法治等一系列因素的影响。① 传统的环境治理开始于 20 世纪 70 年代,起初主要是对环境系统的末端或源头采取治理措施,如污水治理和"三废"治理等。但随着环境污染的日益加剧,传统的行政治理模式日益乏力,基于对传统模式的反思和发展,逐渐产生了一些新的环境治理理念以及模式。目前比较成熟的环境治理模式有以下四种类型。

一、环境网络治理模式

网络治理(network governance)兴起于 20 世纪 80 年代,它的产生和发展是对社会环境变迁的主动回应。网络治理是相对科层治理和市场治理而言的,其构成了与科层制和市场制不同的协调方式。普洛文(Keith G. Provan)等学者认为,网络是由 3 个或 3 个以上自然组织合作形成的一种组织治理架构,网络治理是一种治理机制和治理方式,在实现网络成员个人目标的同时,整个网络层次的共同目标是网络得以形

---

① 参见齐晔等:《中国环境监管体制研究》,上海三联书店 2008 年版,第 296 页。

成的关键所在。[1] 这一治理模式之所以在学界受到推崇,是由于其与传统的科层制或市场制相比具有一定的优势:一方面,网络的构建者可以通过网络分散运作成本和较大的资本支出,网络的参与主体之间可以相互取长补短;另一方面,网络的优势就是协作灵活,与一个整合的组织相比,网络可以充分发挥各参与主体自身的创造性以解决网络关系中遇到的问题,而一个整合的组织必须依靠自己的力量解决自身遇到的问题。[2] 在对于环境问题的治理中,网络治理模式主张环境治理的分散化、多维化、灵活化,更多地应用于那些需要跨界治理的环境问题(例如,水环境)。在这些环境问题中,传统的政府治理模式不仅失灵,也忽略了其他行动主体的作用。跨领域环境问题的复杂性和综合性要求进行网络治理,使政府部门与非政府部门等在相互依存的环境中分享公共权力、共享公共治理和提供公共服务。[3]

二、环境协同治理模式

协同治理(synergistic governance)兴起于20世纪90年代初,按照联合国全球治理委员会的定义,协同治理是"个人、各种公共或私人机构管理其共同事务的诸多方式的总和。它是使相互冲突的不同利益主体得以调和并且采取联合行动的持续过程。其中既包括具有法律约束

---

[1] See Keith G. Provan, Amy Fish, Jörg Sydow, "Interorganizational Networks at the Network Level: A Review of the Empirical Literature on Whole Networks", *Journal of Management*, Vol. 33, No. 3, 2007, pp. 479–516.

[2] 参见〔美〕菲利普·库珀:《合同制治理——公共管理者面临的挑战与机遇》,竺乾威等译,复旦大学出版社2007年版,第127页。

[3] 参见陈振明主编:《公共管理学——一种不同于传统行政学的研究途径》(第二版),中国人民大学出版社2003年版,第86页。

力的正式制度和规则,也包括各种促成协商与和解的非正式的制度安排"①。对于环境治理而言,协同治理模式强调多元主体间的协作,多元主体既包括组织的内部成员,也包括组织的外部伙伴。这一模式有助于改革传统环境治理所造成的公共行政碎片化问题,在同一环境治理主题下,地方政府的不同辖区主管甚至部门需要构成平等对话的双方,以共同推进环境治理。② 地方政府、企业、社会公众等多元主体能够形成开放的整体系统和治理结构,调整系统有序、可持续运作所处的战略语境和结构,以实现生态环境治理系统之间良性互动和以善治为目标的合作化行为。③ 同时,多元主体共同参与公共事务的协同治理模式有助于规避风险,减少环境冲突引起的负面效应。④

三、环境多中心治理模式

多中心治理(polycentric governance)关注多元化的管理,其观点是:"在现代公共事务的管理过程中,除政府外,还要鼓励更多的社会公民组织积极参与到政治、经济、社会管理等公共事务的管理中去。现代公共事务的治理过程,不应仅靠政府运用政治权威对社会事务进行单一管理,而是形成一个蕴含'国家、社会和市场'的多元化架构协同运作,形成各主体上下联动、互相制衡的管理过程。"⑤相对于传统的以

---

① 俞可平主编:《治理与善治》,社会科学文献出版社2000年版,第5页。
② 参见姬兆亮等:《政府协同治理:中国区域协调发展协同治理的实现路径》,《西北大学学报》(哲学社会科学版)2013年第2期。
③ 参见余敏江:《论区域生态环境协同治理的制度基础——基于社会学制度主义的分析视角》,《理论探讨》2013年第2期。
④ 参见严燕、刘祖云:《风险社会理论范式下中国"环境冲突"问题及其协同治理》,《南京师大学报》(社会科学版)2014年第3期。
⑤ 蓝宇蕴:《奥斯特罗姆夫妇多中心理论综述》,《国外社会学》2002年第3期。

政府为主导的单中心秩序,多中心治理强调多种主体间的彼此独立与相互配合,各主体在既定的规则基础上充分追求自我利益,从而在完整体系下找到自身定位。[1] 在环境治理领域,多中心治理特别强调企业、社会群体、公众等主体在治理过程中的重要作用,只有形成以公民社会自主治理为基础,并且适应社会需求的环境控制系统,才能从根本上解决环境问题。[2]

四、环境整体性治理模式

整体性治理(holistic governance)是在对新公共管理的"分权""市场化""碎片化""部门主义"等反思和批判的基础上提出的一种解决复杂公共问题的理论体系。它强调政府之间积极沟通与合作,重视政府各部门之间的整合,拥有共同的治理目标,彼此之间协调一致,实现信息资源的共享,提供连续的无缝隙的公共服务。[3] 克里斯滕森(Tom Christensen)较为全面地概括了整体性治理的内涵:"既包括决策的整体政府与执行的整体政府,也包括横向合作或纵向合作的整体政府;整体政府改革的实施可以是一个小组、一级地方政府,也可以是一个政策部门。其涉及范围可以是任何一个政府机构或所有层级的政府,也可以是政府以外的组织;它是在高层的协同,也是旨在加强地方整合的基

---

[1] 参见陈宏泉:《地方政府环境污染的多中心治理——以山西省大同市为例》,《理论界》2014年第3期。

[2] 参见欧阳恩钱:《多中心环境治理制度的形成及其对温州发展的启示》,《中南大学学报》(社会科学版)2006年第1期。

[3] See Perri 6, Diana Leat, Kimberly Seltzer, Gerry Stoker, *Towards Holistic Governance: the New Reform Agenda*, London: Palgrave, 2002.

层的协同,同时也包括公私之间的伙伴关系。"①在环境治理领域,整体性治理模式的核心思想是通过整合政府环境治理职能,加强政府组织与企业、非政府组织、公众之间的合作以及促进社会公众共同参与等途径,克服传统环境治理中的行政区行政模式及其带来的权力"碎片化"问题,将环境污染的负外部性问题内在化。

在这四种模式的推动下,环境治理具备了许多新特征:一是合作共赢的治理理念。上述四种模式虽有各自独特的理念思想与治理路径,但均是为了探索一种更好的合作方式,尤其强调参与环境策略博弈的各个利益相关者形成"正和博弈"(positive sum game)局面,而非形成"零和博弈"(zero-sum game)局面,由此建立多方共赢的合作关系。二是注重发挥公共政策的作用。这既要完善环境监测、治理等环节的公共政策,使其相关环境行为有章可循,同时也要完善环境政策系统尤其是民主决策体系,以保证环境决策的科学性。三是环境治理手段的多样性。传统环境治理侧重以管制为主,而当代环境治理则更加注重对经济、教育、合作、协调等手段的综合运用。四是强调预防与源头控制。因此,参照当今环境治理的理念和模式,可以将环境治理理解为:政府、市场与社会等主体通过一定的权责利机制进行协同合作,减少环境污染、保护生态资源、化解环境纠纷,以达到经济绩效、社会绩效和环境绩效协调发展的过程。它既包括法律法规、政策指令等正式手段,也包括信任合作、鼓励引导等非正式手段。

---

① 〔挪〕Tom Christensen、Per Lægreid:《后新公共管理改革——作为一种新趋势的整体政府》,张丽娜、袁何俊译,《中国行政管理》2006 年第 9 期。

第三节　环境治理的评估体系

一、环境治理的系统性及其评估原则

环境问题关涉到人类社会的诸多方面,环境治理也是一项系统工程。在对环境治理的成效进行评估前,首先需要界定环境治理包括哪些内容、这些内容应当达成什么样的效果,以明确评估的指向。具体而言,环境治理的成效应当包括以下三个方面。

（一）山清水秀的环境质量

生态环境是人类生存和发展的主要物质来源,是人类赖以生存、社会得以安定的基本条件。环境赋予了人类文明的起源,支撑了人类社会的生存和发展,文明的进步和发展都是建立在资源环境的承载力基础之上的。如果生态环境受到严重破坏,人的生产生活环境恶化,人与人、人与自然的和谐就难以实现。良好的生态环境是最公平、最基本的公共产品,环境治理的基本目标和实践要求就是要统筹好人与自然的关系,消除人类活动对自然生态系统构成的威胁,保护好生态环境,实现生态环境质量的明显改善和可持续发展。这也是对环境治理成效进行评估的基本模块。

（二）绿色发展的经济体系

加强环境治理，提高环境质量，是为了获得更高水平的发展。从人类文明发展的进程看，环境质量和经济发展之间有相冲突的一面，特别是经济总量扩张与自然资源的有限性以及自然资源生产率相对低下的矛盾、经济快速增长与环境容量有限以及环境容量利用效率相对低下的矛盾比较突出。但辩证地来看，二者又有统一的一面，而解决二者矛盾、达至统一的途径就是坚持绿色发展。"绿水青山就是金山银山"，自然是有价值的，自然生态环境是人类生产活动的"财富之母"。顺应自然环境的规律，在经济发展中综合运用各种手段保护生态环境，大力实施产业生态化、消费绿色化、生态经济化等战略，就是自然价值和自然资本增殖的过程，就是保护和发展生产力，就能把生态环境优势转化为经济社会发展优势。

（三）和谐共生的治理能力

人与自然和谐共生是现代化的重要主题，党的十九大报告中第一次将"坚持人与自然和谐共生"纳入新时代坚持和发展中国特色社会主义的基本方略；党的二十大报告中专章部署"推动绿色发展，促进人与自然和谐共生"，强调"尊重自然、顺应自然、保护自然，是全面建设社会主义现代化国家的内在要求。必须牢固树立和践行绿水青山就是金山银山的理念，站在人与自然和谐共生的高度谋划发展"[①]。从环境问题的特征看，虽然直观地表现为生态环境的恶化，但究其根源则在社会机体上，是一个涉及管理体制、公共政策、产业结构、社会治理等的综

[①] 习近平：《高举中国特色社会主义伟大旗帜　为全面建设社会主义现代化国家而团结奋斗——在中国共产党第二十次全国代表大会上的报告》，人民出版社2022年版，第49—50页。

合问题。只有具备尊重自然、顺应自然、保护自然的治理能力,环境治理才能实现常态化、长效化。因此,能否在环境治理的过程中,通过制度建设、资源支持等系统性的举措,形成有效的治理能力,也是对环境治理进行评估的必然要素。

针对环境治理应达成的具体成效,对环境治理进行评估的原则应当包括:

第一,系统性原则。评价指标体系必须能够全面反映环境治理的综合状态和各方面内容与要求,不仅要包括环境指标,而且要从经济运行状况和社会发展状况对环境治理的成效进行评估,并反映环境、经济、社会系统的相互作用,准确、充分、科学地反映各系统对环境治理的影响。

第二,科学性原则。所选指标应有理论和实践依据,是客观存在的而不是主观臆造的,指标的物理意义明确,测定方法标准,统计方法规范,能够充分反映环境治理的内涵和目标的实现程度。

第三,可比性原则。指标体系应符合空间和时间上的可比性,尽量采用可比性强的相对量指标和具有共同特征的可比指标,使确定的指标既有阶段性,又有纵向的连续性和可比性,保证评价指标可适用于一定的范围。

第四,可操作性原则。指标体系应当是简易性和复杂性的统一,要充分考虑数据及指标量化的难易程度,既要保证能反映环境治理的科学内涵,又要有助于推广,要尽可能利用现有的统计资料和有关规范标准。

第五,实用性原则。评价指标体系要繁简适中,计算评价方法简便易行。即在基本保证评价结果的客观性、全面性的前提下,评价指标体系应尽可能简化,排除对评价结果影响甚微的指标。评价指标所需的数据易于采集,无论是定性评价指标还是定量评价指标,其信息来源必须真实可靠,并易于获得。

二、各系统评估指标说明

对环境治理的评估将通过环境质量、绿色发展和治理能力三项一级指标来进行,每项一级指标中包含若干二级指标(详见表6-1)。

表6-1 环境治理评估指标体系

一级指标	二级指标	指标释义	指标获取途径
环境质量	PM2.5	PM2.5指空气中空气动力学当量直径小于等于2.5微米的颗粒物,其在空气中含量浓度越高,代表空气污染越严重。该指标用于反映大气环境质量	通过政府环保和气象部门获取
	人均碳排放量	碳排放量是指在生产、运输、使用及回收该产品时所产生的平均温室气体排放量。该指标用于反映大气环境质量	通过政府环保和气象部门获取
	水质等级	该指标指水质类别分别为Ⅰ、Ⅱ、Ⅲ、Ⅳ、Ⅴ类的监测断面与全部断面的比例,指标值越高说明水环境质量越好,反映水环境治理效果越好	通过政府水利部门获取
	人均公共绿地面积	人均公共绿地面积是城市中每个居民平均占有公共绿地的面积	通过政府环保部门获取
	生活垃圾无害化处理率	该指标指生活垃圾无害化处理量占垃圾产生总量的比例。数值越高,说明生活垃圾对环境的影响越小	通过政府环保部门获取

(续表)

一级指标	二级指标	指标释义	指标获取途径
绿色发展	企业生产环保标准达标率	该指标用于反映企业是否遵循环保标准进行绿色生产	通过政府环保部门获取
	一般工业固体废弃物综合利用率	该指标指一般工业固体废弃物综合利用量占工业固体废弃物产生量的比例。该指标用于反映对一般工业固体废弃物的循环利用程度	通过统计年鉴获取
	万元GDP能源消费量	该指标指工业能源消耗总量与GDP之比。能源总量计算时按照国家统计局规定的折合系数折成标准煤（万吨标准煤/亿元）	通过统计年鉴获取
	可再生能源消费比例	该指标指可再生能源占能源消费总量的比例	通过政府能源部门获取
治理能力	环保立法（政策）数量	该指标用于反映政府环境治理的制度化水平，体现政府环境治理的权威性	通过政府相关部门获取
	环保支出占财政支出比重	该指标反映政府对环境治理的资源投入程度	通过统计年鉴获取
	环境问题来电来信来访数量	该指标通过公众对环境质量的满意度来反映政府的环境治理能力	通过政府信访部门获取
	环保组织数量	该指标指从事环保事业的非政府组织数量，反映公众参与环境治理的程度	通过政府的社会组织管理部门获取
	公共交通出行分担率	该指标指居民出行方式中选择公共交通的出行量占总出行量的比率。该指标越高，说明公交设施越能满足大部分出行人口需要，有利于减轻交通工具带来的大气污染和噪声污染等问题	通过统计年鉴获取

相关指标说明如下：

（一）一级指标之一：环境质量

该一级指标包括以下二级指标：

1. PM2.5

（1）指标释义

PM2.5指空气中空气动力学当量直径小于等于2.5微米的颗粒物，其在空气中含量浓度越高，代表空气污染越严重。该指标用于反映大气环境质量。

（2）指标的实践检验

PM2.5在大气中滞留时间长、传输距离远，含多种有毒有害物质，而且与其他空气污染物存在复杂的转化关系，治理难度很高。目前，世界各国普遍针对PM2.5污染开展了重点治理。欧美等发达国家对PM2.5进行了深入细致的来源解析和数谱分布研究，并普遍采取综合治理策略，在采取措施减少一次生成的PM2.5的同时，重点加强相关前体物的减排工作，制定各前体物的减排指标。例如，欧盟将减排前体物作为控制PM2.5的主要途径，不仅要求二氧化硫、氮氧化物和挥发性有机物等空气污染物达到相应的排放标准，还要求根据PM2.5的削减目标来进一步限制其排放总量。早在1997年，美国就制定了标准，PM2.5如果超40就危害健康。从中国的情况看，2012年2月29日，中国发布新修订的《环境空气质量标准》，其中增加了细颗粒物（PM2.5）监测指标。2013年1月28日，PM2.5首次成为气象部门霾预警指标。由此可见，PM2.5已经成为世界共同关注的一项评估大气环境质量的重要指标。

（3）指标获取途径

通过政府环保和气象部门获取。

2. 人均碳排放量

（1）指标释义

碳排放量是指在生产、运输、使用及回收该产品时所产生的平均温室气体排放量。《京都议定书》中控制的六种温室气体为二氧化碳、甲烷、氧化亚氮、氢氟碳化合物、全氟碳化合物、六氧化硫。该指标用于反映大气环境质量。

（2）指标的实践检验

二氧化碳等温室气体是空气污染物，人类大规模排放温室气体足以引发全球变暖等气候变化。1992年，150多个国家共同签订了《联合国气候变化框架公约》，成为世界上第一个提倡控制二氧化碳排放以应对全球气候变暖的框架性国际公约。1997年，《京都议定书》经过多数公约缔约国的签署通过，成为具有法律效力的国际公约。2014年11月12日，《中美气候变化联合声明》的达成使气候问题往前迈进了一步。中美双方宣布了各自2020年后应对气候变化的行动目标。美国提出，到2025年温室气体排放较2005年整体下降26%到28%。中国也提出，中国的碳排放有望在2030年达到峰值，届时将把非化石能源在一次性能源中的比重提升到20%。

（3）指标获取途径

通过政府环保和气象部门获取。

3. 水质等级

（1）指标释义

该指标指水质类别分别为Ⅰ、Ⅱ、Ⅲ、Ⅳ、Ⅴ类的监测断面与全部断面的比例，指标值越高说明水环境质量越好，反映水环境治理效果越好。

(2) 指标的实践检验

水环境是自然环境中最重要的部分,在地球表面,水体面积约占地球表面积的71%。水环境的质量直接影响着人类的生存和发展。水环境的污染和破坏已成为当今世界主要的环境问题之一。为了加强对水环境的保护,世界各国、相关国际组织都制定了水环境的相关标准。中国依据地表水水域环境功能和保护目标,按功能高低将水质级别依次划分为五类:Ⅰ类主要适用于源头水、国家自然保护区;Ⅱ类主要适用于集中式生活饮用水地表水源地一级保护区、珍稀水生生物栖息地、鱼虾类产场、仔稚幼鱼的索饵场等;Ⅲ类主要适用于集中式生活饮用水地表水源地二级保护区、鱼虾类越冬场、洄游通道、水产养殖区等渔业水域及游泳区;Ⅳ类主要适用于一般工业用水区及人体非直接接触的娱乐用水区;Ⅴ类主要适用于农业用水区及一般景观要求水域。从国际上看,较有影响的水质标准有世界卫生组织制定的《饮用水水质准则》[①]、欧盟制定的《饮用水水质指令》[②]、美国国家环境保护局(USEPA)制定的《美国饮用水水质标准》[③]等。

(3) 指标获取途径

通过政府水利部门获取。

[①] 世界卫生组织于1956年起草、1958年公布,并于1963年、1984年、1986年、1993年、1997年进行了多次修订补充,现行的水质标准为第三版。该标准提出了污染物的推荐值,说明了各卫生基准值确定的依据和资料来源,就社区供水的监督和控制进行了讨论,是国际上现行最重要的饮用水水质标准之一,现适用于东南亚的越南、泰国、新加坡、马来西亚、印度尼西亚、菲律宾,南美的巴西、阿根廷等。

[②] 1980年由欧共体(欧盟前身)理事会提出,并于1991年、1995年、1998年进行了修订,现行标准为98/83/EC版。该指令强调指标值的科学性和适应性,与WHO水质准则保持了较好的一致性,现适用于欧盟各成员国。

[③] 和其他标准比较,该标准在科学、严谨的基础上更加重视标准的可操作性和实用性,注重风险、技术和经济分析。该标准就微生物对人体健康的危害风险予以高度重视,微生物指标数多达7项。各项指标提出了两个浓度值,即最大浓度值和最大浓度限值。最大浓度限值主要是为保障人体健康,并不涉及污染物的检出限和控制技术,执行时采用最大浓度值。

4. 人均公共绿地面积

(1) 指标释义

人均公共绿地面积是城市中每个居民平均占有公共绿地的面积。

(2) 指标的实践检验

绿地作为城市的"肺",作为城市生态系统中具有自净功能的重要组成部分,在美化城市景观、改善人居环境、减轻或消除城市热岛效应、净化大气环境、降低噪音等方面,具有不可替代的作用。绿地面积是反映一个城市的绿化数量和质量、一个时期内城市经济发展、城市居民生活福利保健水平的一项指标,也是评价城市环境质量的标准和城市精神文明的标志之一。世界各国都十分重视城市绿地建设,把绿化作为建设现代化城市的重要部分。

(3) 指标获取途径

通过政府环保部门获取。

5. 生活垃圾无害化处理率

(1) 指标释义

该指标指生活垃圾无害化处理量占垃圾产生总量的比例。数值越高,说明生活垃圾对环境的影响越小。

(2) 指标的实践检验

生活垃圾不但占用大量的土地,而且污染水体、大气、土壤,危害农业生态,影响环境卫生,传播疾病,对生态系统和人们的健康造成危害。因此,世界各国都重视对生活垃圾的无害化处理。生活垃圾无害化处理是指在处理生活垃圾过程中采用先进的工艺和科学的技术,降低垃圾及其衍生物对环境的影响,减少废物排放,做到资源回收利用的过程。发达国家在垃圾无害化方面具有丰富的经验。例如,德国从1999

年开始采用欧盟统一代码,把垃圾划分为 80 个大类、475 个小类,根据分类表确定何种垃圾可以焚烧,按类进行焚烧;日本按照垃圾的性质分类处理,经过分类后,把可回收的作为资源加以利用,再把剩余的垃圾进行焚烧,并回收热能用于公共事业;美国各州都因地制宜推进垃圾分类收集,并将其视为垃圾减量化和资源化的重要措施,不仅减少了垃圾数量,而且实现了资源的回收利用。从中国的情况看,据住建部《2021 年中国城市建设状况公报》,2021 年全国城市生活垃圾无害化处理量达 2.5 亿吨,同比增长 5.9%,生活垃圾无害化处理率为 99.88%。

(3) 指标获取途径

通过政府环保部门获取。

(二) 一级指标之二:绿色发展

该一级指标包括以下二级指标:

1. 企业生产环保标准达标率

(1) 指标释义

该指标用于反映企业是否遵循环保标准进行绿色生产。

(2) 指标的实践检验

企业是当代社会最重要的生产主体,其生产经营活动对环境有着直接的密切影响。当今日益严重的环境问题,很大程度上是由企业违背自然规律、过度开采、肆意排污等导致的,因此企业能否按照规定的环保标准开展生产经营活动,是治理环境问题的必然途径,也是对绿色生产方式成效进行评估的重要指标。随着环境问题的恶化,世界各国都十分重视企业按照环境发展的规律开展生产经营活动。中国的《环境保护法》规定了企业生产中应遵循的"十个应当":应当清洁生产,应当防止污染和危害,应当接受现场检查,应当执行"三同时"制度,应当建立环境保护责任制度,应当安装使用监测设备,应当缴纳排污费,应当按照排污许可证排污,应当制定突发环境事件预案,应当公开排污信息。

(3) 指标获取途径

通过政府环保部门获取。

2. 一般工业固体废弃物综合利用率

(1) 指标释义

该指标指一般工业固体废弃物综合利用量占工业固体废弃物产生量的比例,用于反映对一般工业固体废弃物的循环利用程度。

(2) 指标的实践检验

工业固体废物是指在工业生产活动中产生的固体废物。固体废物的一类,简称工业废物,是工业生产过程中排入环境的各种废渣、粉尘及其他废物。可分为一般工业废物(如高炉渣、钢渣、赤泥、有色金属渣、粉煤灰、煤渣、硫酸渣、废石膏、脱硫灰、电石渣、盐泥等)和工业有害固体废物,即危险固体废物。不仅工业废物消极堆存会占用大量土地,造成人力物力的浪费,而且许多工业废渣含有易溶于水的物质,通过淋溶污染土壤和水体。粉状的工业废物随风飞扬,污染大气,有的还散发臭气和毒气。有的废物甚至淤塞河道,污染水系,影响生物生长,危害人体健康。但是,工业废物经过适当的工艺处理,可成为工业原料或能源,较废水、废气更容易实现资源化。因此,对工业废物进行综合利用,有助于形成循环经济,减少对环境的污染。如美国、瑞典等国利用了钢铁渣,日本、丹麦等国利用粉煤灰和煤渣做成了水泥、空心砖。

(3) 指标获取途径

通过统计年鉴获取。

3. 万元 GDP 能源消费量

(1) 指标释义

该指标指工业能源消耗总量与 GDP 之比。能源总量计算时按照国家统计局规定的折合系数折成标准煤(万吨标准煤/亿元)。

(2) 指标的实践检验

万元 GDP 能源消费量又称单位 GDP 能耗,是反映能源消费水平和节能降耗状况的主要指标。该指标的作用主要有以下几点:一是直接反映经济发展对能源的依赖程度。单位 GDP 能耗是将能源消耗除以 GDP,反映了一个国家(地区)经济发展与能源消费之间的强度关系,即每创造一个单位的社会财富需要消耗的能源数量。单位 GDP 能耗越大,则说明经济发展对能源的依赖程度越高。二是间接反映产业结构状况、设备技术装备水平、能源消费构成和利用效率等多方面内容。从影响单位 GDP 能耗的因素可以看到,单位 GDP 能耗的大小也或多或少地间接反映了这些方面的内容。三是间接计算出社会节能量或能源超耗量。将上年单位 GDP 能耗与本年单位 GDP 能耗的差与本年 GDP(可比价)相乘,即可以算出本年的社会节能量或能源超耗量。当结果为正数时,表示本年比上年节能;当结果为负数时,表示本年比上年多用了能源。四是间接反映各项节能政策措施所取得的效果。将本年单位 GDP 能耗与上年单位 GDP 能耗相比,即为单位 GDP 能耗降低率,可以间接反映本年度各项节能政策措施的效果,起到检验节能降耗成效的作用。

(3) 指标获取途径

通过统计年鉴获取。

4. 可再生能源消费比例

(1) 指标释义

该指标指可再生能源占能源消费总量的比例。

(2) 指标的实践检验

能源是人类社会赖以生存和发展的物质基础,在国民经济中具有特别重要的战略地位。近年来,曾支撑20世纪人类文明高速发展的以石油、煤炭和天然气为主的化石能源出现了前所未有的危机,除其储藏量不断减少外,更严重的是科学研究发现,化石能源在使用后产生的二氧化碳气体作为温室气体排放到大气中后,人为地导致了全球变暖。因此,世界各国都把可再生能源作为面向未来的重要战略资源,作为绿色发展的重要内容。在全球范围内,逐步摆脱化石能源依赖是各国实现能源变革的目标。

(3) 指标获取途径

通过政府能源部门获取。

(三) 一级指标之三:治理能力

该一级指标包括以下二级指标:

1. 环保立法(政策)数量

(1) 指标释义

该指标用于反映政府环境治理的制度化水平,反映政府环境治理的权威性。

(2) 指标的实践检验

制度是最有力的治理工具。在环境治理领域,只有通过严密的法律制度体系,为环境治理提供国家的强制力保障,依法对破坏环境的行为加以制裁,使得破坏环境者不敢知法犯法,让人们了解到保护环境不只是道德约束,更是法律的规制,才能有效地推动环境治理取得实效。

(3) 指标获取途径

通过政府相关部门获取。

2. 环保支出占财政支出比重

(1) 指标释义

该指标反映政府对环境治理的资源投入程度。

(2) 指标的实践检验

环境具有典型的公共属性。由于搭便车的心理,市场机制可能会失灵,需要政府进行投资以弥补市场的缺位。因此政府对环保的财政支出,是政府履行环境职责的重要体现,也能有效解决市场缺位导致的环保资金不足的问题。同时,环保财政支出对环境保护投资具有指导和拉动作用,环保财政支出的结构和方式对于引导市场科学投资、提高环保投资绩效、促进环保产业健康发展具有重要意义。

(3) 指标获取途径

通过统计年鉴获取。

3. 环境问题来电来信来访总次数

(1) 指标释义

该指标通过公众对环境质量的满意度来反映政府的环境治理能力。

(2) 指标的实践检验

环境治理是全社会参与的系统工程,公民是环境治理的直接受益者,也应是积极参与者和推动者。公民参与环境治理,有助于将实际环境需求和现状反映给决策者,实现环境治理决策的科学化、民主化、规范化;有助于公民在参与环境治理的过程中,了解相关法律法规,知晓自己的权利和义务,增强法律意识,维护合法权益。

(3) 指标获取途径

通过政府信访部门获取。

4. 环保组织数量

(1) 指标释义

该指标指从事环保事业的非政府组织数量,用于反映公众参与环境治理的程度。

(2) 指标的实践检验

环保组织在弥补政府失灵和市场失灵方面具有重要作用,能提高公众参与环保的专业化程度,而且只有环保组织发展到一定规模,公众参与才能作为政府环境治理的有效补充。具体来看,环保组织具有社会沟通的优势,同公民有着天然的亲和力,既能深入基层社会,又能同政府保持相对密切的联系,既可以通过向民众宣传和普及国家相关环保法律和政策,使民众认识到自己的权利和义务,又可以帮助民众向政府反映和表达意见建议,使政府的环境治理规划和政策更符合民众利益和需要。正如世界环境与发展委员会所指出的:"自环境运动以来,科学团体和非政府组织在青年人的帮助下一直发挥着重要的作用。""非政府组织和公民团体,在提高公众环境意识和施加政治压力以促进政府采取行动方面起先锋作用。"①

(3) 指标获取途径

通过政府的社会组织管理部门获取。

---

① 世界环境与发展委员会:《我们共同的未来》,王之佳、柯金良等译,吉林人民出版社1997年版,第426、429页。

5. 公共交通出行分担率

(1) 指标释义

该指标指居民出行方式中选择公共交通(包括常规公交和轨道交通)的出行量占总出行量的比率(公交分担率=乘坐出行总人次÷出行总人次×100%)。该指标比值越高,说明公交设施越能满足大部分出行人口的需要,有利于减轻交通工具带来的大气污染和噪声污染等问题。

(2) 指标的实践检验

该指标是衡量公共交通发展、城市交通结构合理性,反映通过改善交通增强环境治理能力的重要指标。现在城市人口密集,私家车辆众多,常常出现交通拥堵的现象,导致城市中噪声污染不断加剧。经过长期的积累,交通运输污染将产生不利因素,直接影响到人们的生活、工作和学习。尾气污染是当今社会中环境污染最主要的类型之一,密集的城市中人口众多,使得环境压力增大,尾气的排放加剧了环境污染程度,严重阻碍可持续发展战略的进程。

(3) 指标获取途径

通过统计年鉴获取。

第四节 环境治理的实践提升

一、环境治理的国际经验与启示

中国正面临着严重的环境风险,为了在保持经济发展增速的同时实现改善环境的目的,就需要借鉴国际环境治理的经验,探寻适合中国国情的环境治理模式和途径。自工业革命以来,西方主要发达国家都先后经历了一段"先污染后治理"的过程,然后在多种机制的相互作用下逐渐改善环境状态;而发展中国家则同时面临着既要保证一定的经济增长速度,又要减轻对环境的破坏程度的双重任务,处于经济增长方式和生态环境治理的双重转型阶段。对于中国而言,要改进环境治理,既要吸收发达国家的经验,也要参考其他发展中国家的治理路径。

通过梳理发达国家和巴西、印度等发展中大国的环境保护与治理经验,可以发现,这些国家在环境治理方面具有共性,即由以政府为主体的一元治理体制,逐步发展为政府和市场相结合,并继而形成政府、市场和社会共治的多元环境治理体系。从单纯强调政府的规制作用到重视行政手段与市场经济手段的结合,再到动员全社会共同行动的多中心治理,反映了各国在环境治理认知上不断完善的过程。需要指出的是,在环境治理体系中治理主体从一元到多元,并非弱化其中任何一方主体的作用,而是政府、市场和社会等各类主体的作用都要强化。

(一)发挥政府规制作用,完善环境保护法律体系。考察英国环境治理的历史经验可以发现,政府在环境治理中发挥了强有力的推动作用,特别是在制定具有严格约束力的法案方面发挥了重要作用,揭示出"重症还需用猛药"的特点。在污染治理的早期阶段,难以依靠市场和社会的经济行为在短期内达到改善环境的目的,因此需要以政府为主导建立明确和严格的法律制度体系,规范市场和社会各方的行为;在市场和社会各方能够适应新的环境状况和环保体制后,再逐渐过渡到以市场和社会协同为主、以政府战略和计划为指导的环境治理框架。在发挥政府的惩戒、规制作用方面,巴西于1998年颁布了《环境犯罪法》,将环境破坏行为提升到刑法的高度,并把与刑法相关的环境法内容统一纳入到该法律中,开创了环境刑法模式,增强了环保法律的威慑力。

(二)综合运用多种经济激励机制,发挥市场主体在环境治理中的作用。美国的环境治理以经济激励手段为主,其最鲜明的特点就是在环境预算方面取得显著进展。这一手段旨在对联邦政府的环境保护支出责任进行准确刻画和精细分配,将环境保护视为类似于私人部门的一项宏观"业务"进行全面管理。① 除此之外,美国还实行了政府绿色采购政策,美国各州几乎都通过制定一系列优先采购与禁止采购的政策、措施来引导各级政府的采购行为,特别是对生态循环产品实行政府优先采购政策,促进了环境保护产品的生产与消费。欧盟在采用经济刺激手段来改善环境方面也取得了积极成效,主要有排污收费、生态税、投资、补贴等。其中税收手段在环境经济政策中占据着重要的位置。这种以财税手段为主导的环境政策也使其成员国在提高资源利用效率、节能降耗方面取得了良好的效果,促进了内部环境状况的维持和改善。为积极应对气候变化,2003年6月,欧盟立法委员会通过了"排污权交易计划"(Emission Trading Scheme,ETS)指令,对工业界排放温室气体(Greenhouse Gas,GHG)设下限额。欧盟为了实现《京都议定书》确立的二氧化碳减排目标,于2005年建立了欧盟排放交易体系(European Union Emission Trading Scheme,EU ETS),这是世界上第一个国际性的碳排放权交易制度体系。

(三)积极推动公众参与环境治理,推动全社会共同参与治理。环境治理越深入,就越需要全社会的共同支持。日本在解决工业污染的过程中,注意充分利用消费者的市场约束能力。在解决环境问题的过

---

① 参见卢洪友等:《中美环境保护预算比较:管理模式与信息体系——以国家环保部门预算为例》,《管理现代化》2014年第1期。

程中,日本政府通过公布全社会污染控制总目标,引导企业采取环保措施。同时,政府在市场上推出绿色环境标志制度,鼓励消费者购买环保产品,而没有绿色环境保护标志的产品在市场上就得不到市民的认可。政府与社会的共同努力促使企业向环保方向努力,日本工业污染从20世纪60年代至70年代逐步加以治理,到80年代已经基本得到有效控制。发展环境教育,提高公民环保意识和环保素质,是发挥社会力量的基础。日本政府在积极治理环境污染的同时,认识到环境教育对经济与社会发展以及生态环境保护的重要性,率先在全国范围内开展环境教育工作,是亚洲第一个制定并颁布环境教育法的国家,鼓励社会、公众、企业同政府一道致力于环境教育、环境保护活动的开展和促进。[①] 巴西环境教育的历史可以追溯到20世纪初,其中最具影响力的是《巴西国家环境教育法》。该法出台后,环境教育在全国范围得到更广泛的开展与普及。正式与非正式的各项教育措施使公民认识到环境保护的重要性,提高了环境保护的能力与水平。

(四)构建协同高效的环境治理结构,注重发挥"政府—社会—市场"的协同作用。激活政府、社会、市场各主体的活力,目标是实现三者的协同合作,形成环境治理的合力。德国环境治理的最显著特征在于将政府规制、公民参与和企业合作有机协调起来,构建协同高效的环境治理结构。《德国联邦宪法》明确规定,联邦政府在废弃物处理、大气污染控制和噪声防治方面有统一的立法权,在自然保护、景观保护和水环境保护等方面,联邦政府只颁布基本的框架条款,这些条款必须得到州一级立法的支持和补充,而各州也可以通过联邦议会参与联邦的

---

① 参见孙刚、房岩:《日本环境教育体系的构成及特征》,《吉林省教育学院学报》2006年第4期。

立法过程。① 通过政府规制、公众参与和企业参与的合作方式,在各方自愿合作的基础上,充分利用各种科技手段、经济力量和民间智慧解决具体的生态环保问题。②

二、环境治理的中国实践与改进

(一) 我国环境治理体系的局限

无论是在发达国家还是在发展中国家,环境治理体系创设的目的均在于激励保护环境的行为、约束破坏环境的行为。③ 我国现行环境治理体系是在传统计划经济体制下萌发的,并伴随改革开放特别是经济体制和行政体制的改革,以及生态环境问题的日益突出而逐步构建起来。经过多年的发展和实践,我国已经初步形成了以政府为主、企业和社会组织有所参与的环境保护格局。从多元治理的层面看,现代意义上的环境治理体系开始出现。但我国环境治理体系仍存在一系列问题,在实现政府、企业和社会多中心合作共治的过程中也遭遇到了不小的治理困境,各主体的力量没有得到有效释放,协同共治的机制仍需进一步完善。

从政府层面看,政府的规制作用仍有更大发挥空间。横向职能设置上,政府管理机构之间的权责有待进一步划分,若缺乏有效的部门协作机制,必将降低环境治理效率。同时,中国的环境保护与资源开发通

---

① 参见陈斌林:《德国的环境保护政策和环境管理制度》,《环境保护》1995 年第 11 期。
② 参见邹晓燕:《德国生态环境治理的经验与启示》,《当代世界与社会主义》2014 年第 4 期。
③ 参见张秋:《环境治理制度的逆向选择与矫正》,《华南师范大学学报》(社会科学版) 2009 年第 6 期。

常由同一部门负责管理,在这种制度安排下很容易对环境形成"重开发、轻保护"的格局。纵向上,我国的环保部门缺乏足够的权威性。由于基层环保机构的组织力量、构成规模、财政状况依附于地方政府,基层环保机构发展和环境治理机制受限。在环保执法等管理活动中,基层环保部门的环境治理权限是有限的,其只有建议停产接受环境治理的权力,却没有最终的决定权。其处罚环境污染行为的主要手段也只是没收、罚款、冻结等行政性手段,而具体的处罚数额往往远低于污染治理成本,因此基层环保部门难以对造成环境污染的企业和其他主体形成有效的制裁和威慑,导致政府的强制作用难以有效发挥。

从企业层面看,企业投入环境治理的动力不足、机制不健全。作为最重要的市场主体,企业在经营活动中会产生众多的废水、废气等污染物,成为环境污染的重要来源,因而在消除环境污染和保护生态环境中肩负着不可推卸的责任。但从我国的实际情况看,虽然企业履行环境治理责任的状况有所改善,但在参与环境治理方面仍然存在较大局限,具体表现在:一是污染类企业环境治理信息披露机制不健全。《企业事业单位环境信息公开暂行办法》于2015年1月1日开始施行,该暂行办法规定企业事业单位应当按照自愿公开和强制性公开相结合的原则,及时、如实地公开环境信息,环保部及地方行政机关将监督企业事业单位环保信息公开工作。但在实际操作中,企业更多地对信息进行有选择的公开,人为地提供非对称的环境治理信息,企图以此来降低污染治理成本。二是行业协会在环境治理中的缺位。行业协会在环境治理中的主要作用是确立环境标准,搜集环保行业的具体信息并报告给政府,协助其进行环境效果监测,从人才培养等方面提高环保行业的治理能力以及推动环保行业自愿签署协议,等等。然而,当前现实生活中环保行业协会的作用却被忽视了,环保行业协会在治理环境污染问题上缺位,这也使得地方政府的环境治理更多地依赖于上级命令,依旧存在行政命令成本过高、信息不对称以及治理效益有待加强等问题。

从社会层面看,促进社会参与环境治理的障碍重重。就对社会力量作用的认识而言,一些环保部门仅将公众的作用定位在参与的层面,对于各类社会主体可以自主发挥力量开展环境保护认识不足。公众的环境知识和环境信息同样严重缺乏,虽然公众的环保意识在参与环保宣传活动中得到了一定程度的提高,也促进了各项环保活动的积极开展,但总体上环保规模效应不明显。社会组织薄弱以及缺乏专门机构推动,则是制约中国社会力量发挥环境治理作用的关键因素。作为环境治理的重要主体,社会组织应及时有效地弥补政府和市场在环境治理中的不足,但目前社会组织发挥的作用还较弱:一是环保组织分布不均且数量较少,社会组织大多集中在北上广等经济发达地区。二是很多环保组织专业性较弱且资金较少,具体实施环保效果很有限。我国环保组织的主要费用来源于会费、企业捐赠等,地方政府很少资助环保组织,并且公众的募捐意识淡薄,以上种种最终导致环保组织经费严重短缺,很难持续开展环保工作。

(二) 中国环境治理体系的改进路径

作为国家治理体系的重要组成部分,一国的环境治理体系只有根植于该国的国家治理体系之中,与国家治理的政治、经济、社会等特点紧密结合,才能对该国的环境问题进行有效的治理。从中国的当前情况看,政府、企业和社会多元共治格局的雏形已经显现,但现代环境治理体系建设依然任重而道远。从中国的国家治理体系特点看,与发达国家和其他发展中国家相比,一个鲜明的特点是中国共产党在国家治理中处于领导核心地位。正如党的十九大报告中所强调的,中国特色社会主义的本质是党的领导。在这一特点的基础上,中国的环境治理应当着力构建"一核多元"的体系,"一核"即中国共产党,"多元"即政府、市场、社会等相关利益主体。构建这一治理体系的关键,是要发挥中国共产党的领导核心作用,并在此基础上建立健全以政府为主导、以企业为主体、社会组织和公众共同参与的多维治理网络,使各个治理主体的作用都能得到充分发挥。

1. 建立全国统一领导的环境治理体系

在市场经济条件下,政府、企业、社会组织、公民个体都存在着失灵(失效)的可能和风险,因此,必须突出党的领导作用,党组织必须发挥政府、企业、社会组织、公民个体协同共治的发起者、召集人和监督者的作用。为了有效实现对环境治理的领导,中国共产党应在体制内设立专门的决策议事机构,负责环境治理的顶层设计和统筹协调、整体推进,强化党在环境治理领域的领导地位和权威地位,并在环境治理规划上发挥统筹"多规合一"的作用。从国际经验看,英国、美国和法国等国家都在环境治理领域制定了国家可持续发展战略,日本也发布了《21世纪环境立国战略》。而中国当前的环境治理存在着规划不统一的问题,多头规划、"片段式"治理等因素影响了环境治理的整体性、系统性。而要推进"多规合一",必然涉及不同部门的协同和整合问题。这就需要在党的领导下,不仅把环境治理的理念、原则、目标融入经济社会发展各方面,而且将人口、资源、能源、环境、生态安全、防灾减灾等方面的规划统一起来,将环境治理纳入国家治理的整体规划中。同时,要发挥好党的职能部门在环境治理中的作用,真正把党的领导"嵌入"到环境治理领域。

2. 政府主导构建环境治理长效机制

目前,我国环境行政管理体制迫切需要改变"九龙治水"的格局。鉴于资源环境管理的系统性和完整性,可尝试变多头管理为统一管理,整合有限的管理资源,明确管理部门责任,明晰职能权限边界,建立统一的监督与管理体制,规避政出多门的决策误判。建立合作协调机制,形成统一协调的国家一级的环境治理与资源保护机制,借助法律权威严格规定国家、地方各级环境部门积极参与环境经济决策过程。① 建立完备的环境保护法律法规体系,制定适用于多元治理主体的法律法规。在环境治理中,多元主体之间难免会产生冲突与矛盾。这些矛盾不能单纯依靠行政命令来解决,而需要通过独立的司法与健全的法律来解决。这就需要通过法律来规定参与主体间的各项财权与事权,要避免在财权与事权分配上引发各级政府矛盾。与此同时,法律政策等也要对政府与企业在环境治理中的角色做清晰界定,保证政府与企业各司其职,对企业投资项目进行严格的环境评估,坚持发展绿色经济,建立起完善的环境测评机制。作为市场的管理者,政府还要科学、客观地评定企业投资项目,将经济发展与环境保护协调统一起来,优化资源配置,推动环境保护与资源供应的可持续发展。

3. 完善以绿色经济为主的市场机制

首先,调整优化产业结构。我国重工业发展多为粗放式经营,第二产业占比较大,产能过剩问题普遍存在。目前日益加重的环境污染问题,其实质是产业结构发展单一化问题以及产能过剩问题,要想从根本上治理环境污染,就要从源头抓起,着手治理污染源。一是推动企业向

---

① 参见李晓龙、徐鲲:《地方政府竞争、环境质量与空间效应》,《软科学》2016 年第 3 期。

集约式方向发展。企业应继续加大自身科技投入,全力研发绿色环保产品,实行绿色生产经营,积极发展成追求更高内涵、更好质量的绿色环保型企业。二是企业要明确自身产业结构的科学定位,建立科学的产能过剩评价体系,逐步形成资源节约型与环境友好型的企业经营模式。三是抓紧制定产业准入和淘汰目录,加强环境源头保护机制,界定清晰的生态保护红线,减少对传统高能耗产业的依赖。其次,健全环境治理的市场参与机制,通过市场机制配置环境资源。建立反映市场供求关系和资源稀缺程度的生态环境保护市场体系,加快环境污染损害赔偿评估、鉴定制度建设,建立环境司法鉴定机构标准规范,建立企业环境保护信用体系,推动现有税制"绿色化",用经济手段引导企业增强绿色生产意识,改变污染治理模式,由传统的末端治理模式转变为源头减污模式。

4. 增强公众和社会组织的参与力量

环境治理要想取得成效,发挥社会环保组织的功能作用至关重要。一是加强环保组织自身的基础建设。环保组织要与政府相互配合,及时反映公众建议与要求,在政府与公众间搭建沟通桥梁。另外,环保组织仍需加强自身能力培养,积极吸引更高水平的人才的参与,继续做好环保组织成员培训工作,建立人性化的组织文化,不断提升组织成员的环保业务水平。二是切实加强法律对环保组织的行为约束与保障。社会环保组织作为治理主体,必须由法律法规保障其参与治理的合法性,通过法律权威强化环保组织与政府间平等的治理主体关系,并给予环保组织充分的治理权责。增强公众的环保意识在环境保护工作中必不可少,要加强公民环保教育,宣传环保理念,加强公众与环境的亲密接触,在举手投足之间提升公众的环保意识与防治污染积极性。环境治理要想持久有效,需要充分调动政府、企业、公众与社会组织参与并监督环境治理的积极性。政府与环保组织、环保组织与公众、政府与公众间的良性互动和合作不可或缺,同时,各参与主体之间合理的参与途径与表达路径对环境治理也很重要,发挥法律的权威来保障各主体的合法权益就成为当务之急。要给予各主体参与环境治理决策或讨论治理路径的权利,不断完善各主体的环境治理表达与参与机制,激励各主体关心环保治理问题,成为环境治理的坚实力量。

第七章
创新篇*

第一节　创新治理是当前形势的迫切要求

改革开放四十多年来,中国经济发展取得了巨大成就,激发了社会个体的能动性和创造力。社会主义现代化建设深入推进,书写了经济快速发展和社会长期稳定两大奇迹新篇章。基础研究和原始创新不断加强,一些关键核心技术实现突破,战略性新兴产业发展壮大。但与此同时,国内和国际环境风云变幻,暴露出一些不容忽视的问题。我们的工作还存在一些不足,面临不少困难,发展不平衡不充分问题仍然突出,推进高质量发展还有许多瓶颈。继续坚定不移推进改革开放、全面深化改革部署,不断推进国家治理体系和治理能力现代化,坚决破除一切不合时宜的思想观念和体制机制弊端,被公认为解决当前难题、实现中华民族伟大复兴的唯一出路。党的二十大报告明确提出:"继续推

---

* 本章作者:张权,北京大学马克思主义学院研究员、博士生导师,北京大学公共治理研究所研究员。主要研究方向为国家治理现代化理论与实践、技术政治等。刘凌旗,北京大学博士,高级工程师,中国电科集团发展规划研究院副主任。长期从事电子信息前沿技术发展和网络空间安全战略研究工作。许守任,南开大学博士,北京大学光华管理学院博士后,高级工程师,中国管理研究国际学会(IACMR)会员。现任职于腾讯公司。主要从事科技政策与创新管理、数字经济与人工智能、信息技术前沿与产业发展等方向的政策分析与战略研究。

进实践基础上的理论创新,首先要把握好新时代中国特色社会主义思想的世界观和方法论。"①"在新中国成立特别是改革开放以来长期探索和实践基础上,经过十八大以来在理论和实践上的创新突破,我们党成功推进和拓展了中国式现代化。"②强调要坚持走中国特色自主创新道路,实施创新驱动发展战略。全面建设社会主义现代化国家,必须深入推进改革创新,破解深层次体制机制障碍,把国家制度优势更好转化为国家治理效能。

在基于已有形势判断、改革定向、目标树立和路径规划的前提下,对一系列问题的思考接踵而至:过往所采取的一系列举措,在多大程度上抓住了主要矛盾?目前距离全面深化改革目标还有多远?各类举措的效果在哪些方面已凸显,其他哪些方面还有待加强?不同省份、不同地区的差异如何?与其他国家相比较,中国的国家治理现代化进展究竟处于什么水平?要想厘清这些复杂的政治与社会问题,就需要对当前的国家治理经验进行客观评估和精准把握,在新时期准确定位改革与发展进程中的重要坐标,有助于更快更好地实现改革总目标。尤其在当今面临试错成本增加、外部风险加剧的境况,若不转变过去相对"粗放"的风格,优化"摸着石头过河"的试错方式,则难以稳扎稳打、步步为营地实现目标,更勿论对现代化国家治理理念的充实和拓展,以及对中国特色社会主义理论体系的完善和发扬。因此,国家治理经验评估亟待开展,它既是一种回顾性的经验总结,可以掌握目前我们在国家治理现代化这条道路上走了多远,同时也是一种前瞻性的未

---

① 习近平:《高举中国特色社会主义伟大旗帜 为全面建设社会主义现代化国家而团结奋斗——在中国共产党第二十次全国代表大会上的报告》,人民出版社2022年版,第18页。
② 习近平:《高举中国特色社会主义伟大旗帜 为全面建设社会主义现代化国家而团结奋斗——在中国共产党第二十次全国代表大会上的报告》,人民出版社2022年版,第22页。

来展望,有助于进一步明确实现国家治理现代化所应坚持的方法、策略和方案。

综上所述,本章拟通过一系列研究论述,从理论层面探索三个问题:一是分析创新与国家治理的关系,解释创新作为测量国家治理重要指标之一的缘由;二是研究对创新进行测量和评估的科学方法,设计建构测量国家创新的指标体系;三是总结归纳世界先进国家在创新驱动发展方面的具体做法,为中国未来的改革提供参考借鉴。本章其余部分的结构安排如下:首先进行理论探讨,分别对治理理论进行溯源以及对创新理论进行梳理,指出两者在解决可持续发展问题上的逻辑一致性。其次,对现有测量创新的指标体系进行简要评析,并结合第一部分的理论探讨,提出构建指标体系的原则,尝试依此构建一套完整科学的国家治理创新指标体系。最后,对世界范围内代表性国家的创新体系进行简要梳理和比较,帮助进一步推动我国创新体系建设和治理能力的现代化。

第二节 国家治理与创新

一、治理理论

20世纪90年代,伴随公益机构、社区组织和社团力量的不断活跃,学术界掀起了新一轮有关国家与社会、政府与市场关系的研究热潮。具有创新意义的治理理论逐渐兴起,拓展了政府改革的维度和视角。尤其在中国,党的十八届三中全会提出了推进国家治理体系和治理能力现代化的总目标,从政治、经济、社会、文化等诸领域全面深化改革。就现状而言,国内外理论界对公共治理的关注日益广泛,一方面带动相关研究呈繁荣发展之势,几乎言必称治理;而另一方面也导致"治理"不可避免地成为无所不包的"空洞能指"(empty signifier)[1],或者莫衷一是的"学术迷雾"(academic fog)[2]。一个很明显的现象就是虽然学者们一方面不遗余力地将"治理"与"管制""管理"等概念进行区别,但是另一方面又仅仅对经典议题进行话语层面的概念替换,如以"运动式治理"替换"运动式管理"。这种逻辑矛盾的繁荣表象反而令"到底什么是治理"这个问题越发难以回答。所以,本节将首先遵循"追根溯源"的思路对治理进行讨论,通过梳理治理理论产生的时代背景和发展阶段,厘清其引入中国的特定情境和本土化缘由,解决"何谓治理"与"为何治理"的基础问题。需要说明的是,我们在论述中对于渊源的追溯并非概念本身的渊源,而是侧重于理论演进的过程。

(一) 治理理论的探索演进

治理(governance)概念最早起源于古希腊哲学家的词汇使用,彼时是指特定时空范围内对权威的行使,即控制、操纵和引导。[3] 中国古代典籍和文献也有关于"治理"的记载,它作为一种基本的政府活动存在于东方文明之中,例如河道治理等。这些使用背景不同于近几十年

---

[1] Claus Offe, "Governance: An 'Empty Signifier'?", *Constellations*, Vol. 16, No. 4, 2009, pp. 550-562.

[2] G. Bouckaert, "Governance: A Typology and Some Challenges", in A. Massey and K. Johnston (eds.), *The International Handbook of Public Administration and Governance*, Massachusetts: Edward Elgar Publishing Limited, 2015, pp. 35-55.

[3] 参见俞可平主编:《治理与善治》,社会科学文献出版社2000年版。

来西方学者赋予其多元合作与协商的内涵。① 因此,有学者特意在治理理论产生初期进行了新治理(new governance)与旧治理(old governance)的区分理解,②故我们的溯源性研究限定于现代治理理论的范畴内。

20世纪80年代,政府干预和自由放任的学术思想又一次出现交锋,自由主义思潮占据上风。面对市场失灵、政府失灵和志愿失灵等一系列现象,学术界顺势选择了治理理论作为创新性的探索视角。在理论层面,杰索普(Bob Jessop)提出,治理的概念被重新提起并被运用于诸多解释,主要基于两个方面的考虑。③ 首先,社会公众对治理的青睐是大家对社会科学中范式危机的回应。"治理"这个概念被引入,作为纽带以连接各学科,并提供新的理解方式。④ 其次,从哲学意义上看,治理作为解决私人和公共领域协调问题的途径已受到广泛关注。"新的问题已经出现,且不能被自上而下的国家计划或者完全依靠市场自身(包括第三部门)的无政府状态立刻解决,由此推动了决策者在制度重心中就协调模式进行选择时转变态度。""'治理'拥有了类似于'中

---

① 俞可平在研究中探讨了治国理政问题下传统的统治理论与现代的治理理论的差异,具体包括权威主体、权威性质、权威来源、权力运行向度以及作用范围。治理的主体由政府机构、企业组织、社会组织等多元力量构成,其权威来源于法律和其他非国家强制的契约,存在自上而下或平行维度的权力流向,所涉范围是较为宽广的公共领域。参见俞可平:《中国的治理改革(1978—2018)》,《武汉大学学报》(哲学社会科学版)2018年第3期。

② See R. A. W. Rhodes, "The New Governance: Governing without Government", *Political Studies*, Vol. 44, No. 4, 1996, pp. 652-667.

③ See B. Jessop, "Governance and Meta-governance: On Reflexivity, Requisite Variety and Requisite Irony", in H. P. Band (ed.), *Governance as Social and Political Communication*, Manchester: Manchester University Press, 2003, pp. 101-116.

④ See B. Jessop, "The Rise of Governance and the Risks of Failure: The Case of Economic Development", *International Social Science Journal*, Vol. 155, No. 50, 1998, pp. 29-46.

间道路''咨询''协商''自主性''反思性''对话'等积极内涵。"① 从政治学角度来看,治理可以被视为现代理论界的产物,表示政府组织或非政府组织通过运用公共权威管理经济、社会和政治事务,维护社会公共秩序。

关于治理理论诞生的现实背景,王绍光认为,对西方民主国家而言,以阶级妥协换取团结安定的福利国家路径受到了财政危机的严峻挑战,固有局面难以为继;对发展中国家而言,其国家能力不足、管理方式不当,导致发展停滞不前;同时,全球化的发展趋势导致国际问题越来越复杂,单靠任意一国政府单枪匹马均无法妥善解决。② 这三股暗流涌动,共同推动了治理理论的流行。田凯对此也开展了细致研究并做出相似解释:冷战结束之后,国际形势发生了巨大变化,国家之间的联系与相互依赖性增强。对外,部分权力交给了超国家的国际组织;对内,部分职能交给了非政府组织承担。另外,国际社会的发展遇到了全球气候变暖、跨国有组织犯罪等诸多共同难题,这些问题需要各国协调起来进行应对。③ 随着1970年石油危机爆发,政府因部门庞大、机构臃肿、财政赤字、政府官僚主义、反应迟钝而遭遇了合法性危机。④ 由国家单方面治理经济、解决社会问题的能力和合法性受到了强烈的质疑。政府不再被视为解决问题的有效途径,甚至被认为是一系列问题产生

---

① B. Jessop, "Governance and Meta-governance: On Reflexivity, Requisite Variety and Requisite Irony", in H. P. Band (ed.), *Governance as Social and Political Communication*, Manchester: Manchester University Press, 2003, pp. 101-116.
② 参见王绍光:《治理研究:正本清源》,《开放时代》2018年第2期。
③ 参见田凯:《治理理论中的政府作用研究:基于国外文献的分析》,《中国行政管理》2016年第12期。
④ See B. G. Peters & J. Pierre, "Governance without Government? Rethinking Public Administration", *Journal of Public Administration Research and Theory*, Vol. 8, No. 2, 1998, pp. 223-243.

的根源。①

总而言之,理论争锋和实践创新总是处于一个变革的过程,其过程之中既包括对传统理论范式的反思和对新理论范式的追求,也包括对传统执政方式的反省和对新执政方式的探索。治理理论的兴起与繁荣,与全世界各国先后遭遇可持续发展危机的背景息息相关,本质上是学界集体为了解决可持续发展问题、破解理论困顿与回应实践需求而给出的,目前尚未完全得到广泛认同的答案。

(二) 本土化的特定情境

中国的理论氛围和舆论环境为治理理论的本土化发展提供了学术土壤,治理学派在中国得到了极大程度的认同。从时间进程上看,先是由学界介绍引入,后被官方正式接受并上升到国家治理的高度,然后治理被冠以各种前缀,衍生出多种"版本",形成了开篇所提到的"繁荣"。这个过程既是一种"接受—扩散"的演进,也是一种"吸纳—改造"的发展。

就像王浦劬在研究中提出,国家治理之治理与治理理论之治理既有区别又有联系,"既在本质上区别于中国传统统治者的治理国家,又在价值取向和政治主张上区别于西方的治理理论及其主张"。"社会主义国家的国家治理,本质上既是政治统治之'治'与政治管理之'理'的有机结合,也是政治管理之'治'与'理'的有机结合。"②在同期引入国内的诸多理论中,唯有治理理论受到如此广泛的关注、接受与运用,显然有更深层次的原因。更何况如波普尔(Karl Popper)所指出的,一

---

① See D. Marsh & R. A. W. Rhodes, *Policy Networks in British Government*, Oxford: Clarendon Press, 1992.

② 王浦劬:《国家治理、政府治理和社会治理的含义及其相互关系》,《国家行政学院学报》2014年第3期。

切普遍概念都具有理论上的意向性。① 治理理论自身带有新自由主义的意识形态色彩,它是国际货币基金组织、世界银行等国际组织为了避免政治改革这一提法在意识形态上的敏感性而选择的替代性话语。② 在这种情况下仍然可以发展成为显学,究其根本,还在于中国具备治理理论所适用的土壤和条件,具有改革创新的理论需求和现实需求。有学者提出,自改革开放以来,中国的现代化进程加快,表现为政治、社会和文化各领域的全面改革与巨大进步。与此同时,新的社会问题和社会矛盾出现的现实,使中国具备了适用治理理论的土壤和条件。③ 面对经历过高速发展后回归新常态的政治与社会,很难通过现有理论充分解释其产生原因,并难以诊断当前客观情况与变化趋势。因而,需要一套新的理论来指导可持续发展的问题,学者们寄希望于通过治理的理念提供新的应对之策。中国在特定发展阶段遇到了治理理论可以尝试解决的症结,治理成为随社会复杂性急剧增加而出现的理论应对。

综上所述,无论是治理理论在西方世界的兴起,还是国家治理理论在中国的扎根发展,其共性在于,国家发展遇到了不可持续的困境,国家管理遇到了不可调和的矛盾,而传统理论却无法完全解释为什么会出现这种情况,亦不能诊断造成当前情况的症结所在,更不能指导下一步的改革方向,因此需要新的理论来指导未来可持续发展的问题。治理可以视为面对社会复杂性急剧增加而提供的现世对策。

---

① 参见〔英〕卡尔·波普尔:《猜想与反驳——科学知识的增长》,傅季重等译,上海译文出版社1986年版。
② 参见田凯、黄金:《国外治理理论研究:进程与争鸣》,《政治学研究》2015年第6期。
③ 参见熊光清:《治理理论在中国的发展与创新》,《江苏行政学院学报》2018年第3期。

二、创新理论

(一) 创新理论的缘起与分化

新古典经济学一直认为,经济发展在根本上是由储蓄和投资驱动的,而创新(技术进步)是这两者关系的外生变量,能够促进投资与储蓄水平提高,进而推动一定范围内的经济发展。① 然而,作为"创新理论"的鼻祖,约瑟夫·熊彼特(Joseph Schumpeter)在 1912 年出版的《经济发展理论》一书中重新定义了"创新"及其在经济发展中的作用,之后在《经济周期》和《资本主义、社会主义和民主主义》两书中予以运用和拓展,最终形成其以创新为基础的特有理论体系。在熊彼特看来,创新是经济发展的内生变量,是把从未有过的生产要素和生产条件的新组合引入生产体系,建立一种新的生产函数。② 而经济发展的过程就是不断实现"新组合"的过程,应高度重视生产技术的革新和生产方法的变革在经济发展过程中的作用。

在熊彼特看来,创新存在新产品、新生产方式、新市场、新材料及其来源和新组织形式等五种模式③:第一,对某种消费者尚不熟悉的新产品的采用,或开发一种产品的某个新特性。第二,采用一种新的生产方法,也就是在有关的制造部门中尚未通过经验检定的方法,这种新的方法不仅可以建立在科学新发现的基础之上,而且也可以存在于商业上

---

① See R. M. Solow, "A Contribution to the Theory of Economic Growth", *Quarterly Journal of Economics*, Vol. 70, No. 1, 1956, pp. 65–94.
② 参见〔美〕约瑟夫·熊彼特:《经济发展理论》,何畏、易家详等译,商务印书馆 1990 年版。
③ 参见〔美〕约瑟夫·熊彼特:《经济发展理论》,何畏、易家详等译,商务印书馆 1990 年版。

处理一种产品的新方式之中。第三,开辟一个新的市场,即有关国家的某一制造部门以前不曾进入的市场,无论该市场之前是否存在过。第四,掠取或控制原材料或半制成品的一种新的供应来源,无论该种来源已经存在还是首创。第五,实现任何一种工业的新的组织,比如造成一种垄断地位,或打破一种垄断地位。

  以熊彼特所提出对创新内容的划分为基础,创新理论逐渐形成了两条相对独立的研究进路:一条是以技术变革和推广为研究对象的技术创新论;另一条是以制度变革和完善为研究对象的制度创新论。在技术创新论看来,技术创新是内生变量,强调技术在不同产业、不同地区和不同国家之间的扩散对推动经济发展的重要作用。例如索洛(R. M. Solow)提出技术进步才是增长的重要来源,并且提出索洛残差:产业总产出中除去劳动力和资本之外的因素归结为技术进步。[1] 罗默(P. M. Romer)的内生经济增长模型认为,知识和技术作为生产力的投入具有递增的边际收益。[2] 基于此,新熊彼特学派认为企业和企业家是推动创新的主体。创新(innovation)与发明(invention)不同,创新的主体是企业家,其本质是一种商业化概念,产生于企业之中。为把发明转化为创新,企业通常需要组合几种不同类型的知识、能力、技能和资源。[3] 换言之,知识积累、知识学习、新技术运用等可以帮助企业家实现生产要素的新组合,形成新的生产力,进而促进经济增长。[4] 伯恩斯

---

[1] See R. M. Solow, "Technical Change and the Aggregate Production Function", *Review of Economics & Statistics*, Vol. 39, No. 3, 1957, pp. 554-562.

[2] See P. M. Romer, "Endogenous Technological Change", *Journal of Political Economy*, Vol. 98, No. 5, 1990, pp. 71-102.

[3] See J. A. Carland & J. Carland, "Innovation: The Soul of Entrepreneurship", *Small Business Institute, National Conference Proceedings*, Vol. 33, No. 1, 2009, pp. 173-184.

[4] See P. F. Drucker, *Innovation and Entrepreneurship: Practice and Principles*, New York: Harper & ROW, 1985.

(T. Burns)与斯塔克(G. M. Stalker)提出,技术进步和组织发展是相辅相成的,①他们重点关注的是企业(组织)及其环境(技术创新环境和市场创新环境)之间的互动。然而从更为宏观的视角来看,国家创新系统学派认为推动创新的主体不是企业和企业家,而是国家创新体系,包括参与和影响创新资源配置及其利用效率的行为主体、关系网络和运行机制。在制度创新论的研究进路上,制度学派提出了交易成本的新概念,交易成本由制度决定,所以制度是发展的内生变量。创新是由无效率的制度安排到有效率的制度安排。1993年,美国经济学家尼尔森(Richard R. Nelson)明确提出了"以制度为基础"的理论主张,促使创新从仅立足于技术层面的认识和实践逐步发展为制度层面的认识和实践。必须建立有利于创新的制度,通过科学有效的制度来优化创新资源的配置,协调创新活动的开展,这既是国家创新体系的主要功能,也是国家创新体系有效发挥作用的保障。创新是制度的创新,有效率的制度安排会带来经济的发展。如哈纳(U. E. Haner)将研究引向"创新质量"(innovation quality),即把创新从新颖、创造和非常规引向标准化、低方差和系统化。② 只有在稳定的制度环境中,才会形成相对稳定的创新成果,实现对于创新活动的促进,以及创新成果标准化的目标。

(二) 实践导向的创新理论及其发展

创新理论的更新实际上与创新实践的发展是相互促进的,或者说,创新理论的丰富与创新实践的发展沿着相似的路径。围绕不同时期创

---

① See T. Burns & G. M. Stalker, *Management of Innovation*, London: Tavistock, 1961.

② See U. E. Haner, "Innovation Quality—A Conceptual Framework", *International Journal of Production Economics*, 2002, Vol. 80, No. 1, 2002, pp. 31-37.

新实践的不同,对于创新的定义发生了变化,而围绕不同的创新定义,又发展出了一系列新的创新理论。

首先是自上而下驱动创新,属于线性创新范式,聚焦于创新的外部性。在布什(Vannevar Bush)看来,政府介入的理由和目的是克服市场机制的失灵,同时研究如何放大创新的(正)外部性。① 企业内部建设创新机构进行自行研发,不同的创新主体之间相对独立。这种创新理论也被称为封闭式创新。其次是协同创新,即构建出一整套创新体系。在国家创新体系中,创新主体包括政府、企业以及高校和科研院所。OECD提出,这种创新模式强调政府自上而下的推动作用,包括经费支持、税收优惠、知识产权保护等,但更重要的是主体之间的协同合作所产生的正效应,例如相互之间的技术合作与互动。② 这种创新理论也被称为开放式创新。在现阶段,占据主流发展位置的是交互式创新,即以用户为导向的创新理论,创新由生产者向使用者的转化。这种创新模式强调用户创新、用户反馈及其在创新扩散中的重要作用,也被称为民主化的创新。③ 卡雷纳尼斯(E. Carayannis)和坎贝尔(D. Campbell)主张构建一种政府—企业—大学科研—用户(市民)四螺旋创新范式。④ 还有学者提出创新生态系统的概念,其中在创新生态系统的概念范畴下,社会网络、团队、角色、信任、环境条件等五大要素是营造良

---

① 参见〔美〕范内瓦·布什、拉什·D. 霍尔特:《科学:无尽的前沿》,崔传刚译,中信出版集团2021年版。
② See OECD, *Managing National Innovation Systems*, OECD, Paris, 1999.
③ See E. von Hippel, *Democratizing Innovation*, Cambridge MA: The MIT Press, 2005.
④ See E. Carayannis & D. Campbell, "Triple Helix, Quadruple Helix and Quintuple Helix and How Do Knowledge, Innovation and the Environment Relate to Each Other?", *International Journal of Social Ecology and Sustainable Development*, Vol. 1, No. 1, 2010, pp. 41-69.

好创新生态系统和创新型经济发展的关键要素。① 欧盟提出的网络化创新也被称为开放式创新 2.0 阶段,是生态系统化跨组织创新。②

(三)国家创新体系理论发展

1987 年,英国学者弗里曼(Christopher Freeman)在其著作《技术政策与经济绩效:日本国家创意系统的经验》中第一次使用"国家创新体系"这个概念。他将国家创新体系定义为由部门、机构、公司等公共和私营部门共同构成的网络,正是基于它们之间的活动和相互作用,各种新技术得以启发、引进、改造和传播。③ 在弗里曼的理论模型中,特别强调了国家专有因素对经济发展的影响,提出政府政策、大学和科研机构、产业机构以及中介部门等国家创新体系的基本构成要素(见图 7-1)。弗里曼的国家创新体系概念提出后,众多学者也从不同角度对国家创新体系的概念和结构模型进行了深入研究。

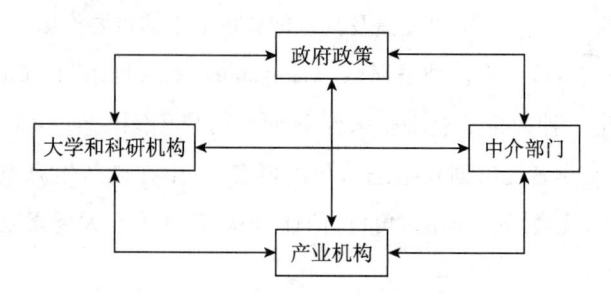

图 7-1 弗里曼的国家创新体系结构图

---

① See V. Hwang & A. Mabogunje, "The New Economics of Innovation Ecosystems", *Stanford Social Innovation Review*, Vol. 8, No. 6, 2013, pp. 123−125.
② 参见李万等:《创新 3.0 与创新生态系统》,《科学学研究》2014 年第 12 期。
③ 参见[英]克里斯托夫·弗里曼:《技术政策与经济绩效:日本国家创新系统的经验》,张宇轩译,东南大学出版社 2008 年版,第 1 页。

1994年,OECD启动了对其十几个成员国国家创新体系的专题研究。1997年,OECD通过比较研究发布了《国家创新体系》报告,该报告在对一系列指标进行分析的基础之上提出,国家创新体系是政府部门、企业、大学和科研机构、中介部门等为了一系列共同的社会和经济目标,通过建设性地相互作用而构成的机构网络(见图7-2),其主要活动包括启发、引进、改造和传播新技术,认为创新是这个体系变化和发展的根本动力。因此,企业、大学和科研机构、中介部门是创新的主体。创新是不同主体和机构间复杂的相互作用的结果。OECD将知识流动概念引入国家创新体系,认为知识流动是联系国家创新体系结构各主体的核心要素,技术变革并不以一种完美的线性方式出现,而是系统内部各要素之间相互作用和反馈的结果。深入研究国家创新体系,应关注整个创新体系内的相互作用和要素联系的网络。

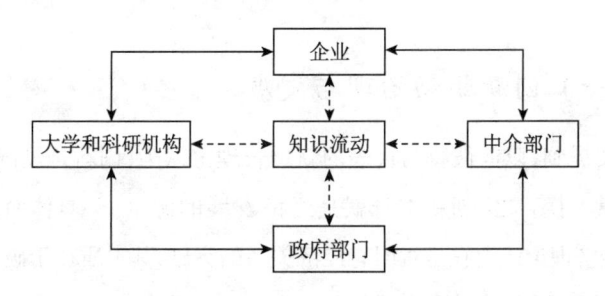

图7-2 OECD的国家创新体系结构图

2006年初,我国国务院颁布的《国家中长期科学和技术发展规划纲要(2006—2020年)》指出:"国家创新体系是以政府为主导、充分发挥市场配置资源的基础性作用、各类科技创新主体紧密联系和有效互动的社会系统。"所谓国家创新体系,是指一种关于科学技术植入经济增长过程的制度安排,其核心内容在于科技知识的生产者、传播者、使用者和政府机构之间的相互作用,以及在此基础上形成的科学技术知识在整个社会范围内循环流转和应用的作用机制。

狭义的国家创新体系主要是指科学技术创新体系,既包括研究开发,也包括科学技术转化为现实生产力的机制、流程和方式等;广义的国家创新体系还包括与之相关的制度创新等。概括而言,首先,国家创新体系是一个相互作用、相互影响的社会网络,这个社会网络主要"处于一个国家之内,或者植根于一个国家之中"[1]。其次,政府、企业、大学和科研机构是国家创新体系的主体。再次,整个国家创新体系应包括政策制定、技术支持、资源配置、运行以及评价五个主要的子系统。最后,整个体系的运行是各个主体基于社会网络发生各种形式的互动,促进新技术和新知识的创造、扩散和使用。

三、两者关系分析

(一) 创新驱动治理与发展

上文提到,以熊彼特为代表的新增长理论认为,创新是经济增长的内生变量。换言之,创新本身就是经济发展的源泉。[2] 具体而言,围绕创新的经济理论认为它是对旧有经济关系的突破,其本质在于破旧立新,对此我们更熟悉的表述是"创造性的毁灭"(creative destruction)。[3] 具体而言,熊彼特的创新理论是基于经济运行周期提出的,市场经济体制下的经济萧条是周期性出现的危机现象。他认为,之所以会周期性地发

---

[1] Lundvall Bengt-Akee, *National Systems of Innovation: Towards a Theory of Innovation and Interactive Learning*, London: Pinter Publishers, 1992.

[2] See P. M. Romer, "Increasing Returns and Long-run Growth", *Journal of Political Economy*, Vol. 94, No. 5, 1986, pp. 1002-1037.

[3] 参见〔美〕约瑟夫·熊彼特:《经济发展理论》,何畏、易家详等译,商务印书馆1990年版。

生经济萧条或经济危机,是因为在经济危机期间,各种资源投入逐渐萎缩,先前创新形成的投资机会必然会越来越少。随着投资机会的减少,经济会因投资不足出现生产萎缩、就业提供不足等一系列萧条现象,进入均衡时期。在熊彼特看来,"反周期"或"反经济萧条"的办法是通过创新,形成新的投资机会。创新是打破这种不良均衡、推动经济发展的动力。①

之所以强调创新主体是企业家,是因为企业家对于利润的追求为创新提供了动力。企业获得利润有多种方式,在现实经济运行过程中,若有企业家引入创新并打开利润之门,同行业者为了获得更高水平的利润便会尝试复制创新,因此前者的利润只能短暂存在。模仿与竞争引起价格下降,熊彼特称之为"竞价下跌"(competing down),最终导致整个经济受益及所有利益的积累。鉴于创新者和模仿者之间的相互作用影响经济增长,熊彼特进一步假设这一过程并非线性的,而是非均匀地分布在时间轴上。当创新完全被吸收和扩散,经济才能重新恢复均衡。"创新—打破均衡—快速增长—模仿扩散—增长放慢—形成均衡—创新"是一个经济周期。创新的重大程度决定聚集程度(模仿者的规模),同时还会引领小的创新,进而决定经济周期的长短。所以从某种意义上讲,发展的本质就在于创新,而创新在某种程度上就是发展本身。

(二)治理引导创新与转化

治理理论和创新理论是相互印证的,从局部的复杂现象中寻找有关治理作用于创新或创新作用于治理的相对稳定的因果关系,再予以

---

① 参见〔美〕约瑟夫·熊彼特:《经济发展理论》,何畏、易家详等译,商务印书馆1990年版。

推广,可以用来解释更多的复杂性问题:首先,基于创新与国家治理具有某种程度的契合性,国家治理的质量应该由创新(作为指标之一)去解释;其次,反过来说,效果卓越的国家治理也应该能够激励创新行为,降低创新的风险。

创新行为和创造性活动可以构成一个完整的链条,具体方法层面的"创新链"包括孵化器、公共研发平台、风险投资、围绕创新形成的产业链、产权交易、市场中介、法律服务、物流平台等多个环节。因此,创新生态及其发展离不开一系列科技创新政策和文化的培育。作为国家创新体系理论中的新熊彼特主义者,弗里曼提出"政府的科学技术政策对技术创新起重要作用",政府的主要职责之一在于通过科技创新政策来使创新生态和成果转移变得正式化。治理的多元主体可以最大限度地集聚国内外优质研发资源,共建共治共享的社会治理格局能够形成持续创新的能力和成果。除此之外,政府的作用还包括进一步克服市场失灵,引导并培育创新[1];促进创新主体之间的合作,例如产学研结合等。创新驱动发展强调五个方面[2]:一是以企业为主体,重视企业家和创业者的重要作用;二是以知识为资源;三是强调科技突破;四是强调各主体之间的互动;五是强调宏观制度因素的影响。

综上所述,若超越经济增长的范畴,我们可以从更广义的视角认为,创新就是对旧平衡的颠覆(然后形成新的平衡),创新的过程就是发展的过程。从这方面讲,创新所带来的发展便是治理理论所追求的目标,创新本身就是为治理理论力图解决的问题(实现可持续发展)提供合理答案。以对创新的测量作为治理经验评估的一个重要方面,具

---

[1] See C. Freeman, *Technology Policy and Economic Performance*, London: Pinter Publishers Great Britain, 1989.

[2] 参见柳卸林等:《寻找创新驱动发展的新理论思维——基于新熊彼特增长理论的思考》,《管理世界》2017年第12期。

有逻辑的自洽性、理论的合理性与实践的必要性。

第三节 创新治理的评估体系

一、成熟的创新指标体系

目前,国际上关于创新指数的研究成果种类繁多,各有侧重。其中,一些创新指数是以经济社会发展的整体状况为评价对象,将科技创新作为一级分项指数纳入整个指数体系;另一些创新指数则专门以科技创新为考察对象。下面我们将对国内外五个具有重要影响力的创新指标体系进行简要介绍和分析。

(一)欧洲创新记分牌(European Innovation Scoreboard, EIS)

EIS 是欧盟根据里斯本策略(Lisbon Strategy)发展而来的综合性国家创新评价指标体系,用于评价欧洲各国的创新绩效(见表7-1)。首份 EIS 报告于 2001 年发布,此后每年发布新报告。每年度的欧洲创新记分牌对欧盟成员国和全球其他国家的研究和创新表现、研究和创新系统的相对优势与劣势进行比较评估,帮助各国评估需要提高创新绩效的领域。

表 7-1 欧洲创新记分牌的评价指标体系(2023年)

二级指标	三级指标	四级指标
框架条件	人力资源	新毕业博士
		25—34 岁受过高等教育的人口
		终身学习
	有吸引力的研究系统	国际科学合作发表
		前百分之十高引用出版
		外国博士生
	数字化	宽带普及率
		具备基本综合数字技能的个人
研发投入	金融与支持	公共部门 R&D 支出
		风险资本投资
		政府直接资助和税收支持商业部门研发
	公司研发投入	商业部门 R&D 支出
		非 R&D 创新支出
		创新活跃企业的人均创新支出
	信息技术应用	提供培训以提升其人员 ICT 技能的企业
		雇佣 TIC 专家
创新活动	创新者	具有产品或工艺创新的中小企业
		具有营销或组织创新的中小企业
		中小企业内部创新
	联系	与他人合作的创新型中小企业
		公私部门合作发表
		科学技术人力资源的工作流动
	智力资产	PCT 专利申请
		商标申请
		设计申请

(续表)

二级指标	三级指标	四级指标
影响	就业影响	知识密集型活动的就业
		创新部门中快速成长企业的就业
	销售影响	中等或高科技产品出口
		知识密集型服务出口
		对于市场或企业是新的商品销售
	环境可持续	资源生产率
		工业细颗粒物 PM2.5 的大气排放
		环境相关技术的开发

资料来源：European Commission, Directorate-General for Research and Innovation & H. Hollanders, *European Innovation Scoreboard 2023*, Publications Office of the European Union, 2023, available from：doi/10.2777/119961。

EIS 在设计思想上突出了创新过程的系统性并强调了企业的创新主体地位，在内容上既包括创新活动的投入和中间产出情况，又包括创新对经济的影响等。由于各项评价指标的计量单位不同，EIS 采用综合指数法，通过标准化、赋权等步骤得出各个国家的"综合创新指数"(SII)。

(二) 全球创新指数(Global Innovation Index, GII)框架

由美国康奈尔大学、欧洲工商管理学院(INAEAD)和世界知识产权组织(WIPO)联合发布的全球创新指数，是世界范围内近年较新的专门针对国家创新能力进行监测评价的年度报告(见表7-2)。该指数由欧洲工商管理学院作为项目从2007年开始研制，每1—2年测算和对外发布一次，目前已成为分析判断世界各国创新态势和趋势的重要参考依据。该指数通过对创新投入指数和创新产出指数进行取平均值计算，进而获得全球创新指数的综合结果；通过对创新产出指数和创新

投入指数做比值计算,进而获得一项关于单位投入量的产出量,并将其定义为"创新效率指数",为深入剖析创新型经济的发展质量提供了有效的框架维度。

表7-2 全球创新指数框架

二级指标	三级指标	四级指标
创新投入分指数	机构	政治环境
		制度环境
		商业环境
	人力资本与科研	教育
		高等教育
		R&D
创新投入分指数	基础设施	ICT
		一般基本设施
		生态可持续性
	市场成熟度	信贷
		投资
		交易、竞争与市场规模
	商业成熟度	知识劳动
		创新关联
		知识吸收
创新产出分指数	知识与科技产出	知识创造
		知识影响
		知识扩散
	创造性产出	无形资产
		创意产品与服务
		线上创意

资料来源:Global Innovation Index 2018。

（三）技术成就指数（Technology Achievement Index，TAI）

联合国开发计划署（UNDP）最早于 2002 年发布国家技术成就指数（见表 7-3）。[①]

表 7-3　国家技术成就指数

二级指标	三级指标
技术创造	国内每百万人发明专利授权量
	人均技术出口收入
新技术扩散	每千人国际互联网用户数
	高新技术产品出口占全部货物出口比重
已有技术扩散	每千人电话线程数的对数
	人均电子消费品的对数
人的技能与发展	15 岁以上人口平均受教育年限
	高等教育中科学、数学和工程类专业的毛入学率

资料来源：Global Innovation Index 2009。

技术成就指数所关注的重点，既不是评出哪个国家在全球技术发展中处于领先地位，也不是衡量国家在科技发展方面的努力和投入，而是着眼于一个国家或地区作为整体参与创造技术、运用技术、推广技术以及培养公民技术能力、促使技术成果惠及全体公民的状况和水平，并强调在互联网时代实现上述目的的可能性。该指数以动态、网络的视角对技术创新开展监测评估，这是其最大的特色之一，也因此获得了具

[①] See A. Nasir, T. M. Ali, S. Shahdin, T. U. Rahman, "Technology Achievement Index 2009: Ranking and Comparative Study of Nations", *Scientometrics*, Vol. 87, No. 1, 2011, pp. 41-62.

有一定价值的研究结果。

（四）中国创新指数（China Innovation Index，CII）

为落实党的十八大报告提出的"实施创新驱动发展战略"精神，客观反映建设创新型国家进程中我国创新能力的发展情况，国家统计局社会科技和文化产业统计司"中国创新指数研究"课题组研究设计了评价我国创新能力的指标体系和指数编制方法，并对2005年至今中国创新指数及4个分指数（创新环境指数、创新投入指数、创新产出指数、创新成效指数）进行了初步测算（见表7-4）。

表7-4 中国创新指数

二级指标	三级指标
创新环境	经济活动人口中大专及以上学历人数
	人均GDP
	信息化指数
	科技拨款占财政拨款的比重
	享受加计扣除减免税企业所占比重
创新投入	每万人R&D人员全时当量
	R&D经费占GDP比重
	基础研究人员人均经费
	R&D经费占主营业务收入的比重
	有研发机构的企业所占比重
	开展产学研合作的企业所占比重
创新产出	每万人科技论文数
	每万名R&D人员专利授权数
	发明专利授权数占专利授权数的比重

(续表)

二级指标	三级指标
创新产出	每百家企业商标拥有量
	每万名科技活动人员技术市场成交额
创新成效	新产品销售收入占主营业务收入的比重
	高技术产品出口额占货物出口额的比重
	单位GDP能耗
	劳动生产率
	科技进步贡献率

资料来源：国家统计局网站，http://www.stats.gov.cn/tjsj/zxfb/201512/t20151229_1297321.html。

中国创新指数分为三个层次。第一个层次用于反映我国创新总体发展情况，通过计算创新总指数实现；第二个层次用于反映我国在创新环境、创新投入、创新产出和创新成效等4个领域的发展情况，通过计算分领域指数实现；第三个层次用于反映构成创新能力各方面的具体发展情况，通过上述4个领域所选取的21个评价指标实现。

（五）国家创新能力指数（National Innovation Capacity）

2002年，弗曼（Jeffrey L. Furman）、波特（Michael E. Porter）和斯特恩（Scott Stern）联合发表了《国家创新能力的决定因素》一文。该文在思想驱动增长理论、国家竞争优势模型和国家创新体系等理论的基础上界定了国家创新能力的内涵，并建立了国家创新能力构成要素相互关系的一般数学模型（见表7-5）。[1]

---

[1] See J. L. Furman, M. E. Porter, S. Stern, "The Determinants of National Innovative Capacity", *Research Policy*, Vol. 31, No. 6, 2000, pp. 899-933.

表 7-5 国家创新能力指数

二级指标	三级指标
创新产出	国际专利数
	每百万人国际专利数
创新基础设施质量	人均 GDP
	国际专利存量
	雇佣科技人员总数
	R&D 总支出
	对于国际交易与投资的开放度
	对于智力资产的保护度
	高等教育投入占 GDP 比例
	反垄断政策的严格性
集群创新环境	私人产业 R&D 资助比例
联系质量	大学 R&D 表现的比例
	风险资本市场强度
贡献与产出因素	学术期刊发表量
	GDP
	劳动力
	资本
	市场份额

资料来源：J. L. Furman, M. E. Porter, S. Stern, "The Determinants of National Innovative Capacity", *Research Policy*, Vol. 31, No. 6, 2000, pp. 899-993。

通过以上简要介绍与分析，容易发现国内外对于创新概念的理解各有侧重，根据不同指标体系进行测量和计算，得到的创新指数可以反映国家、地区或组织创新的不同方面：有的关注狭义的创新，将创新限定在科技领域；有的关注广义的创新，将创新视为一种国家行为。有的对创新进行了层次划分，有的进行了类型划分，还有的关注创新流程，做出了投入与产出的划分。现有成果虽然为我们构建新的创新指标体系提供了参考和借鉴,但同时也存在一些有待完善的问题,主要体现在以下两个方面:第一,各指标体系虽然强调了体系,但是并没有公平地关照创新体系中的多元主体(政府、企业、个人都是创新主体),而是将其做了主次划分,将某些创新主体的特征表现视作衡量其他主体成熟度的指标,这与当前得到广泛认可的创新生态系统范式不符;第二,现有指标体系中,虽然各分指数兼顾了影响创新的各个方面,但是分指数之间是并列关系,并没有突出体现不同分指数之间的内在联系,没有反映出国家创新体系所赖以运行的基础,即创新网络中"网络"的内涵。因此,我们在构建新的创新指标体系时将着重对以上两点进行设计。

二、新的创新指标体系

(一)指标体系构建

新创新指标的构建着重关注两重含义、两种分类、三个层面和内在联系,具体说明如下:

1. 两重含义

上文提及,一方面创新可以为发展提供驱动力,另一方面好的治理可以促进创新与转化。所以,创新指标体系所测量的对象,其本身既是创新主体,可以从事创新行为,产出创新成果;同时也是治理主体,通过制度供给与环境优化,为社会和个人提供可以激发其创新行为的基础条件。基于该指标体系所计算得到的国家治理创新指数,既是对创新的测量,也是对治理的测量。

2. 两种分类

对于创新的测量应该兼顾投入与产出,创新指标体系应该同时包括投入性指标与产出性指标。如果将创新视作一个完整的生产过程,其中投入与产出是两个必要的环节,中间是精致而复杂的转化过程。没有创新投入而只有创新产出是不切实际的幻想,只有创新投入而没有创新产出则是不折不扣的失败。我们认为,投入是一个抽象的概念,既包括各种实在的资源、人力等,也包括各种非实在的制度、组织、政策等。

3. 三个层面

治理理论强调多元主体的协同,虽然学派内部存在争论,其中一个争论焦点在于国家或政府在治理网络中的作用,并且形成了以政府为主导的国家中心(state-centric)路径和以政府为普通参与者的社会中心(society-centric)路径[①]——前者将非政府的社会行为主体吸纳进公共事务的管理之中,后者则强调政府与多元社会主体通过平等自主协商,对公共事务进行治理——但是无论哪一种理论主张,如果治理主体的多元性缺失了,国家和社会治理的活力便很难焕发。因此,我们以多元创新主体(治理主体)作为二级指标,使用创新指标体系测量的对象包括三个层面:国家层面、社会层面、个人层面。这解释了政府组织、社会组织和个人都作为创新体系中的主体意义,主体及主体相互之间的关系共同构成国家创新体系。

4. 内在联系

国家创新体系指的是"由公共和私有机构组成的网络系统,它们之间的相互作用及其活动促成、创造、引入、改进和扩散各种新知识和新技术,使一国的技术创新取得更好的绩效"[②]。伦德瓦尔(Bengt-

---

[①] See Jon Pierre, "Introduction: Understanding Governance", in Jon Pierre (ed.), *Debating Governance: Authority, Steering, and Democracy*, Oxford: Oxford University Press, 2000, pp. 54–90.

[②] 〔英〕克里斯托夫·弗里曼:《技术政策与经济绩效:日本国家创新系统的经验》,张宇轩译,东南大学出版社 2008 年版,第 1 页。

Akee Lundvall)从演化系统的角度研究创新进程的微观基础,认为创新是一个复杂的动态现象,不能仅从孤立的个人或公司的角度来考虑,需要关注系统各个部分及其相互之间的影响和反馈。[①] 所以在国家创新体系中,主体和主体之间的关系是同等重要的,孤立存在的主体称不上体系,而并不存在没有主体的关系。只有两者有机结合才能称得上是体系,相互联系的主体才能产生"化学反应",激发创新创造的过程。我们认为,在国家创新体系中,国家、社会、个人三个层面的关系是一种由高层次到低层次、由更广的范畴到更狭的范畴的纵向影响关系:国家层面的投入性指标可以影响社会层面和个人层面的产出性指标,社会层面的投入性指标可以影响个人层面的产出性指标。我们不考虑个人的行为作为一种反馈信号会对国家行为产生影响,所以,个人层面的投入性指标不影响国家层面的产出指标,而只对个人层面的产出指标产生影响。

基于以上讨论,构建国家治理创新指标体系如下。该体系共包括三级分指数,其中第二级分指数为政府层面、社会层面、个人层面,每个层面包括投入性指标和产出性指标,第四级分指数一共有37个具体指标,具体如表7-6所示。

表7-6 国家治理创新指标体系

一级	二级	三级	四级
国家治理创新指标体系	政府层面	投入性指标	科技专项政策的供给占比
			R&D经费占GDP比重
			政府高等教育投入占GDP比例
			享受加计扣除免税企业占比

---

① See Bengt-Akee Lundvall, *National Systems of Innovation: Towards a Theory of Innovation and Interactive Learning*, London: Pinter Publishers, 1992.

(续表)

一级	二级	三级	四级
国家治理创新指标体系	政府层面	产出性指标	高等教育入学率
			15岁以上人口平均受教育年限
			信息基础设施建设（直接使用信息化指数）
			万人论文产出数
			万人国际专利数
			社会信用程度（直接使用ABS测量结果）
	社会层面	投入性指标	全社会研发投入占GDP比例
			新产品开发项目经费投入占GDP比例
			人力资本投入水平
			技术引进/采购投入水平
			社会信贷水平
		产出性指标	职业群体分化程度
			每万人社会组织数量
			万人创业公司数量
			每百家企业商标拥有量
			新产品销售收入占主营业务收入比重
			万人图书馆数
			老龄化率/生育率
			外籍居民数量/入籍申请数量
			流动人口占比
			外资/合资企业数
	个体层面	投入性指标	居民文化消费支出占家庭开支比例
			居民消费价格指数（CPI）
			教育投资占家庭开支比例
			人均电子消费水平

(续表)

一级	二级	三级	四级
国家治理创新指标体系	个体层面	产出性指标	人均可支配收入
			R&D人员占从业人员比重
			万人前百分之十高引用发表数
			万人专利授权数
			万人出国留学人数
			出国留学人员流入人数
			国民再教育率
			研究人员人均经费

(二) 指标赋权方法

除了构建指标体系,指数计算的前提还包括具体指标的赋权。当前指标赋权的方法大致分为主观赋权法、客观赋权法和主客观赋权法(组合赋权法)三大类。其中常用的主观赋权法包括直接打分法、德尔菲法(专家调查法)、层次分析法(Analytic Hierarchy Process, AHP)等;常用的客观赋权法包括主成分分析法、因子分析法、熵值赋权法等;主客观赋权法则是以上两种分类中提到的方法的组合。三类方法各有利弊,其中主观赋权法的弊端是过分依赖专家的意见,赋权主观性强;客观赋权法的弊端则正相反,它过分依赖统计或数学的定量方法,而忽视了评价指标的主观定性分析。具体而言,客观赋权完全依赖于样本数据,当样本数据变化时,权重也会发生变化,在某种程度上科学性与合理性不足。主客观赋权法作为主观赋权法和客观赋权法的组合,理论上应该兼具两者的优势而规避两者的弊端。但在实际应用中涉及如何确定两种方法的权重分配的问题,导致可操作性不足,所以当前并不存在一种绝对理想的指标赋权方法,而要根据实际情况进行选择。

经过比较,本指标体系适宜使用层次分析法对指标进行赋权,层次分析法首先需要通过相关领域专家打分的方式比较各层次指标两两之间的重要程度,再根据各指标得分大小分层构造判断矩阵,计算各级分指数的指标权重,以在主观性与客观性上实现一定程度的平衡。下面简要介绍一下该方法的操作过程。

首先,需要研究者根据对问题的了解和初步分析,把复杂问题分解成不同组成部分(元素),把这些元素按属性分成若干组,以形成不同的层次。同一层次的元素作为准则,对下一层次的某些元素起支配作用,同时又受上一层次元素的支配,这种自上而下的支配关系就形成了一个递阶、有序的层次结构模型。其次,对模型中每一层次因素的相对重要性,依据对客观现实的判断进行两两比较,构成判断矩阵,通过计算判断矩阵的最大特征根所对应的特征向量,对指标的重要性进行排序,并进行一致性检验,从而分别求出指标的权重,判断矩阵的最大特征根所对应的特征向量经过归一化处理后即为指标的权重向量。如果同一层指标得分相同,那么该方法等价于等权重赋权。需要说明的是,在判断每一层次因素的相对重要性时,AHP 方法需要邀请若干相关研究领域的专家进行主观打分,具体而言,可以利用 1—5 标度法进行评定,即按表 7-7 中的规则对国家治理创新指标体系的各层级指标元素进行两两比较。在认为专家的学术权威相当的前提下,以各专家评分平均数四舍五入保留整数位的结果作为指标的最终得分。

表 7-7　标度的含义

评分	含义
1	表示两个因素相比,具有同等重要性
2	表示两个因素中,一个因素相比另一个因素稍微重要

(续表)

评分	含义
3	表示两个因素中,一个因素相比另一个因素明显重要
4	表示两个因素中,一个因素相比另一个因素强烈重要
5	表示两个因素中,一个因素相比另一个因素极端重要

由于37个具体指标所对应需要的数据并非全部公开存在,目前暂不涉及指数计算的问题,另外由于内外部条件的变化将显著影响专家对于指标重要性的两两比较结果,因此暂不进行指标赋权。

第四节 多国推动创新治理的经验比较

尼尔森在其著作《国家(地区)创新体系:比较分析》中,通过对15个国家的国家创新体系进行比较分析,发现由于各个国家历史、文化、地理、资源、政治系统等情况的不同,国家创新体系的发生和运行机制存在较大的差异。[①] 除了准确掌握国家治理创新的水平和状况,在实践中选择适合本国国情的国家创新体系建设方向和路径,可以有效推动国家创新的发展,为带动全社会创新起到至关重要的作用。国家创新体系的结构、关系、特征及构建过程是国家创新的重要体现。比较分析各国国家创新体系,研究各国创新体系的构建过程、体系结构、组织形式、主体特征等,分析不同国家创新体系的相似性和差异性,能够了

---

① 参见〔美〕理查德·R.尼尔森编著:《国家(地区)创新体系:比较分析》,曾国屏等译,知识产权出版社2012年版。

解特定的历史文化背景和资源禀赋下国家创新体系的作用及其发展规律，以及推广国家创新治理的成功经验，为中国提供借鉴与启示。

本节将主要从国家创新体系的结构和特征入手，对美国、英国、德国、俄罗斯、日本、以色列等国的国家创新体系进行简要分析和比较。

一、美国国家创新体系与创新治理经验

美国国家创新体系中，联邦研究机构、大学、企业、非营利性科研机构是创新活动的执行主体，这四大创新执行主体相互之间形成分工互补的关系。

一是联邦研究机构，包括政府直接管理的研究机构和政府出资委托大学、企业或非营利机构采取合同方式管理的研究机构。其中，前者主要从事重要技术的应用研究和少量的基础研究，后者主要从事国家战略需求领域的研究。目前，美国联邦政府的多个部门具有科技管理的职能，并由白宫科技政策办公室牵头制定和实施联邦科技政策，其中较大的部委为国防部、能源部、健康与人类服务部（主要是国家卫生研究院[NIH]）、国家自然基金委（NSF）、国家航空航天局（NASA）和农业部等。二是企业，开展应用研究和技术开发，也从事某些与技术前沿有关的基础研究。企业是美国科技研发的主要投资者。近20年来，美国企业在R&D的投入占全社会R&D投入的60%。[①] 大企业如GE、IBM、波音、辉瑞制药等在R&D的投入在同行业中更是遥遥领先，知识产权形成的无形资产在企业中占有举足轻重的地位。三是大学，主要在基础研究和自由探索领域发挥重要作用。其中，联邦研究机构与企

---

① 参见袁芳、王娟：《美国研发投入现状研究》，《全球科技经济瞭望》2020年第5期。

业、大学一起构成了美国科技创新的三大主力。四是非营利科研机构，包括州政府、地方政府、非政府组织或私人建立的研究机构，独立于政府大学和企业之外，从事不以营利为目的的自然科学研究和政策研究，并对全国研究与开发起到填补空白的作用。大学和非营利组织是基础科研的活跃力量，承担了联邦政府和企业委托的大量科研任务。

美国国家创新体系的最主要特点是多元分散。其完善的研究与开发管理及协调体制、分工互补的科研执行体系、稳定且强大的科技收入，使美国国家创新体系高效灵活运转，保持强大的动力和活力。美国的国家创新治理呈现出三大特点：第一，重视创新的基础性投资，积极培育21世纪所需要的劳动技能和劳动力，强化和扩大美国在基础研究中的领导地位，建设世界领先的物质基础设施；第二，促进以市场为基础的创新，通过简化税收程序并使研发与实验税后减免永久化，加速企业创新，通过有效的知识产权政策，促进独创性投资，鼓励高增长和以创新为基础的企业家，培育一个创新、开放和竞争的市场；第三，进行相关领域的投资和政策制定，实现重点领域的技术和创新突破。

二、英国国家创新体系与创新治理经验

英国的国家创新体系，按照职能分为决策层、管理层、资助层、执行层共四个层面。政府通过制定科学与创新政策、优化科技管理、投入资金支持、营造创新环境，促进高等教育机构、政府科研机构和企业之间的交流和互动。高等教育机构、政府科研机构和企业作为研究与开发的主要执行者，在基础研究、应用研究和开发研究中具有不同的定位。高等教育机构和政府科研机构主要从事基础和应用研究，高等教育机

构在基础研究经费中占有最大比例,企业则侧重于开发研究,并与高等教育机构或政府科研机构合作。

政府与企业、大学之间的关系在两次世界大战的推动之下变得越来越密切。政府通过资助大学和政府科研机构、委托开展研究与开发工作、引导和促进企业投入创新等制度建设,使原来松散的各单元紧密融入创新体系。两次世界大战及之后的冷战对峙时期,政府一直在研究与开发投入中占有主导地位,直至20世纪80—90年代,政府才逐步由主导研究与开发投入转向发挥引导、支持和服务功能,成为创新活动的协调者和管理者,基础研究的主要投资者,大学、政府科研机构与企业合作的服务者。企业在研究与开发投入、产出和应用中都占据了主导地位,并形成独特的产业优势。大学一直在人才培养和基础研究中发挥主要作用,并逐渐与企业建立合作,加强应用研究,加快科研成果开发和转化,服务经济社会发展。政府科研机构从事高水平的科研活动,注重与大学和企业的合作,是科技创新的重要力量。当前英国的国家创新体系在保持基础研究领域的优势和特色的基础上,更加注重政府、企业与大学和政府科研机构之间的良性互动,以期充分发挥科技在促进经济社会发展方面的作用。

英国国家创新治理的经验表现为:

第一,具有深厚的科学精神和创新基础。作为世界科技强国,英国有着深厚的科学积淀和创新基础。英国政府对于保持卓越科学基础的重视,反映在不同时期的科技战略和政策中。英国的大学重视精英教育和基础研究,拥有高水平的研究队伍和实验室,科研活动受到政府双重资助体系的支持。这使得英国更利于产生基础性、理论性的重大原创成果,从而在基础研究领域保持高效率的产出和世界领先地位。英国在生命科学、空间科学、新材料等领域的卓越研究成果,有力地支撑了生物医药、航空航天等高技术与高附加值产业的发展,成为经济不断发展的原动力。

第二,高效的管理和协调机制。商业、能源与工业战略部作为政府科技管理部门负责制定科技政策和预算,在科技资源统筹上发挥着重要作用,协调各政府部门以及研究理事会、高等教育拨款机构、英国创新署、英国皇家学会等非政府部门的预算,提请议会批准,并由政府科学办公室和政府首席科学顾问协调科研经费配置。英国科研的双重资助体系强调稳定、协同和竞争并重,由非政府部门独立负责管理而与政府保持"一臂之距",重视科研评估在研究与开发经费优化配置中的作用。研究评估框架、研究理事会的同行评议是拨款机构分配经费的重要衡量依据,这保障了科研资助的公平与高效。

第三,重视国际交流合作,围绕国家重点领域开展国际创新合作。英国创新体系高度国际化,其创新、监管、税收和知识环境很有吸引力,英国科学研究以开放的姿态拥抱世界,吸引着来自全世界的顶尖科研人员,[1]是外国优秀研究人员的理想目的地。商业部门作为科研活动的主体,科研经费支出占经费总支出的67.4%,但同时获得政府和海外的大量经费支持。2020年,75%的商业部门科研经费(203亿英镑)来源于本部门资助,其次是15%的海外资金(39亿英镑)资助。[2] 海外资金对英国科研活动的投入,对提高英国科学研究的持续创新能力具有明确的导向作用。

---

[1] 参见王胜华:《英国国家创新体系建设:经验与启示》,《财政科学》2021年第6期。
[2] 参见冯高阳、方微:《英国科研经费多元化投入机制及对中国的启示》,《全球科技经济瞭望》2023年第3期。

三、德国国家创新体系与创新治理经验

德国创新体系从现实和国际竞争出发,瞄准前沿、着眼未来、谋求一流。在结构上,创新体系呈各单元彼此高度连接、相互补充的形式。在分工上,该体系覆盖了基础研究、应用研究和产品开发,而且能够有效促进各环节之间和包括政府在内的各创新主体之间的良性互动:科研人员出成果,企业出资本,政府出政策并且负责协调企业界和科技界。[①] 从管理层次和结构来看,德国现行的国家创新体系结构由角色丰富且功能边界清晰的多元创新行为主体构成,按职能可大体上分为五个层次:决策层、咨询层与协调层、管理层与监督层、经费管理与分配层及创新执行主体层。创新体系的执行主体层是德国国家创新体系的骨干力量,是科学研究和创新工作的执行主体,主要由三部分组成:科研机构,包括联邦政府和州政府所属科研机构、国立科研机构(包括马普学会、弗劳恩霍夫协会、亥姆霍兹联合会和莱布尼茨联合会)以及产业研究与开发机构等;高等院校,包括综合性大学、工业大学和应用科技大学等;企业研究机构。创新体系的各执行主体侧重不同的研究重点,各司其职,在整个创新体系中都发挥着不可替代的作用。政府在整个国家创新体系中发挥了重要作用。德国政府是研究和创新活动的主要资助者,主要通过机构拨款、科研项目资助以及合约性研究三种方式为德国创新执行主体提供稳定的经费支持,确保科学发现与原始创新持续保持世界领先地位。德国政府在引入政府、企业界、科技界以及其他社会力量等多元主体共同决策机制的基础之上,还建立了咨询、管

---

① 参见梁洪力、王海燕:《创新体系:德国经济的"稳定器"》,《中国对外贸易》2013年第5期。

理、协调、评估等种类众多的中介机构,架起了整个创新体系的沟通"桥梁"。这种安排一方面规避了政府独断、错误引导的风险,解决了各界"信息不对称"的问题;另一方面也加强了政府、高等院校、科研机构与企业之间的交流与互动,在简化政府职能的同时,提升了技术转移和成果转化效率。除制定、执行与创新相关的政策和实施细则之外,德国政府还负责外部创新环境的建设,为创新主体提供优质服务。

德国国家创新治理的经验表现为:

第一,科学研究与技术开发并重。通过弗劳恩霍夫协会等机构将科学研究体系与技术开发体系联系起来,促进了科学和经济的协调发展。弗劳恩霍夫协会的性质类似于科研型的企业,它为企业提供有偿的技术开发和技术转让,是连接科学研究、工业界和政府部门的桥梁。在国家科技战略指引下,根据 OECD 的统计,2021 年德国研发强度为 3.129%,远高于欧盟当年的平均水平 2.156%。[①]

第二,政府重视对中小企业的扶持。德国创新系统最突出的方面是有一批具有强大创新能力的企业,许多大型企业一直保持着较高的研发投入,有些开设自己的试验室,在应用研究和试验研究的同时也进行部分的基础研究(特别是化工企业)。另外,德国还有一批创新能力很强、专业化程度很高的中小企业。德国政府持续有力的资助是中小企业服务体系运转的关键。德国政府将每年扶持中小企业发展的资金列入年初的财政预算,联邦议会直接讨论审查通过后,由部门组织实施。德国政府从三个方面加大了对中小企业的资金支持力度:担保贴息、创新支持和参展支持。[②] 近年来,有"德国经济支柱"之称的中小企业研发投入占经济界整体研发投入的比例有所下降。为更好地推动中

---

① 数据来源:https://data.oecd.org/rd/gross-domestic-spending-on-r-d.htm。
② 参见王翔:《中德国家创新体系比较研究》,同济大学 2006 年硕士学位论文。

小企业创新,德国政府推出了一系列针对中小企业的支持项目,帮助它们迎接数字化、全球化和价值链重塑带来的机遇与挑战。

第三,重视对基础研究的投资力度。在研发强度上,根据 OECD 在 2021 年公布的数据,德国研发强度为 3.129%,高出欧洲平均水平近 1 个百分点。[①] 政府掌管的 R&D 经费是公共事业经费,其使用原则是公开性、保护竞争、科研单位自主支配。国家科研资金原则上只能用于基础研究和进入市场竞争以前的应用基础研究。同时政府对企业提供现代化的科研公共基础设施和条件,以及无偿提供基础研究获得的最新知识成果,促进了企业的技术创新。

第四,注重建设和优化国家创新体系。德国国家创新体系定位清晰、较为稳定,并且结构完整、分工明确,能够将基础研究与应用开发有效紧密结合,推动经济持续快速增长。其中,政策决策与管理层制定各项经济政策和法律法规,定期组织政府、企业、科技部门的创新对话,推进各大研究中心与企业及其他主体的基础研究和应用研究与开发合作,发挥协同效用,增强科研体系的灵活性。咨询与协调层促进科研机构技术成果转化和应用,为企业提供法律、上下游企业配套支持、全球市场评估等全方位的创新创业服务。在创新主体层中,高等院校主要开展基础理论及应用研究,并为德国科学研究和经济建设培养后续人才;国立科研机构主要从事基础技术研究以及开发与推广应用研究,提升国家与区域科研竞争力,为科技发展技术推广应用和经济建设服务;企业重视技术创新,加速科技成果转化,提高产业的生产力和市场竞争力。

---

① 数据来源:https://data.oecd.org/rd/gross-domestic-spending-on-r-d.htm。

四、俄罗斯国家创新体系与创新治理经验

俄罗斯形成了"总统—联邦教育和科技部—地方行政机关—企业和科技组织"四级纵向垂直管理、部门间横向相互协调的科技管理体系。在这种权力高度集中的决策和管理体系下,联邦政府将所有创新组织和各项科技创新活动置于统一的国家创新体系之下进行管理,俄罗斯得以协调推进法律体系、财税体系、科技体系、组织和人事管理等领域的改革,保证了国家政策的统一和有效,并且形成全方位的国家科技创新发展战略。①

一是政府管理部门。俄罗斯政府不断尝试在科技体制改革中进行制度创新和组织创新。其中比较可圈可点的就是增设了最高级别的决策咨询和协调机构——科学和教育委员会。该委员会是直属于总统的咨询机构,是决定国家科技战略的最高机构,主要负责保障联邦行政机关、联邦主体权力机关、地方自治机构、社会联盟、国立科学院、国家科技扶持基金、科研教育机构在解决科学和教育发展问题过程中的协同配合,同时为总统确定科技和教育的优先发展方向、制定国家政策和解决科技及教育发展的突出问题提供决策建议。为了加强政府机构之间的横向协调,俄罗斯联邦政府成立了常设协调机构——科技政策委员会,主要职能是保证联邦政府行政机关、联邦主体权力机关、俄罗斯科学院等机构在制定和实施统一的国家科技政策时协调一致。科学院改革开始之后,联邦科研机构管理署下面又成立了科学协调委员会,专门协调科研机构管理署及其下属机构与俄罗斯科学院之间的协作关系。

---

① 参见李旭:《俄罗斯科技创新体系中联邦政府的主导角色评析》,《当代世界与社会主义》2016 年第 6 期。

二是研发部门。俄罗斯科研部门依然留有一定的苏联痕迹,即部门间的职能划分十分明确,但彼此间缺乏交流和协作,各科研机构的独立性很强,而一体化程度不够。当前俄罗斯国家创新体系中研发部门的特点主要有:第一,与其他欧洲国家不同,俄罗斯的基础性科研活动主要集中于各级科学院,而非高等教育机构,高等教育机构中从事科学研究的比重不大;第二,大部分科研活动的目的是完成一些部门专项任务,这些科研活动主要集中在各国家科研中心,有些国家科研中心早在苏联时期就已成立,虽然俄罗斯的很多科研机构都经历了大规模的私有化改革,但这些国家科研中心依然归国家所有;第三,从事科研活动的主要机构基本上是一些超大型研究所,主要归国家或国有企业所有,由国家提供科研经费。从这些特点中可以看出,目前俄罗斯的科研机构与市场需求彼此分离,商业化的科技创新活动不足,这也是俄罗斯创新发展的一个主要障碍。

三是高等教育机构。在俄罗斯,从事科研创新活动的高等教育机构并不多,根据俄罗斯专家的估计,只有15%—20%的俄罗斯高校在进行科研创新活动。其主要原因不外乎科研经费不足、科研成果商业化渠道不畅以及缺乏必要的法律保障等。2000年以来,俄罗斯政府相继出台了一些刺激创新活动的相关政策和规划。在高等教育领域中,主要是在教育规划框架内推出了一些激励创新活动的政策。一些进入教育规划的高校会获得预算资金的支持,以此提高科研创新能力,并有更多的机会将其科研成果商业化。

俄罗斯国家创新治理的经验表现为:

第一,政府对国家科技创新的主导作用显著。政府每年的科技预算占全国研究与经费总支出的比例约为70%,大部分政府科技预算根据各科研机构和大学人员数量、上一年度经费水平,通过自上而下的渠道进行调控分配。政府负责制定国家科技优先发展方向、科技发展战略、联邦专项计划,以提升国家科技竞争力,保障国家安全,促进国民经济发展。①

第二,国立科研机构是基础研究的主要力量。其国有制、计划式的治理形式,任务和经费主要来自政府等,阻碍了与市场经济环境进行积极和高效互动的水平与积极性。

第三,高度集中的计划式科研管理模式和军事化导向。苏联的集中化科研管理模式和科技发展战略,能在短期内集中调配有限资源用于国家规划的重大或紧急项目,曾积极促进了科技发展。苏联主要依靠计划式的科研管理模式分配和协调全国的科技资源,并坚持军事化导向的科技发展战略,以满足国家重大需求。借助苏联时期积累的雄厚基础,俄罗斯在核能、航空、航天、激光、新材料等方面取得新进展,尤其是军民两用技术的发展也带动了机械工业、冶金工业、化学工业等工业以及能源生产的增长。②

总的来看,在经历了将近20年的持续发展后,俄罗斯已经建立起比较完备的国家创新体系,其各个组成部分的职能和分工都已相对明确,无论是进行科学研发活动的创新主体,还是围绕创新主体开展的各种管理和服务活动,基本上都能履行各自的具体职责并处在不断的发展完善之中。③ 但与此同时,在俄罗斯国家创新体系的发展过程中,一些固有的问题并没有得到彻底的解决,其中最根本的问题是由于受到苏联高度计划体制的影响,俄罗斯的科研部门间缺乏交流与协作,一体

---

① 参见中国科学院:《科技强国建设之路——中国与世界》,科学出版社2018年版。
② 参见钟亚平、张国凤:《苏联—俄罗斯科技与教育发展》,人民教育出版社2003年版。
③ 参见戚文海:《基于转轨视角的俄罗斯国家创新战略的演进与趋势》,《俄罗斯研究》2007年第5期。

化程度不够,这直接导致了俄罗斯国家创新体系中条块分割现象严重,虽然创新体系的构成元素完备,但运行效率不高;同时,一些具备科技潜力的创新主体也缺乏必要的创新激励,创新积极性不高;此外,在俄罗斯国家创新体系的建设过程中,政府的主导作用不断加强,这在一定程度上压制了非政府创新机构的活动。俄罗斯国防科技创新改革已从国家财政扶持、人才、完善创新发展政策、市场导向等方面入手,逐步梳理创新体系,确保教育体系、基础研究机构与大型企业、市场之间的紧密联系,努力改变其在丰富的知识积累和有限的创新产出之间的不平衡、创新积极性不高和资源分配不合理的现状。

五、日本国家创新体系与创新治理经验

日本的国家创新体系结构总体上呈现出一种政府主导型的格局,按职能可以分为四级。第一级是以综合科学技术创新会议(CSTI)为核心的最高决策层,负责对科技创新事务进行统一规划和管理。第二级是由文部科学省(MEXT)、经济产业省(MET)等各政府相关部门组成的科技行政管理层。第三级是以日本学术振兴会(JSPS)、日本科学技术振兴机构(JST)、新能源及产业技术综合开发机构(NEDO)为代表的经费管理与资助层。第四级是包括政府科研机构、大学、企业在内的科技创新执行层。国家创新体系各个层级的主体在明确的制度安排下相互作用,分工合作,在协同作用下形成合力,共同促进日本的科技发展。

日本政府在国家创新体系的有效运行中起着重要的作用,担负着制定创新政策、优化创新环境等职责。以综合科学技术创新会议为政策制定机构,以文部科学省和经济产业省为主要执行机构,日本政府制

定政策以鼓励技术引进,积极组织技术预见研究,根据各时期国家发展重大需求选定重点技术领域,扶植相关产业。文部科学省是主要的科技政策实施和推进机构,负责培养研究人员、改善研究环境、推进尖端技术开发。经济产业省则主要面向产业界,通过制定和实施政策推动企业的研究与开发活动。此外,总务省、国土交通省、环境省等政府部门也都各自负责本系统下的科技创新管理工作。正是因为有良好的制度安排与创新生态环境作为保证,政府科研机构、大学、企业等才能顺畅地开展基础研究、技术引进与改良、自主研究与开发等创新活动。

资助机构主要承担支持科研相关活动的职责,以全方位夯实日本的科技基础。目前,日本主要的科技资助机构有三家,分别是隶属于文部科学省的日本学术振兴会和日本科学技术振兴机构、隶属于经济产业省的新能源及产业技术综合开发机构。它们主要资助大学和政府科研机构的科学家,部分项目面向博士后人才和企业研究人员。日本科学技术振兴机构致力于推进从基础研究到企业应用研究的全面研究与开发和转移技术、开展科普活动、支持科技情报流通等工作。新能源及产业技术综合开发机构则主要针对日本工业技术、能源与环境等领域的基础科学研究进行资助,还帮助科研人员实现技术转化,负责项目规划、管理和评价等工作。

日本国家创新治理的经验表现为:

第一,分工明确的"产学官"合作模式与机制。日本"产学官"合作模式最大的特点是政府直接主导干预,三方密切联合。一方面,该模式分工明确——"产"类机构促进产业应用和技术创新,"学"类机构实施基础科学研究,"官"类机构推进大型、前沿、高风险、长周期、综合性的项目。另一方面,强调协同与合作,以"产"为中心,"学""官"共同支持,注重长期性和基础性研究与开发。"产学官"模式既有助于提高决策代表性,又有利于发挥各方优势,使国家创新体系中的不同单元形成合力。同时,"产学官"合作模式一直在动态调整,日本政府自1996年以来不断通过"科学技术基本计划"周期性、动态性地对该模式进行修正和完善,以消除旧体制中不适应新环境的部分。

第二,顺畅高效的协调机制。日本"产学官"合作模式中的协调员制度、各类资助与科技中介服务机构在创新活动中起到了重要的桥梁和润滑剂的作用:它们帮助克服科研合作中的信息不对称、投资不足、官僚机构的繁文缛节等问题。不论是政府科研机构、高校与企业参与政府决策,三方之间开展研究与开发合作,还是联合培养人才,各种科技中介服务机构都积极协调,对接各方在制度、技术、经费等方面的需求与供给,实现资源的高效匹配。

第三,独特的企业文化与组织机制。注重技术与市场紧密结合的企业文化,是日本企业创新活动活跃的重要原因。日本企业的主管50%以上来自于产品和技术部门,这加深了企业对研究和开发项目的潜力与局限性的理解,同时也提高了企业把握市场需求的能力,可以有效地部署和推进符合市场需求的研究与开发项目。企业研究与开发和市场部门彼此熟悉对方的情况与需求,有利于相互协调。生产部门在研究与开发的早期阶段就参与其中,使技术研究与开发和生产需要协调起来,从而提高了研究与开发成果向产品转移的顺畅性和平稳性。

六、以色列国家创新体系与创新治理经验

以色列的创新竞争优势主要表现在企业与市场、人才与教育、创新产出与专利认证、政府体制与基础环境等四方面。完善的国家创新体系是塑造以色列强大的创新竞争力的源泉,政府、企业、高校的分工与

协作形成了高效运转的国家创新体系,政府主导设立与运作创新机构,企业负责高新技术的研发与产出,高校主管学术科研的攻坚与技术转移。以色列在创新型国家建设的过程中积累了很多成功的经验,如加大研发投入、完善政策法规、推行引智计划、增强企业创新活力、创建高校产业园区、营造创新文化氛围等。

以色列奉行科技强国的治国方针,是世界上最小的创新大国,科技对 GDP 的贡献率高达 90% 以上,究其根本是具有一个开放、多元、充满活力的创新生态体系,政府、学术界、军方和商界四方关联互动,形成了"创新投入—卓越人才—杰出成果—融资转化"的良性格局。

20 世纪 90 年代以来,为迎合全球经济一体化的趋势,以色列政府审时度势地出台新政策、成立新机构,国家创新体系更趋成熟。首先,政府完善了技术创新的资金供给体系,引导创建了本土风险投资业。工贸部的首席科学家办公室先后出台了 4 类技术研发资助计划,即竞争性研发计划、预种子与种子计划、促进投资与创新采用计划、预竞争和长期研发计划,旨在为企业和高校的技术创新提供充足的资金支持。其次,政府全方位推动技术创新的国际合作。自 20 世纪 90 年代起,以色列先后与加拿大(1994 年)、新加坡(1997 年)、韩国(2001 年)等国筹建了双边研发基金会,以促进双边企业的联合研发;与美国、德国、法国、印度等 40 多个国家签订了双边科技合作协定,合作领域涉及基础研究、能源、农业、电子通信、软件等;以色列还作为第一个非欧洲国家参与了欧盟研发框架计划,得以利用欧洲的先进技术、研发平台与研发资金为本国高科技企业创造进军全球市场的机遇。再次,政府设立管理、指导与统筹创新工作的专职机构。2016 年 1 月,以色列国家技术与创新总局(NATI)成立,取代经济部的首席科学家办公室,直接统领以色列产业研究开发中心(MATIMOP)。创新总局下设多个研发委员会,具体负责各领域的创新项目,以确保创新政策的时效性与灵活性,对接全球化时代以色列初创企业的新需求。创新总局旨在为进军全球市场的初创企业解决发展性难题,诸如技术需求方的多向性选择、国际市场的高度依赖感、外来融资的较强波动性等。它的成立标志着以色列国家创新体系建构的进一步完善。

以色列国家创新治理的经验表现为:

第一,创新投入强度大,十余年来均居于世界第一位。在2000年以色列的R&D强度就超过4%,其后持续增加。2022年,以色列的研发支出占国内生产总值的比例达到5.4%,在OECD国家中排名第一;全社会R&D投入中,来自产业界的超过80%。高科技行业出口首次超过全国总出口的50%,达到54%;在所有就业人口中的高科技雇员占比首次超过10%,达到10.4%。

第二,政府高度重视引进外国智力和资金资源。2012年年底以色列约有801.8万人,其中100余万人是自20世纪90年代以来的海外移民,这些移民中大部分人都受过高等教育并且就职于高科技领域。移民带来的智慧对以色列高科技产业的振兴起到极大的促进作用。此外,以色列政府还对跨国公司在以色列设立研发中心给予优惠政策和协助,各大高科技公司,如英特尔、微软、惠普、飞利浦、西门子、英飞凌等在以色列均设有研发中心。外国公司在以色列设立研发中心且符合以下3个条件就可获得税收优惠:至少雇用10名合格员工如软件工程师、系统分析人员及生物技术研究人员等,投资超过30万以币,以及被工贸部首席科学家办公室认可为"产业高科技研发设施"。

第三,以色列政府需求侧创新政策助力国家创新能力提升。以色列政府秉承开放式创新的思路,是唯一全面参与欧洲研发框架协议的非欧洲国家,同时还与29个国家签署了双边R&D协议,双边研究协议则由工贸部首席科学家办公室的执行机构以色列产业研究开发中心负责落实。截至2010年,以色列得到欧盟第七科技框架计划(FP7)的资助金额达到3亿欧元,其中30%由企业获得。以色列政府近年创新政策的一大变化就是加大了需求侧创新政策的力度,特别是在国防相关产业,通过公共采购促进创新产品的开发,同时也包含了"前商业化"阶段的采购,通过公共采购来分摊新产品设计、定型和测试中的风险与收益。典型的举措是2010年以色列国防部、首席科学家办公室和财政部合作发起MEIMAD项目,致力于联合推动能够服务商业应用和军事需要的新创意与新技术的发展,为军民两用技术的国防、工业和商业通用研究与开发提供赞助。需求侧创新政策还广泛用于温室气体减排、新能源发电等领域,取得了不俗的实践效果。

第四,坚持企业创新主体地位。以色列企业在科技创新中居于主体地位。一方面,企业自筹创新资金,对创新成果拥有自主权。据统计,工商部门研发费用的45%为自有资金,51%来自国外融资,因此,企业对创新成果拥有完全的产权,可以按企业意愿进行处置。另一方面,创新企业以中小企业为主,创新始终坚持市场导向。在以近4000家高科技企业中,资产总额超过10亿美元的不到10家,绝大部分是中小企业。这些中小企业发挥"船小好调头"的优势,及时根据市场需要,按自己意愿决定或改变创新方向。政府主要支持基础科学和共性技术研究、设立科技产业园区等,为企业的研发创新活动提供基础理论和良好环境。[①]

第五,创新生态体系中具有最活跃的高科技风险资本和创业投资。以色列拥有世界上密度最高的高科技新兴企业,这些企业吸引着大量

---

① 参见商务部网站:《驻以色列经商参处.以色列科技创新的基本情况及特点》,http://il.mofcom.gov.cn/article/ztdy/201409/20140900718778.shtml,2014年9月20日。

的创业投资。据统计,以色列拥有60多个风险投资基金,在全球规模仅次于美国,风险资本占GDP总量的0.18%,高出第二位风险投资大国美国0.09个百分点;人均获得的创投资金更是高居世界第一位,是美国的2.5倍、欧洲的30倍、中国的300倍。[①] 根据以色列风险投资研究中心(IVC)和毕马威(KPMG)的联合调查,2011年以色列企业共融资21.4亿美元,其中25%来自以色列国内的风险投资基金,其余来自其他以色列投资者和外国投资者。外资机构对以色列高科技企业的投资总额为15.8亿,占风险投资总规模的75%。[②] 以色列高科技企业的成功,除了政府的扶植外,创投是最重要的助力。

第六,跨界的混合(mash up)式创新是以色列独特的创新模式。以色列国家创新系统成功的主要因素除政府投入与立法支持、高素质的人力资源、基础研究实力雄厚、成熟的技术商业化转化机制、军民双向人才与技术流动机制、广泛的国际合作交流及完善的中介组织服务以外,还有一个重要因素是混合式的创新,这种独特创新模式的最佳表现就是以色列的医疗器材和生物工程结合信息科技,产生极具创意的生命科学产业。在以色列,每个人好像都互相认识并愿意提供帮助,当一个人有了创业的想法,朋友间就通过彼此不断交流进而组建团队进行开发研究,这是非常重要的合作创新模式。政府之间合作也是类似的情形。

基于以上对不同国家的简要介绍与比较,针对当前我国创新动力、创新能力、创新融资不足,创新风险较高的问题,各个治理主体需要提高创新治理的专业化水平,巩固已有创新成果,开拓新的创新机遇。首

---

① 参见王德禄:《硅谷、中关村、以色列三大全球创新高地的比较》,《中关村》2014年第1期。
② 参见驻以色列经商参处:《以色列风险投资发展及优势分析》,载中华人民共和国商务部网站,http://il.mofcom.gov.cn/article/ztdy/201307/20130700202087.shtml。

先,政府应当为创新活动提供基本的制度环境,在政策架构上需要完善促进自主创新的财政、税收、科技开发及政府采购政策。其次,完善风险分担机制,促进风险投资事业的发展,加大对自主知识产权的保护与激励,给创新者以人力、物力、财力、信息和政策等方面的适度保障。再次,健全创新合作机制,鼓励中小企业与大企业进行技术战略联盟,实施有效的产学研合作,推进开放创新。最后,重构为创新服务的金融体制,发展各类技术产权交易,构建支持自主创新的多层次资本市场。